대한민국
채용기준
ATOM으로
채용하라

대한민국 채용기준 ATOM으로 채용하라

초판 1쇄 발행 2025년 11월 24일

지은이 이병철
펴낸이 장길수
펴낸곳 지식과감성#
출판등록 제2012-000081호

교정 주경민
디자인·편집 윤혜성
마케팅 김윤길

주소 서울시 금천구 벚꽃로298 대륭포스트타워6차 1212호
전화 070-4651-3730~4
팩스 070-4325-7006
이메일 ksbookup@naver.com
홈페이지 www.knsbookup.com

ISBN 979-11-392-2936-3(03320)
값 19,000원

지식과감성#
홈페이지 바로가기

대한민국 채용기준 ATOM으로 채용하라

"사람을 최고의 자산으로 만드는 비법서"

30년간 1,780여 기업의 채용 문제를 성공적으로 해결해 온 축적된 경험과 학술적 통찰을 융합한 인재 채용의 새로운 패러다임을 제시한다.

| 이병철 지음 |

지식과감성#

CONTENTS

제 2 장

채용에서 평가지표의 중요성

제 3 장

평가지표 활용의 장벽

제 5 장

ATOM 기반 전형 설계

제 6 장

ATOM 기반 서류전형: 과학적 인재 선발의 출발점

제 7 장

ATOM 기반 전화면접

제 9 장

페르소나의 체계적 분석

제 10 장

인재 선발의 새로운 지평: 조직 성장의 근본적 재정의를 위한 성찰

채용 시 평가지표의 중요성

1. 들어가며: 인재 선발의 패러다임 변화

“기업의 성패는 인재에 달려 있다”는 것은 오늘날 모든 경영자가 공감하는 진리이다. 특히 지식경제 시대로 접어들면서 인적자원의 가치는 그 어느 때보다 중요해졌다. 하지만 중요한 것은 단순히 인재를 확보하는 것이 아니라, ‘적합한 인재’를 ‘적합한 방법’으로 선발하는 것이다. 이러한 맥락에서 채용 시 평가지표의 역할은 기업의 미래를 좌우하는 핵심 요소로 부상하고 있다.

전통적인 채용 관행에서는 주로 학력, 경력, 면접관의 직감에 의존한 주관적 판단이 주를 이뤘다. 하지만 이러한 방식은 편견과 오류의 가능성을 내포하고 있으며, 조직이 진정으로 필요로 하는 인재를 놓치거나 부적합한 인재를 선발하는 위험을 수반한다. 더욱이 현대의 복잡하고 다변화된 직무 환경에서는 단순한 스펙보다는 실제 업무 수행 능력과 조직 적합성이 더욱 중요해지고 있다.

이에 따라 선진 기업들은 과학적이고 체계적인 평가지표를 개발하여 채용 프로세스에 적용하고 있다. 이러한 평가지표는 단순히 지원자를 선별하는 도구를 넘어서, 조직의 전략적 목표 달성을 위한 핵심 인재를 확보하는 전략적 도구로 진화하고 있다. 채용에서의 평가지표는 조직이 추구하는 가치와 문화를 반영하며, 미래 성장 동력을 확보하는 핵심 메커니즘으로 기능한다.

2. 객관성과 공정성: 신뢰받는 채용 시스템의 기반

채용 과정에서 평가지표가 갖는 가장 중요한 가치 중 하나는 객관성과 공정성의 확보이다. 명확하고 구체적인 평가 기준이 있을 때, 채용 과정의 투명성이 높아지고 지원자들의 신뢰를 얻을 수 있다. 이는 단순히 윤리적 차원의 문제가 아니라, 적합한 인재를 유치하기 위한 전략적 필수 요소이다.

객관적인 평가지표는 면접관의 개인적 편견이나 주관적 판단으로 인한 오류를 최소화한다. 학벌, 성별, 나이, 외모 등에 의한 차별을 방지하고, 순수하게 태도, 직무, 조직, 동기 적합성에 기반한 선발이 가능해진다. 이는 조직 내 다양성을 증진시키고, 보다 혁신적이고 창의적인 조직 문화를 조성하는 데 기여한다.

또한 체계적인 평가지표는 채용 과정의 일관성을 보장한다. 동일한 직무에 지원한 모든 후보자들이 동일한 기준으로 평가받을 때, 선발 과정의 공정성이 확보되고 조직의 신뢰도가 향상된다. 이는 기업 브랜드 가치 제고에도 직접적으로 기여하며, 우수한 인재들이 해당 기업에 지원하고자 하는 동기를 부여한다.

평가지표의 객관성은 또한 법적 리스크를 최소화하는 효과가 있다. 명확한 평가 기준과 프로세스를 갖추고 이를 일관되게 적용할 때, 채용 과정에서 발생할 수 있는 차별 시비나 법적 분쟁을 예방할 수 있다. 이는 기업의 리스크 관리 차원에서도 매우 중요한 의미를 갖는다.

3. 조직 전략과의 연계: 미래 경쟁력 확보

채용 시 평가지표는 조직의 전략적 목표와 밀접하게 연계되어야 한다. 단순히 현재 필요한 역량만을 평가하는 것이 아니라, 조직이 지향하는 미래 비전과 전략 방향에 부합하는 인재를 선발해야 한다. 이를 위해서는 조직의 중장기 전략을 반영한 평가지표 체계가 구축되어야 한다.

평가지표는 또한 조직의 핵심 가치와 문화를 전파하는 메커니즘으로 작용한다. 채용 과정에서 어떤 요소를 중시하고 평가하는지는 조직이 추구하는 가치가 무엇인지를 대내외에 명확히 보여준다. 이는 기존 구성원들에게는 조직의 가치를 재확인시키는 효과가 있고, 신입사원들에게는 조직 문화에 대한 이해를 높이는 역할을 한다.

장기적 관점에서 볼 때, 전략과 연계된 평가지표를 통해 선발된 인재들은 조직의 지속가능한 경쟁 우위를 구축하는 핵심 동력이 된다. 조직의 전략적 목표 달성에 필요한 역량을 보유한 인재들이 모여들 때, 시너지 효과가 창출되고 조직 전체의 역량이 강화된다. 이는 개별 인재의 합보다 큰 조직적 성과를 만들어내는 기반이 된다.

4. 효율성과 효과성: 채용 프로세스의 최적화

체계적인 평가지표는 채용 프로세스의 효율성과 효과성을 동시에 향상시킨다. 명확한 평가 기준이 있을 때 선별 과정이 신속해지고, 부적합한 지원자를 조기에 걸러낼 수 있어 전체적인 채용 비용을 절감할 수 있다. 또한 평가의 정확도가 높아져 잘못된 채용으로 인한 비용과 시간 낭비를 예방할 수 있다.

조직에 적합한 평가지표는 또한 채용 담당자들의 의사결정을 지원하는 도구로 기능한다. 복잡하고 다면적인 인재 평가 과정에서 놓치기 쉬운 요소들을 체계적으로 점검할 수 있게 해주며, 평가의 일관성을 유지하는 데 도움을 준다. 특히 여러 명의 면접관이 참여하는 경우, 공통된 평가 기준을 통해 이견을 조율하고 합의에 도달하기가 용이해진다.

ATOM(아톰) 기반의 평가지표는 채용 프로세스의 지속적 개선을 가능하게 한다. 채용된 인재들의 실제 성과를 추적하고 분석하여, 평가지표의 예측 타당성을 검증하고 개선점을 도출할 수 있다. 이러한 피드백 루프를 통해 평가지표의 정확도를 지속적으로 높여갈 수 있으며, 조직에 최적화된 맞춤형 평가 시스템을 구축할 수 있다.

또한 평가지표는 채용 브랜딩에도 기여한다. 전문적이고 체계적인 평가 과정을 경험한 지원자들은 해당 기업에 대해 긍정적인 인상을 갖게 되며, 이는 우수한 인재들의 지원을 유도하는 효과가 있다. 설령 채용되지 않더라도 공정하고 전문적인 평가를 받았다는 인식은 기업의 브랜드 가치를 제고하는 데 기여한다.

5. 디지털 시대의 새로운 도전과 기회

디지털 기술의 발전은 채용 시 평가지표에도 혁신적 변화를 불러오고 있다. 인공지능, 빅데이터, 머신러닝 등의 기술을 활용하여 더욱 정교하고 예측력 높은 평가지표를 개발할 수 있게 되었다. 예를 들어, 지원자의 온라인 활동 패턴, 소셜미디어 데이터, 게임화된 평가 도구 등을 통해 기존에는 측정하기 어려웠던 역량과 성향을 파악할 수 있다.

가상현실(VR)과 증강현실(AR) 기술을 활용한 ATOM(아톰) 기반 시뮬레이션 평가는 실제 업무 상황을 묘사하여 지원자의 실무 역량을 더욱 정확히 평가할 수 있게 해준다. 이러한 기술적 발전은 평가의 정확도를 높일 뿐만 아니라, 지원자에게도 더욱 흥미롭고 몰입도 높은 평가 경험을 제공한다.

또한 원격근무와 하이브리드 워크가 일반화되면서, 온라인 환경에서의 평가 방법론도 새롭게 개발되어야 한다. ATOM(아톰) 기반 채용론은 대면 평가에서는 파악할 수 있었던 요소들을 온라인에서도 정확히 측정할 수 있는 방법을 고려하여 개발되었다.

6. ATOM(아톰) 기반 채용: 전략적 인재경영의 출발점

채용 시 평가지표는 단순히 지원자를 선별하는 도구가 아니라, 조직의 미래를 설계하는 전략적 도구이다. 올바른 평가지표를 통해 선발된 인재들은 조직의 핵심 역량을 강화하고, 지속 가능한 경쟁 우위를 구축하는 원동력이 된다. 특히 변화가 가속화되고 불확실성이 증대되는 현대 경영환경에서, 적응력과 학습 능력을 갖춘 인재를 선발하는 것은 조직 생존의 필수조건이다.

효과적인 평가지표 시스템을 구축하기 위해서는 조직의 전략, 문화, 가치와의 일치성을 확보해야 한다. 또한 지속적인 검증과 개선을 통해 평가지표의 타당성과 신뢰성을 높여가야 한다.

앞으로 살펴볼 내용들은 이러한 평가지표의 중요성을 바탕으로, 실제 채용 현장에서 활용할 수 있는 구체적인 평가지표 설계 방법론과 운영 노하우를 제시할 것이다. 사람을 최고의 자산으로 만들기 위한 여정은 바로 올바른 인재를 선발하는 것에서 시작된다는 점을 다시 한번 강조하며, 채용 평가지표의 전략적 활용 방안에 대한 심도 있는 논의를 전개하고자 한다.

7. 독자에게 드리는 약속

지난 30여 년간 1,780개 기업의 채용 현장에서 저자는 수많은 조직이 '적합한 인재를 찾지 못해' 겪는 고통과, '적합하지 않은 조직에 입사해' 좌절하는 인재들을 목격해 왔다. 이러한 미스매칭의 비극을 해결하고자 시작된 긴 여정의 결실이 바로 ATOM 기반 인재 채용 모델이며, 이 책은 그동안 축적된 경험과 통찰, 그리고 검증된 방법론을 독자들과 공유하기 위해 집필되었다. 단순히 채용 성공률을 높이는 기법을 전달하는 것이 아니라, 조직과 인재가 서로를 깊이 이해하고 함께 성장할 수 있는 상생의 플랫폼을 만드는 방법을 제시하고자 했으며, 특히 MZ세대의 새로운 가치관과 포스트 코로나 시대의 변화된 업무 환경에서 더욱 절실해진 '진정한 적합성'의 의미를 재정의하고 이를 과학적으로 평가할 수 있는 실무적 도구를 제공한다. 이 책이 대한민국의 모든 조직이 "사람을 최고의 자산으로" 만들어 위대한 성공을 이루는 데 작은 디딤돌이 되기를 진심으로 바라며, 인재 채용의 새로운 패러다임을 함께 만들어가는 동반자가 되어주기를 희망한다.

8. 현장에서 검증된 노하우의 집약

이 책에 담긴 내용들은 이론적 가설이나 학술적 연구 결과가 아니다. 대기업부터 스타트업까지, 제조업부터 서비스업까지, 다양한 규모와 업종의 기업들과 함께 실제로 적용하고 검증한 살아있는 노하우다. 채용 계획 수립(채용 인원 파악, 채용 일정 및 예산 수립, 채용하고 싶은 인재의 명확화)부터 채용 전형 설계(전형 및 평가요소 결정, 채용 절차 설계) 및 채용 전형 개발(채용 공고 개발, 입사지원서 개발, 서류전형, 전화면접, 면접전형, 온보딩)에 이르기까지 전 과정에서 축적된 경험의 정수를 담았다.

특히 90% 이상의 재계약률을 유지하며 고객들과 함께 성장해 온 과정에서 발견한 핵심 성공 요인들을 체계화했다. 단순히 측정 지표를 만드는 것이 아니라, 그 지표가 조직의 전략과 어떻게 연결되어야 하는지, 구성원들의 몰입도를 어떻게 높일 수 있는지, 지속 가능한 성과 창출로 어떻게 이어갈 수 있는지에 대한 통찰을 제공한다.

9. 실무진을 위한 맞춤형 솔루션

이 책은 복잡한 이론서가 아니다. 인사팀 실무진, 채용 담당자, 현업 관리자들이 즉시 적용할 수 있는 실용적 도구들로 구성했다. 또한 각 조직의 특성에 맞게 커스터마이징할 수 있도록 설계했다.

운영적인 것에서 전략적인 것으로, 양적인 것에서 질적인 것으로, 수동적 역할에서 주도적 역할로 변화하고자 하는 모든 조직에게 채용에 대한 구체적인 방향을 제시한다. 특히 '사람을 최고의 자산으로 만드는' 여정에서 가장 중요한 출발점인 채용 단계에서의 성공 방정식을 상세히 다룬다.

10. 독자의 조직에 가져다줄 가치

이 책을 통해 독자의 조직은 다음과 같은 변화를 경험하게 될 것이다. 첫째, 채용 과정의 객관성과 공정성이 확보되어 우수한 인재들의 신뢰를 얻게 된다. 둘째, 태도, 직무, 조직, 동기 적합성 예측 정확도가 향상되어 신규 입사자의 초기 정착률과 성과가 크게 개선된다. 셋째, 조직의 전략 방향과 일치하는 인재들이 모여들어 시너지 효과가 창출된다.

무엇보다 중요한 것은 이러한 변화들이 일회성 개선이 아니라 지속 가능한 경쟁 우위로 이어진다는 점이다. 체계적인 평가지표를 통해 선발된 인재들은 조직과 함께 성장하며, 더 나은 인재를 유치하는 선순환 구조를 만들어낸다.

이 책은 저자의 지난 30여 년간 1,780여 기업의 성공을 함께 만들어온 경험과 노하우를 아낌없이 공유한다. 이 책이 독자의 조직이 '위대한 성공'을 향해 나아가는 든든한 동반자가 되기를 진심으로 기원한다.

사람을 최고의 자산으로 만드는 전문 파트너

이 병 철

ATOM(아톰) 기반 인재 채용 모델: 전문성과 경험이 만든 혁신적 솔루션

1. ATOM(아톰) 모델의 탄생 배경

1.1. 30년 채용 컨설팅 경험의 결정체

ATOM(Attitude-Technical-Organization-Motivation) 기반 인재 채용 모델은 하루아침에 만들어진 것이 아니다. 저자가 지난 30여 년간 1,780개 기업의 채용 문제를 해결하면서 축적한 경험과 통찰, 그리고 학술적 연구의 융합으로 탄생한 혁신적 솔루션이다.

전통적인 채용 방식의 한계를 극복하고자 시작된 이 여정은 단순한 스킬 매칭이나 경험 위주의 채용에서 벗어나, 인재와 조직 간의 근본적인 적합성을 과학적으로 평가할 수 있는 체계적 모델을 개발하는 것이 목표였다. 수많은 채용 실패 사례와 성공 사례를 분석하며, 무엇이 인재의 장기적 성공을 좌우하는지에 대한 핵심 인사이트를 발견했다.

1.2 학술적 기반과 실무적 검증의 만남

ATOM 모델은 조직심리학, 인사관리학, 행동경제학 등 다양한 학문 분야의 이론적 토대 위에 구축되었다. 특히 Person-Job Fit 이론, Person-Organization Fit 이론, 자기결정 이론(Self-Determination Theory), 그리고 성격심리학의 Big Five 모델 등 검증된 학술 이론들을 실무 환경에 적용 가능한 형태로 통합했다.

하지만 이론만으로는 충분하지 않았다. 수만 건의 채용 프로젝트를 통해 수집된 실제 데이터를 바탕으로 모델의 타당성과 예측력을 지속적으로 검증하고 개선해 왔다. 이는 단순한 이론적 모델이 아닌, 실제 현장에서 작동하는 살아 있는 솔루션을 만들어냈다.

2. ATOM(아톰) 모델의 개발 과정과 전문성

2.1. 체계적 연구개발 프로세스

ATOM 모델의 개발은 3단계의 체계적 연구개발 프로세스를 거쳤다.

첫 번째 단계는 '문제 정의와 가설 설정' 단계로, 기존 채용 방식의 한계점을 명확히 규명하고 해결해야 할 핵심 과제를 도출했다. 이 과정에서 채용 실패의 주요 원인이 단순한 역량 부족이 아닌, 다차원적 부적합성에 있다는 것을 발견했다.

두 번째 단계는 '모델 설계와 프레임워크 구축' 단계다. 인재 적합성을 Attitude(태도), Technical(직무), Organization(조직), Motivation(동기)의 4개 차원으로 분류하고, 각 차원별로 구체적인 평가 요소와 측정 지표를 개발했다. 이 과정에서 각 차원이 독립적이면서도 상호 연관성을 갖도록 설계하여 통합적 평가가 가능하도록 했다.

세 번째 단계는 '실증 검증과 모델 최적화' 단계로, 다양한 업종과 규모의 기업에서 모델을 적용하고 그 결과를 추적 분석했다. 이를 통해 모델의 예측 정확도를 높이고 실무 적용성을 개선했다. 특히 신입사원 채용에서 90% 이상의 예측 정확도를 달성하며 모델의 유효성을 입증했다.

2.2. 시너지컨설팅의 전문성과 차별화

시너지컨설팅이 ATOM 모델을 개발할 수 있었던 것은 단순한 채용 대행이 아닌, 조직의 인재 전략 파트너로서 축적한 깊이 있는 전문성 때문이다. 조직문화 진단, 직무 분석, 역량 모델링, 평가 시스템 구축 등 인재 관리의 전 영역에서 쌓은 노하우가 ATOM 모델의 차별화된 경쟁력이 되었다.

특히 '맞춤형 고부가가치 서비스' 철학은 ATOM 모델 개발에 중요한 영향을 미쳤다. 천편일률적인 채용 방식이 아닌, 각 조직의 고유한 특성과 요구사항을 반영할 수 있는 유연한 프레임워크를 개발하는 것이 핵심 목표였다. 이는 현재 90% 이상의 고객 재계약률로 입증되고 있다.

2.3. 컨설턴트들의 리더십과 전문성

ATOM 모델의 개발을 이끈 우리 컨설턴트들의 전문성은 단순한 경력이 아닌, 깊이 있는 인사이트와 혁신적 사고에서 나온다. 30년간 축적한 경험을 바탕으로 채용의 본질적 문제를 꿰뚫어 보고, 이를 해결하기 위한 과학적 접근법을 제시했다.

"사람을 최고의 자산으로 만드는 비법"이라는 철학은 ATOM 모델의 핵심 가치가 되었다. 단순히 적합한 인재를 찾는 것을 넘어, 인재가 조직에서 최고의 성과를 발휘할 수 있도록 하는 전략적 접근법을 개발한 것이다. 이는 운영적 차원에서 전략적 차원으로, 단기적 관점에서 장기적 관점으로의 패러다임 전환을 의미한다.

3. ATOM(아톰) 모델의 혁신성과 차별화

3.1. 통합적 평가 체계의 구현

ATOM 모델의 가장 큰 혁신은 인재 적합성을 4개 차원으로 분해하여 각각을 정밀하게 측정하면서도, 이들 간의 상호작용과 시너지 효과를 종합적으로 평가한다는 점이다. 기존의 채용 방식이 특정 영역에 치우쳐 있었다면, ATOM 모델은 균형 잡힌 관점에서 인재의 전체적 적합성을 판단한다.

Attitude Fit(태도 적합성)은 조직의 특정 문화와 업무 환경에서 요구되는 태도적 특성을 평가한다. 단순히 '좋은 태도'가 아닌, 해당 조직과 역할에 가장 적합한 태도를 정의하고 측정하는 것이 핵심이다.

Technical Fit(직무 적합성)은 직무 수행에 필요한 전문성과 역량을 종합적으로 평가하되, 현재 역량뿐만 아니라 학습 능력과 성장 잠재력도 함께 고려한다.

Organization Fit(조직 적합성)은 지원자의 가치관과 조직 문화의 일치도를 평가하며, 특히 조직에 대한 깊이 있는 이해와 준비성을 중시한다.

Motivation Fit(동기 적합성)은 내재적·외재적 동기의 균형과 지원 동기의 구체성을 평가하여 장기적 몰입 가능성을 예측한다.

3.2. 예측력과 실용성의 결합

ATOM 모델의 또 다른 혁신은 높은 예측력과 실용성을 동시에 확보했다는 점이다. 학술적으로 타당한 모델이지만 실무에서 사용하기 어려운 경우가 많은데, ATOM 모델은 복잡한 이론을 실무진이 쉽게 이해하고 적용할 수 있는 형태로 구현했다.

모델의 예측 정확도는 지속적인 추적 연구를 통해 검증되고 있다. 신입사원의 1년 후 성과, 재직률, 조직 적응도 등을 예측하는 정확도가 90% 이상으로 나타나고 있으며, 이는 기존 채용 방식 대비 40% 이상 개선된 결과다.

3.3. 지속적 진화와 개선

ATOM 모델은 완성된 고정적 모델이 아닌, 지속적으로 진화하고 개선되는 살아있는 시스템이다. 매 프로젝트마다 얻어지는 데이터와 인사이트를 바탕으로 모델의 정확도와 실용성을 높이고 있다. 특히 변화하는 세대별 특성, 새로운 직무 요구사항, 조직 문화의 변화 등을 지속적으로 반영하고 있다.

또한 AI와 빅데이터 기술을 활용한 모델의 고도화도 진행하고 있다. 인간의 직관과 경험을 기반으로 한 전문적 판단과 데이터 기반의 객관적 분석을 결합하여 더욱 정교하고 신뢰할 수 있는 채용 솔루션을 개발하고 있다.

4. ATOM(아톰) 모델의 가치와 미래 전망

4.1. 조직에 미치는 임팩트

ATOM 모델을 도입한 조직들은 단순히 채용 성공률의 향상뿐만 아니라, 조직 전체의 인재 관리 수준이 크게 향상되는 것을 경험하고 있다. 체계적인 인재 평가 기준이 확립되면서 공정하고 투명한 채용 프로세스가 구축되고, 이는 조직의 브랜드 가치 향상으로 이어진다.

또한 적합한 인재의 선발은 팀 전체의 성과와 만족도를 높이는 선순환 구조를 만든다. 새로운 구성원이 빠르게 적응하고 높은 성과를 내면서, 기존 구성원들의 동기부여와 조직 몰입도도 함께 상승한다.

4.2. 인재 채용 패러다임의 전환

ATOM 모델은 단순한 채용 도구를 넘어 인재 채용 패러다임의 전환을 이끌고 있다. 경험과 스펙 위주의 채용에서 적합성 중심의 채용으로, 단기적 성과에서 장기적 성장으로, 일방적 선발에서 상호 매칭으로의 변화를 주도하고 있다.

특히 MZ세대의 직업 가치관 변화와 코로나19 이후 달라진 업무 환경에서 ATOM 모델의 중요성은 더욱 커지고 있다. 단순한 업무 능력뿐만 아니라 원격 근무 적응력, 디지털 협업 능력, 변화 수용성 등 새로운 역량들을 종합적으로 평가할 수 있는 프레임워크로 발전하고 있다.

4.3. 지속적 혁신과 발전 방향

ATOM 모델의 미래는 더욱 정교하고 개인화된 평가 시스템으로 발전할 것이다. 개인별 맞춤형 평가 기준, 실시간 적응형 면접 시스템, 예측 분석 기반의 장기적 성과 예측 등 첨단 기술을 활용한 혁신이 계속될 예정이다.

무엇보다 중요한 것은 기술적 발전과 함께 인간 중심의 가치를 유지하는 것이다. 시너지컨설팅의 "사람을 최고의 자산으로 만드는" 철학은 ATOM 모델의 미래 발전 방향에도 계속 이어질 것이다.

수많은 검증된 경험을 바탕으로 개발된 ATOM 모델은 단순한 채용 도구가 아닌, 조직과 인재가 함께 성장할 수 있는 상생의 플랫폼으로 자리매김하고 있다. 이는 시너지컨설팅이 추구하는 "고객의 위대한 성공"을 실현하는 핵심 솔루션이자, 대한민국 인재 채용 발전에 기여하는 의미 있는 혁신이다.

제 1 장

한국이 직면한 채용난의 실체

제 1 절

채용난의 구조적 원인

근 30년 동안, 지금처럼 채용이 어려운 시대는 처음이다. 과거 경제위기 때도 '좋은 인재'를 찾기는 어려웠지만, 지금은 '인재 자체'를 찾기 어려운 상황에 이르렀다.

한국은 현재 희대의 채용난 시대를 맞고 있다. 이는 단순한 일시적 현상이 아니라, 우리 사회의 구조적 변화가 만들어낸 새로운 현실이다. 저출산·고령화, 가치관의 변화, 산업구조의 전환, 그리고 코로나19가 가속한 근무 환경의 변화까지 복합적 요인들이 얽혀 만들어낸 '완벽한 폭풍'이다.

어느 날 갑자기 찾아온 것처럼 보이는 채용난이지만, 사실 그 징조는 이미 오래전부터 나타나고 있었다. 대한민국의 전체 기업 수는 8,052,698개이며 이 중 중소기업 수는 8,042,726개로 전체 기업의 99.9%를 차지한다(중소벤처기업부, 2024년 8월). 그런데 한국경영자총협회가 조사한 결과에 따르면 중소기업의 66.8%가 계획한 만큼 인원을 채용하지 못했다고 조사되었다(신규채용 실태조사, 경영자총연합회, 2024년).

최근 컨설팅을 받았던 중소 제조업체 김 대표의 이야기를 들어보자. "올해 신입사원 10명을 뽑으려고 3개월째 공고를 내고 있는데, 지원자가 단 한 명도 없습니다. 급여도 대기업 수준으로 올렸는데 왜 아무도 오지 않을까요?" 이는 더 이상 특별한 사례가 아니다. 전국 곳곳에서 벌어지고 있는 일상적인 풍경이 되었다.

특히 제조업 분야의 채용난은 극심하다. 한국산업인력공단의 조사에 따르면, 제조업체의 70% 이상이 인력 부족을 호소하고 있다. 심지어 대기업도 예외가 아니다. 반도체, 조선, 철강 등 주력 산업 분야에서도 숙련된 기술 인력 확보에 어려움을 겪고 있다.

세대별로 살펴보면 채용난의 양상도 다르게 나타난다. MZ세대는 안정성보다 개인적 성취와 워라밸을 중시하며, 전통적인 제조업이나 건설업을 기피하는 현상이 심화되고 있다. 이들은 '하고 싶은 일'과 '의미 있는 일'을 추구하며, 단순히 돈을 벌기 위한 수단으로서의 직업관을 거부한다.

MZ세대 경력직 채용은 또 다른 복잡성을 보인다. 이들은 2~3년 주기로 이직을 고려하며, 높아진 연봉 기대치와 함께 리모트 워크, 유연근무제 등 근무 환경에 대한 까다로운 조건을 내세운다. 단순히 업무 능력이 뛰어나다고 해서 채용이 성공하는 것이 아니라, 개인의 라이프스타일과 회사 문화가 맞아야 한다는 새로운 기준이 생겨났다.

중간 관리자층 확보는 더욱 어려운 문제다. X세대 중 상당수가 승진을 포기하고 개인 전문성 추구에 나서고 있다. 관리 업무의 부담과 책임에 비해 보상이 충분하지 않다고 느끼는 이들이 증가하고 있으며, 기존 중간 관리자들도 조기 퇴직을 선택하는 경우가 늘고 있다.

업종별로 살펴보면 채용난의 심각성이 더욱 명확해진다. 제조업은 3D 업종이라는 인식과 함께 젊은 세대들의 기피로 인한 만성적 인력난에 시달리고 있다. IT업계는 정반대의 문제에 직면했다. 개발자 확보 경쟁이 과열되면서 인건비가 급상승하고 있으며, 우수한 개발자를 두고 기업 간 치열한 경쟁이 벌어지고 있다.

서비스업은 불규칙한 근무시간과 고객 응대 스트레스로 인해 신규 채용이 어려운 상황이다. 특히 코로나19 이후 비대면 서비스가 확산되면서 기존의 서비스 방식에 변화가 필요해졌지만, 이에 적응할 수 있는 인력을 찾기가 쉽지 않다.

건설업은 안전사고에 대한 우려와 열악한 근무 환경으로 인해 젊은 인력의 유입이 급격히 줄어들고 있다. 숙련된 기능 인력의 고령화가 진행되고 있음에도 불구하고 이를 대체할 젊은 인력을 찾기 어려운 상황이다.

의료업계도 예외가 아니다. 간병인력, 요양보호사 등 필수 인력이 부족해지면서 의료 서비스의 질 저하가 우려되고 있다. 고령사회로 접어들면서 의료 서비스 수요는 증가하고 있지만, 이를 담당할 인력은 오히려 줄어들고 있는 역설적 상황이 벌어지고 있다.

이러한 채용난은 단순히 인력이 부족한 것을 넘어서 기업의 생존을 위협하는 수준에 이르렀다. 인력 부족으로 인해 사업 확장을 포기하거나, 심지어 기존 사업마저 축소해야 하는 기업들이 늘어나고 있다. 결국 채용난은 개별 기업의 문제를 넘어서 국가 경제 전반의 성장 동력을 저해하는 구조적 문제로 발전하고 있다.

1. 인구구조의 변화

현재의 채용난을 이해하기 위해서는 그 뿌리 깊은 원인들을 살펴봐야 한다. 이는 하나의 요인이 아니라 여러 복합적 요인들이 얽혀서 만들어낸 결과물이다.

가장 근본적인 원인은 인구구조의 변화다. 한국의 합계출산율은 2023년 0.72명으로 OECD 최저 수준을 기록했다. 이는 현재 출생하는 아이들이 부모 세대의 절반도 되지 않는다는 뜻이다. 생산가능인구인 15~64세 인구는 2020년 3,738만 명에서 2030년 3,395만 명, 2040년 2,854만 명으로 급격히 줄어들 전망이다.

특히 주요 채용 타깃인 2030대 인구 감소는 더욱 심각하다. 2020년 1,700만 명이던 20~39세 인구는 2030년 1,200만 명으로 30% 가까이 줄어들 것으로 예상된다. 이는 기업들이 채용할 수 있는 절대적인 인력 풀 자체가 축소되고 있음을 의미한다. 아무리 좋은 조건을 제시해도 뽑을 사람이 없다면 채용은 불가능하다.

2. 교육시스템과 산업현장의 괴리

교육시스템과 산업현장의 괴리도 심각한 문제다. 현재의 교육시스템은 여전히 20세기 산업화 시대의 관성을 벗어나지 못하고 있다. 대학 교육의 획일화로 인해 인문계열은 과잉 배출되고 있는 반면, 산업현장에서 필요로 하는 이공계열 인력은 부족한 상황이다.

더욱 문제가 되는 것은 실무 중심 교육의 부족이다. 대학에서 4년간 공부한 졸업생들이 실제 현장에 투입되면 다시 처음부터 교육을 받아야 하는 경우가 대부분이다. 산학협력이라는 이름으로 다양한 프로그램들이 운영되고 있지만, 대부분 형식적인 수준에 머물러 있어 실질적인 효과를 거두지 못하고 있다.

직업교육의 위축은 더욱 심각한 문제다. 마이스터고, 폴리텍대학 등의 직업교육기관이 있음에도 불구하고 사회적 인식은 여전히 저조하다. 기술직에 대한 사회적 편견이 지속되고 있으며, 숙련 기술자를 체계적으로 양성하는 시스템이 부재한 상황이다. 결국 현장에서 필요로 하는 기술 인력과 교육기관에서 배출하는 인력 사이의 간극은 계속 벌어지고 있다.

3. 노동시장의 이중구조

노동시장의 이중구조도 채용난을 심화시키는 주요 요인이다. 대기업과 중소기업 간의 격차는 갈수록 벌어지고 있다. 임금격차만 해도 중소기업 근로자의 평균 임금은 대기업의 60% 내외에 머물러 있다. 복리후생 격차는 더욱 심하다. 대기업은 4대보험 외에도 다양한 부가 복리후생을 제공하지만, 중소기업은 기본적인 복리후생도 제대로 갖추지 못한 경우가 많다.

근무 환경의 차이도 크다. 최신 시설과 쾌적한 사무 환경, 체계적인 안전관리 시스템을 갖춘 대기업과 달리, 중소기업은 상대적으로 열악한 근무 환경에서 벗어나지 못하고 있다. 교육 기회의 차이도 마찬가지다. 대기업은 체계적인 신입사원 교육프로그램과 지속적인 역량개발 프로그램을 운영하지만, 중소기업은 이런 여건을 갖추기 어려운 것이 현실이다.

정규직과 비정규직 간의 격차도 구직자들의 선택에 큰 영향을 미친다. 고용안정성의 차이는 물론이고, 승진 기회나 교육 기회에서도 상당한 제한이 있다. 사회적 인식의 차이도 무시할 수 없는 요소다. 이런 이중구조 속에서 구직자들은 당연히 더 나은 조건의 일자리를 선호하게 되고, 상대적으로 조건이 열악한 일자리는 기피하게 된다.

4. 가치관의 변화

무엇보다 중요한 변화는 가치관과 라이프스타일의 변화다. 과거에는 경제적 안정이 직업 선택의 최우선 기준이었다면, 지금은 일과 삶의 균형이 더 중요한 기준이 되고 있다. 주 52시간 근무제가 정착되면서 근무 패턴에 대한 인식이 바뀌었고, 개인 시간을 중시하는 경향이 강화되었다. 번아웃 증후군에 대한 경계심도 높아졌다.

개인주의 문화의 확산도 중요한 변화다. 조직보다 개인의 성장과 성취를 우선시하는 경향이 뚜렷해지고 있다. 수직적 조직문화에 대한 거부감이 증가하고 있으며, 개인 브랜딩과 전문성 개발에 대한 관심이 높아지고 있다. 이는 기존의 전통적인 조직 운영 방식과는 상당한 괴리를 보이는 변화다.

이러한 구조적 원인들은 서로 복합적으로 작용하면서 현재의 채용난을 만들어내고 있다. 단순히 급여를 올리거나 복리후생을 개선하는 것만으로는 해결되지 않는 이유가 여기에 있다. 근본적인 변화와 새로운 접근법이 필요한 시점이다.

제 2 절

변화하는 구직자의 마인드셋

채용난을 제대로 이해하려면 구직자들의 변화된 마인드셋을 정확히 파악해야 한다. 특히 현재 주요 채용 대상인 MZ세대의 특성을 이해하는 것이 중요하다.

MZ세대, 즉 1997년부터 2012년 사이에 태어난 세대는 디지털 네이티브라고 불린다. 이들은 태어날 때부터 인터넷과 스마트폰이 있는 환경에서 자랐다. 정보에 대한 접근성이 높고 변화에 빠르게 적응하며, 다양성을 자연스럽게 받아들인다. 하지만 동시에 집중력이 상대적으로 짧고, 즉시성을 추구하며, 기존 권위에 대해 의문을 제기하는 특성을 보인다.

이들의 직업관은 기성세대와 확연히 다르다. 최근 한 MZ세대 구직자와의 상담에서 들은 이야기가 인상적이었다. "저는 돈을 많이 버는 것보다 의미 있는 일을 하고 싶어요. 제가 하는 일이 사회에 어떤 도움이 되는지, 제 개인적 성장에 어떤 기여를 하는지가 더 중요해요." 이는 과거 세대가 생계나 경제적 안정을 최우선으로 여겼던 것과는 완전히 다른 관점이다.

MZ세대는 수직적 관계보다 수평적 관계를 선호한다. 상사와 부하직원의 관계보다는 동료나 파트너의 관계를 원한다. 일방적으로 지시를 받는 것을 거부하고, 자신의 의견이 존중받기를 원한다. 또한 장기간 한 회사에 머무르기보다는 다양한 경험을 쌓는 것을 중시한다. 이들에게 '평생직장'이라는 개념은 이미 구시대의 유물이 되었다.

소통 방식에서도 차이를 보인다. 대면 소통보다는 텍스트 기반의 소통을 선호하고, 실시간 피드백을 요구한다. 투명하고 솔직한 커뮤니케이션을 기대하며, 형식적이거나 에둘러 표현하는 것을 불편해한다. 이런 소통 방식의 차이는 기존 조직문화와 상당한 괴리를 만들어낸다.

밀레니얼 세대인 1981년부터 1996년 사이에 태어난 세대는 또 다른 특성을 보인다. 이들은 포트폴리오 커리어를 추구한다. 하나의 회사에서 평생 근무하는 것보다 다양한 경험을 쌓아 개인 브랜드를 구축하는 것을 선호한다. 평균적으로 2~3년 주기로 이직을 고려하며, 각 이직 단계마다 명확한 성장 목표를 설정한다.

학습과 성장 기회를 매우 중요하게 여긴다. 업무를 통한 지속적 학습 기회를 요구하고, 새로운 기술과 트렌드에 대한 관심이 높다. 개인 역량 개발을 위한 교육훈련 프로그램을 중요시하며, 이런 기회가 제공되지 않는 회사는 선택하지 않는다.

경력직 구직자들의 조건도 점점 까다로워지고 있다. 워라밸에 대한 기대가 높아졌다. 유연근무제나 재택근무 등 근무 방식의 다양성을 요구하고, 연차 사용의 자유로움을 중시한다. 불필요한 회식이나 야근 문화를 거부하며, 개인 시간의 침해를 받지 않으려 한다.

조직문화에 대한 관찰도 세밀해졌다. 입사 전에 조직문화를 파악하기 위해 다양한 정보를 수집한다. 잡플래닛, 블라인드 등 익명 리뷰 사이트를 적극 활용하고, 면접 과정에서도 역질문을 통해 조직을 탐색한다. 과거처럼 회사에서 제공하는 정보만으로는 만족하지 않는다.

이런 변화는 기업 입장에서는 도전적이지만, 동시에 기회이기도 하다. 진정성 있는 조직문화를 구축하고, 직원들의 성장을 진심으로 지원하는 기업들에게는 오히려 우수한 인재를 확보할 수 있는 기회가 될 수 있다. 문제는 많은 기업들이 아직도 과거의 방식에 머물러 있다는 점이다.

제 3 절

포기, 포기, 포기의 세대

1. 면접 포기

(1) 면접 포기 노쇼 현황

최근 채용 시장에서는 MZ세대(1981년~2010년생) 지원자의 면접 포기 현상이 뚜렷하게 증가하고 있다. MZ세대는 디지털 환경에 익숙하며, 자기 주도성과 합리적 판단 능력이 강한 세대로 평가된다. 이들은 전통적인 채용 관행보다 개인의 가치와 실질적인 업무 경험, 조직 문화 등을 더 중시하는 경향을 보인다. 이에 따라 서류 합격 이후 면접에 불참하거나 일방적으로 일정을 취소하는 사례가 빈번해지고 있으며, 이는 기업의 채용 효율성과 조직 안정성에 큰 영향을 미치고 있다.

사람인(2024) 및 잡코리아 조사에 따르면, 전체 면접 대상자 중 평균 34.1%가 면접에 불참하는 것으로 나타났다. 특히 MZ세대의 면접 포기율은 38.4%로 전체 평균을 상회하고 있으며, 1995년 이후 출생한 Z세대의 경우 이탈률이 41%에 달한다. 업종별로는 IT(43.2%), 물류/운송(39.6%), 외식/서비스(37.5%) 등에서 면접 포기 현상이 두드러진다. 이와 같은 수치는 채용 과정에서 기업이 실제 면접까지 연결되는 전환율(Interview Conversion Rate)을 체계적으로 관리해야 함을 시사한다.

[표1-1] 면접 포기율 변화 추이

연도	면접 포기율(평균)	주요 특징
2020	18.7%	코로나 이전 안정적 수치
2021	25.4%	코로나로 인한 원격면접 전환, 혼란 증가
2022	28.6%	채용시장 회복 초기, 지원자 다변화
2023	32.8%	경력직 중심 구인난, 이직 기회 증가
2024	34.1%	AI 채용 증가, 무성의 지원 급증

출처: 사람인, 잡코리아, 잡플래닛, 인크루트 리서치센터(2024)

[표1-2] 산업별 면접 포기율 상위 3개 업종(2024년 기준)

산업	면접 포기율(평균)	주요 특징
IT/SW 개발	43.2%	이직 기회 풍부, 복수 지원, 처우 기준 상향
물류/운송	39.6%	높은 업무강도, 일시적 지원 후 포기
외식/서비스	37.5%	고용불안, 단기 구직자 다수

(2) 주요 원인 분석

첫째, 복수 지원 및 정보 과잉 환경이 면접 포기 행동을 촉진한다. MZ세대는 다양한 채용 플랫폼과 커뮤니티를 활용해 복수 기업에 동시 지원하고, 면접 여부를 '조건 비교' 후 결정하는 경향이 크다. 둘째, 조직에 대한 정보 부족 또는 부정적 이미지가 이탈 요인으로 작용한다. 채용 공고와 실제 직무 간 괴리, 블라인드 등에서 확인되는 내부 직원 리뷰는 지원자의 면접 의지에 직접적인 영향을 미친다. 셋째, 기업의 비효율적인 커뮤니케이션과 경직된 일정 운영 역시 면접 포기의 원인으로 분석된다.

(3) 기업에 미치는 영향

면접 포기율이 높을 경우, 채용 일정 지연, 면접관 리소스 낭비, 대체 후보자 재채용 등의 문제가 발생한다. 인사담당자 설문(사람인, 2023)에 따르면 면접 포기를 경험한 기업의 71.2%가 채용 지연을, 56.7%는 추가 비용 발생을, 34.5%는 조직 내 신뢰도 하락을 경험한 것으로 나타났다. 이는 단순한 운영적 손실을 넘어 기업 채용 브랜드와 조직문화에 부정적인 영향을 미친다.

2. 출근(입사) 포기

(1) 출근(입사) 포기 현황

채용시장의 또 다른 주요 이슈는 최종 합격 후 입사하지 않는, 즉 '입사 포기' 현상의 증가이다. 특히 MZ세대의 입사 포기율은 과거에 비해 급격히 증가하고 있으며, 이는 복수 합격의 일반화, 조건 비교 중심의 선택 경향, 불확실한 조직문화에 대한 회피 심리 등이 복합적으로 작용한 결과이다. 인크루트·잡코리아(2024) 자료에 따르면, 전체 최종 합격자 중 평균 27.3%가 입사를 포기하고 있으며, 이 중 MZ세대는 33.1%의 포기율을 보이고 있다. 특히 IT(39.2%), 물류/유통(33.5%), 마케팅/광고(29.7%) 분야에서 입사 포기가 빈번하게 발생하고 있다. 입사 예정일 7일 이내에 철회 통보하거나, 연락 두절로 노쇼되는 사례도 전체 포기자 중 40% 이상을 차지하고 있다.

[표1-3] 입사 포기율(최종합격자 기준) 변화 추이

연도	입사 포기율	주요 특징
2020	14.8%	코로나 이전 안정적 수치
2021	18.2%	구직시장 점진적 회복
2022	21.5%	복수 합격자 증가, 조건 비교
2023	24.6%	연봉 기대치 상승, 후보자 주도 시장
2024	27.3%	고연봉 IT·경력직 중심 입사 포기 급증

출처: 사람인HR 채용트렌드 보고서, 인크루트 기업설문(2024), HR insight

[표1-4] 산업별 입사 포기율 상위 3개 업종(2024년 기준)

산업	입사 포기율	주요 특징
IT/SW 개발	39.2%	복수 오퍼 수령, 연봉협상 결렬
물류/운송	33.5%	처우 불만, 현장 근무 기피
마케팅/광고	29.7%	고스트 오퍼 빈발, 불확실성 높음

(2) 주요 원인 분석

첫째, 복수 합격 후 조건 우위를 기반으로 한 의사결정 지연이다. MZ세대는 조직문화, 성장 가능성, 워라밸, 복지, 연봉 등 다양한 기준을 고려하여 최적의 선택을 하며, 이 과정에서 입사 결정을 유보하거나 철회하는 경우가 많다. 둘째, 오퍼 이후 커뮤니케이션 단절이다. 합격 통보 이후 입사일까지의 정보 제공이나 유대 형성 노력이 부족한 경우, 입사 의욕이 감소하게 된다. 셋째, 입사 전 조직에 대한 부정적 이미지나 후기 정보가 의사결정을 번복하게 만드는 주요 요인이다.

(3) 기업에 미치는 영향

입사 포기는 기업에 실질적 타격을 입힌다. 사전 채용 공고, 면접, 합격자 통보, 온보딩 준비 등 일련의 채용 프로세스에서 투입된 자원과 시간이 낭비된다. 일부 기업은 이를 방지하기 위해 최종 합격자 수를 120~130% 수준으로 상향하여 확보하고 있지만, 이는 다른 문제를 초래할 수 있다. 또한 기존 팀의 인력 계획 차질, 업무 공백, 조직 신뢰도 저하 등 연쇄적인 영향을 야기한다.

3. 조기 퇴사

(1) 조기 퇴사 현황

MZ세대는 '조직 충성'보다 '자기실현'을 우선시하는 경향이 강하며, 이에 따라 최근 입사 1년 이내의 조기 퇴사 현상이 두드러지고 있다. 특히 6개월 이내 이탈률이 급격히 증가하고 있어, 기업 입장에서는 채용 효율성과 조직 안정성 확보에 어려움을 겪고 있다. 고용노동부 및 HR Insight(2024)에 따르면, 전체 입사자 중 1년 이내 퇴사 비율은 29.4%이며, MZ세대의 경우 38.9%로 현저히 높다. 특히 6개월 이내 퇴사자도 23.6%로 보고되며, 이 중 절반 이상은 퇴사 전 '직무 불만족', '성장 기회 부족', '조직문화 이질감'을 주된 사유로 언급했다. IT, 유통, 서비스 업종에서의 퇴사율이 가장 높았으며, 스타트업의 경우 최대 45%에 이르기도 한다. 특히 20대 후반~30대 초반 사이에서 40%에 가까운 조기 퇴사율을 보이고 있으며, 퇴사 시점은 평균 6개월~8개월 이내인 경우가 많았다.

[표1-5] MZ세대 입사 1년 이내 퇴사율 변화

연도	조기 퇴사율(1년 이내)	주요 특징
2019	26.2%	평균 수준
2020	29.8%	팬데믹 시기 불안정성 증가
2022	33.7%	'자기다움' 추구 강화
2023	36.1%	이직 자유화 현상 본격화
2024	38.9%	MZ 핵심세대화, 가치 중심 퇴사 증가

출처: 잡코리아·사람인 공동 리서치(2024), 고용노동부 HR데이터, 인크루트 채용현황 보고서

[표1-6] MZ세대 조기 퇴사율 상위 3개 업종(2024년 기준)

업종	1년 내 퇴사율	주요 특징
스타트업/IT	45.6%	빠른 조직 변화, 불확실성
외식/서비스	42.3%	열악한 근무환경, 보상 미흡
제조/생산직군	38.4%	위계적 문화, 경직된 조직풍토

(2) 주요 원인 분석

첫째, 수직적 조직문화에 대한 반감이다. 위계적 커뮤니케이션 방식과 수동적 업무지시는 MZ세대의 자율성과 맞지 않아 조직 이탈을 유발한다. 둘째, 성과 보상 및 성장경로의 불확실성이다. 구체적 피드백, 경력개발 로드맵, 빠른 보상이 부재할 경우 퇴사로 이어진다. 셋째, 일-생활 균형의 미흡이다. 지나친 야근, 일방적 일정 변경, 의미 없는 반복 업무는 조직에 대한 애착 형성을 방해한다.

(3) 기업에 미치는 영향

조기 퇴사는 직접적 손실 외에도 팀워크 훼손, 교육 투자 비용 손실, 내부 신뢰도 저하를 유발한다. 신규 채용 후 온보딩에 소요되는 평균 기간은 약 3개월이며, 이 시점 이전에 이탈할 경우 기존 조직원의 업무 재분배와 피로도가 증가한다. 또한 MZ세대 퇴사 이유를 파악하지 못한 채 반복 채용만 진행할 경우, 동일 현상이 지속적으로 반복될 가능성이 높다.

제 4 절

채용의 경제학: 성공과 실패가 기업 성과에 미치는 영향

1. 채용 성공이 창출하는 경제적 가치

(1) 생산성 향상 효과

Huselid(1995)의 Academy of Management Journal 연구는 968개 기업을 대상으로 체계적인 채용 관행이 직원당 매출을 15.9% 증가시킨다는 것을 밝혔다. 이는 평균 171,099달러의 직원당 매출 기준으로 27,044달러의 추가 수익을 의미한다. 더욱 주목할 만한 것은 우수 인재와 평균 인재 간의 생산성 격차다. Crosschq 연구에 따르면 고성과 직원은 저성과 직원 대비 400% 더 높은 생산성을 보이며, 이는 단순한 인원 충원을 넘어 '적합한 인재' 확보의 중요성을 시사한다.

한국 기업의 사례는 이러한 글로벌 연구 결과를 뒷받침한다. 한국과학기술정보연구원(KISTI) 연구에 따르면 직무역량 중심 채용을 시행하는 기업이 영업이익과 순이익에서 유의미한 증가세를 보였으며, 특히 인성 면접과 프레젠테이션 면접을 선발 도구로 활용할 때 재무 성과가 향상되었다. 삼성전자가 2026년까지 450조 원을 투자하여 8만 명을 채용하고, SK그룹이 247조 원으로 5만 명을 채용하는 대규모 투자 계획은 인재 확보가 미래 경쟁력의 핵심임을 보여주는 실증적 사례다.

(2) 조직 문화와 고객 만족의 선순환

채용 성공은 조직 내부를 넘어 고객 경험으로 직접 연결된다. Eezy Personnel 사례연구에서 직원 채용과 만족도 개선을 통해 NPS(순 추천고객 지수)가 46에서 70으로 52% 향상되었다. 이는 단순한 지표 개선이 아니라 실질적인 비즈니스 성과로 이어졌다.

Gallup 연구는 직원 참여도가 높은 기업이 22% 더 높은 수익성을 보인다고 밝혔으며, 이는 채용-문화-성과의 인과관계를 명확히 보여준다. Birmingham City Council의 사례는 더욱 극적이다. 체계적인 채용 프로세스 도입 후 직원 동기부여가 2년간 56%에서 83%로 상승했으며, 조직에 대한 자부심은 50%에서 90%로 80% 개선되었다. 이러한 내부 변화는 고객 서비스 품질 향상으로 이어져 고객 유지율이 업계 평균 75~80%에서 85~90%로 상승하는 결과를 낳았다.

(3) 이직률 감소와 지속 가능한 성장

Work Institute 연구에 따르면 거의 40%의 직원이 첫해에 퇴사하지만, 고품질 채용은 이를 10% 이하로 감소시킨다. 이는 75%의 개선을 의미하며, 직접적인 비용 절감으로 이어진다. 한국의 경우 특히 심각한데, 고용노동부 통계에 따르면 대졸 신입사원의 27.7%가 1년 내 퇴사하며, 주요 원인은 조직 문화 부적응(49%)과 급여 불만족(20%)이다. 그러나 체계화된 채용 프로세스와 문화 적합성 평가를 도입한 기업은 15~20% 낮은 이직률을 보인다. 이직률 감소의 경제적 가치는 명확하다. SHRM 벤치마크에 따르면 평균 채용 비용은 4,129달러이며, 잘못된 채용은 고용주의 27%에게 5만 달러 이상의 비용을 발생시킨다. 제조업 분야에서 구조화된 면접 도입으로 1년 이내 이직률이 40% 감소한 사례는 체계적 채용의 투자 수익률을 실증적으로 보여준다.

(4) 재무 성과와 투자 수익률

채용 성공의 재무적 영향은 압도적이다. Turing(2024) 연구에 따르면 상위 적합한 인재 채용은 600% 이상의 ROI를 창출하며 투자 회수 기간은 단 3개월이다. 또한 결근율 41% 감소, 생산성 17% 향상, 수익성 21% 증가, 이직률 59% 감소를 경험한다. Huselid의 획기적인 연구는 HR 관행 개선이 직원당 시장 가치 18,641달러 증가, 직원당 현금흐름 3,814달러 증가, 5년 NPV 107,979달러(8% 할인율 가정)를 창출한다고 밝혔다.

2. 채용 비용의 실체: 보이는 것과 보이지 않는 것

(1) 직접비용의 구조와 규모

한국 기업의 경우 순수 채용 비용은 1인당 200~300만 원이나, 기회비용을 포함한 총 비용은 1,272만 원에 달한다. 이는 미국 평균 4,700달러(약 620만 원)와 비교할 수 있는 수준으로, 세계 시장에서의 인재 경쟁이 국경을 넘어 표준화되고 있음을 시사한다. 한국 기업의 특징적인 비용 구조는 대기업과 중소기업 간 격차다. 대기업은 면접 비용이 56.7%로 가장 큰 비중을 차지하는 반면, 중소기업은 채용광고비가 61%를 차지한다. 이는 브랜드 파워와 채용 인프라의 차이를 반영하며, 중소기업이 인재 확보에서 구조적 불리함을 겪고 있음을 시사한다.

(2) 숨겨진 비용의 중요성

SHRM 연구에 따르면 간접비용은 전체 채용 비용의 60~70%를 차지하는 중요한 요소다. 면접관 시간 비용은 시간당 10~15만 원으로 채용당 평균 100~150만 원이 소요되며, 신입사원이 어느 정도 활용 가능한지 아닌지 파악하기 위해서는 평균 12주가 걸린다(이는 시용기간을 고려한 기간이다). 이 기간 동안의 생산성 손실은 1~4주 차 75%, 5~8주 차 50%, 9-12주 차 25%로 계산된다. 특히 주목할 것은 공석 비용(Cost of Vacancy)이다. 핵심 직무의 경우 하루 7,000~12,000달러의 비용이 발생하며, 극단적 경우 일일 200,000달러까지 상승한다. 한국 기업의 평균 채용 기간 32일을 적용하면, 중요 직책의 공석은 수억 원의 기회비용을 발생시킬 수 있다. 브랜드 가치와 팀 사기에 미치는 영향은 정량화하기 어렵지만, 장기적으로 더 큰 손실을 초래할 수 있다. Harvard Business Review 연구에 따르면 나쁜 평판의 기업은 인재 유치를 위해 10% 높은 급여를 제시해야 하며, 강한 고용주 브랜드는 채용 비용을 43% 절감시킨다. 이는 채용 비용이 단순한 일회성 지출이 아닌 복합적인 투자임을 보여준다.

3. 채용 실패의 연쇄 효과와 복합적 손실

(1) 금전적 손실의 규모

채용 실패로 인한 비용은 연봉의 30%에서 최대 240%에 달하며, 한국 기업의 경우 직급에 따라 연봉의 3배에서 24배까지 발생한다. 미국 노동부 기준 최소 연봉의 30%에서 시작하여, SHRM 연구에 따르면 연봉의 50~200%, 경영진의 경우 213%까지 증가한다. 이러한 비용은 재채용 비용, 교육훈련 재투자, 퇴직금 및 법적 비용, 비생산적 기간의 급여 지급, 대체 인력 비용 등으로 구성된다. 특히 주목할 것은 조기 이직의 영향이다. Harvard Business School 연구에 따르면 신규 직원이 손익분기점에 도달하기까지 6개월 이상이 소요되며, 3개월 이내 퇴사 시 투자 비용의 80~90%가 손실된다. 한국 기업의 신입사원 27.7%가 1년 내 퇴사한다는 통계를 고려하면, 이는 막대한 자원 낭비를 의미한다. 2024년 사람인 조사에 따르면 한국 기업의 1인당 평균 채용 비용 1,272만 원에 채용 실패율을 적용하면, 중견 기업 하나가 연간 수십억 원의 채용 실패 비용을 부담하고 있음을 알 수 있다. 특히 신규 직원의 첫해 총비용이 5,000만 원 이상(교육, 급여, 보험, 복리후생 포함)이라는 점을 고려하면, 채용 실패는 기업 재무에 직접적인 타격을 준다.

(2) 조직 전체에 미치는 파급 효과

SHRM 연구에 따르면 관리자들은 근무시간의 17%를 저성과자 관리에 소비하며, CFO 대상 설문에서는 주당 10시간(26%)을 저성과자 코칭에 할애한다고 보고했다. 이는 전략적 업무에서의 이탈을 의미하며, 혁신과 성장 기회를 놓치는 결과로 이어진다. 팀 사기에 미치는 영향은 더욱 심각하다. SHRM의 2,100명 이상 CFO 대상 연구에서 95%가 채용 실패가 팀 사기에 영향을 미친다고 응답했으며, 35%는 심각한 영향을 받는다고 보고했다. 39%의 CFO가 생산성 손실보다 직원 사기 저하를 최우선 우려 사항으로 꼽았으며, 29%의 기업에서 채용 실패로 인해 우수 직원의 이직이 증가했다. 고객 관계 손상도 무시할 수 없다. 일본 기업의 32%, 미국 기업의 13%가 채용 실패로 인한 고객 관계 손상을 보고했으며, 이는 즉각적인 매출 감소로 이어진다. 특히 B2B 비즈니스에서는 주요 계약 손실로 이어질 수 있어 장기적 영향이 더욱 크다.

(3) 글로벌 비교를 통한 시사점

글로벌 채용 실패율을 보면 러시아 89%, 브라질/중국 각 87%, 인도 84%, 미국 66%, 영국 62%, 일본 59%, 독일 58%, 프랑스 53% 순이다. 흥미로운 것은 프랑스가 유럽 최저 채용 실패율을 기록했다는 점인데, 이는 높은 사회보장 기여금(고용주 부담률 45%)이 신중한 채용을 유도하는 역설적 효과를 보여준다. 아시아 시장에서 중국이 87%로 세계 최고 채용 실패율을 기록하고 57%가 생산성 손실을 보고한 것은 급속한 성장에 따른 인재 수급 불균형을 반영한다. 한국의 91.2% 기업이 채용 어려움을 겪고 있다는 통계와 함께 고려하면, 아시아 지역의 인재 전쟁이 얼마나 치열한지 알 수 있다.

4. 채용 투자의 전략적 재구성

(1) 투자 관점의 전환

채용은 비용이 아닌 투자이며, 그 수익률은 어떤 금융 상품보다 높다. Turing(2024) 연구에 따르면 상위 30% 직원 채용은 600% 이상의 ROI를 창출하며 투자 회수 기간은 단 3개월이다. 상위 20% 인재풀에서 채용하는 기업은 결근율 41% 감소, 생산성 17% 향상, 수익성 21% 증가, 이직률 59% 감소를 경험한다. 이러한 수치는 채용에 대한 근본적인 인식 전환을 요구한다. 채용을 단순한 공석 충원이 아닌 전략적 자산 획득으로 보아야 하며, 채용 비용을 절감 대상이 아닌 투자 최적화 대상으로 접근해야 한다. 특히 한국 기업의 경우, 대기업과 중소기업 간 노동비용 차이가 203만 7천 원에 달하는 상황에서, 우수 인재 확보는 생존과 직결된 문제다.

(2) 미래를 위한 제언

글로벌 인재 부족이 2030년까지 8.5조 달러의 미실현 수익을 초래할 것으로 예측되는 상황에서, 채용 우수성은 선택이 아닌 필수 비즈니스 전략이다. 특히 한국 기업들은 급속한 고령화와 청년 인구 감소라는 구조적 도전에 직면해 있어, 채용 전략의 혁신이 더욱 시급하다. 채용의 성공과 실패가 기업 성과에 미치는 영향은 단순한 산술적 계산을 넘어선다. 성공적인 채용은 생산성 향상, 혁신 가속화, 고객 만족도 증가, 조직 문화 강화라는 선순환을 창출한다. 반면 채용 실패는 직접 비용, 기회비용, 조직 사기 저하, 브랜드 손상이라는 악순환을 일으킨다. 결론적으로, 채용은 기업의 미래를 결정하는 가장 중요한 투자 결정이다. "사람이 전부다"라는 오래된 격언은 이제 데이터로 입증된 경영 원칙이 되었다. 채용에 대한 전략적 접근과 체계적 투자만이 지속 가능한 경쟁 우위를 확보하는 길이며, 이는 한국 기업이 글로벌 무대에서 성공하기 위한 필수조건이다.

제 2 장

채용에서 평가지표의 중요성

제1절

채용 평가지표의 개념과 본질

채용 평가지표는 조직이 필요로 하는 인재를 객관적이고 체계적으로 선발하기 위한 측정 도구이자 판단 기준이다. 단순히 지원자의 능력을 평가하는 것을 넘어서, 조직의 전략적 목표 달성에 기여할 수 있는 최적의 인재를 식별하고 선별하는 전략적 메커니즘이다.

채용 평가지표의 핵심 특성은 '예측성'에 있다. 현재의 역량과 잠재력을 평가하여 미래의 직무 성과를 예측하는 것이 주된 목적이다. 이는 지원자의 과거 경험과 현재 능력을 종합적으로 분석하여, 해당 직무와 조직 환경에서 얼마나 성공적으로 수행할 수 있을지를 판단하는 과정이다.

또한 채용 평가지표는 '차별화'의 기능을 수행한다. 다수의 지원자 중에서 조직의 요구사항에 가장 부합하는 인재를 선별하기 위해, 명확하고 구체적인 평가 기준을 제시한다. 이는 지원자들 간의 상대적 우열을 가리는 것이 아니라, 조직의 특정 요구사항과 얼마나 잘 매칭되는지를 평가하는 것이다.

채용 평가지표는 '공정성'을 보장하는 장치이기도 하다. 모든 지원자가 동일한 기준으로 평가받을 수 있도록 하여, 개인적 편견이나 주관적 판단으로 인한 불공정을 방지한다. 이는 조직의 신뢰성을 높이고, 우수한 인재들의 지원을 유도하는 효과가 있다.

채용 평가지표의 또 다른 중요한 특성은 '전략적 연계성'이다. 조직의 비전, 미션, 핵심가치와 밀접하게 연결되어, 조직의 장기적 발전에 기여할 수 있는 인재를 선발하는 데 초점을 맞춘다. 이는 단순한 기술적 역량 평가를 넘어서, 조직 문화 적합성과 성장 잠재력까지 종합적으로 고려하는 것을 의미한다.

채용 평가지표는 '학습과 발전의 기회'를 제공하는 도구이기도 하다. 평가 과정에서 지원자는 자신의 강점과 약점을 인식하게 되고, 조직은 평가 결과를 통해 인재 선발 프로세스를 개선할 수 있다. 이러한 상호 학습 과정은 조직과 개인 모두에게 가치 있는 경험이 된다.

제 2 절

채용 평가지표의 다층적 중요성

채용 평가지표의 중요성은 조직 차원과 개인 차원에서 동시에 나타난다. 조직 차원에서는 먼저 '인재 확보의 정확성'을 높이는 데 기여한다. 체계적인 평가지표를 통해 조직이 진정으로 필요로 하는 인재를 정확히 선별할 수 있으며, 이는 조직의 성과와 경쟁력에 직접적인 영향을 미친다.

두 번째로 '채용 비용의 최적화'를 달성할 수 있다. 명확한 평가 기준을 통해 부적합한 지원자를 조기에 선별함으로써, 불필요한 면접 비용과 시간을 절약할 수 있다. 또한 잘못된 채용으로 인한 재채용 비용과 기회비용을 크게 줄일 수 있다.

세 번째로 '조직 문화의 강화'에 기여한다. 평가지표에 조직의 핵심 가치와 문화적 요소를 반영함으로써, 조직 문화에 적합한 인재를 선발할 수 있다. 이는 조직의 일체감과 응집력을 높이고, 문화적 갈등을 예방하는 효과가 있다.

네 번째로 '법적 리스크의 최소화'를 달성할 수 있다. 객관적이고 일관된 평가 기준을 적용함으로써, 채용 과정에서 발생할 수 있는 차별 소지를 제거하고, 법적 분쟁의 위험을 줄일 수 있다.

개인 차원에서는 '공정한 기회의 보장'이 가장 중요한 의미를 갖는다. 명확한 평가 기준이 있을 때, 지원자들은 자신의 역량을 공정하게 평가받을 수 있다는 확신을 갖게 된다. 이는 지원자들의 적극적인 참여와 최선의 노력을 이끌어내는 동기가 된다.

또한 '자기 개발의 방향성'을 제시한다. 평가지표를 통해 지원자들은 해당 직무와 조직에서 요구하는 역량이 무엇인지 명확히 알 수 있고, 이를 바탕으로 자신의 개발 방향을 설정할 수 있다. 설령 채용되지 않더라도, 이러한 정보는 개인의 성장에 도움이 된다.

채용 평가지표는 '경력 개발의 기준'을 제공하기도 한다. 지원자들은 평가 기준을 통해 해당 직무에서 성공하기 위해 필요한 역량과 자질을 파악할 수 있으며, 이를 기반으로 장기적인 경력 계획을 수립할 수 있다.

제 3 절

채용 평가지표 설계의 기본 원칙

채용 평가지표를 설계할 때 준수해야 할 첫 번째 원칙은 '예측 타당성'이다. 채용 평가지표는 미래의 직무 성과를 정확히 예측할 수 있어야 한다. 이를 위해서는 과거 채용자들의 평가 결과와 실제 성과 간의 상관관계를 지속적으로 분석하고, 예측력이 낮은 지표는 개선하거나 제거해야 한다. 예측 타당성이 높은 지표일수록 채용의 성공률을 높일 수 있다.

두 번째 원칙은 '차별화 능력'이다. 평가지표는 우수한 지원자와 그렇지 않은 지원자를 명확히 구분할 수 있어야 한다. 모든 지원자가 비슷한 점수를 받는 지표는 선발 도구로서의 기능을 수행하지 못한다. 따라서 지원자들 간의 차이를 명확히 드러낼 수 있는 변별력 있는 지표를 개발해야 한다.

세 번째 원칙은 '측정 가능성'이다. 아무리 중요한 역량이라도 객관적으로 측정할 수 없다면 평가지표로 활용하기 어렵다. 따라서 추상적인 개념을 구체적이고 관찰 가능한 행동이나 결과로 번역하여, 일관성 있는 평가가 가능하도록 해야 한다.

네 번째 원칙은 '공정성과 법적 적합성'이다. 평가지표는 모든 지원자에게 공정하게 적용되어야 하며, 성별, 연령, 종교, 출신 지역 등과 같은 차별 금지 요소를 포함해서는 안 된다. 또한 관련 법규와 윤리 기준을 준수해야 한다.

다섯 번째 원칙은 '실용성과 효율성'이다. 평가지표는 현실적으로 운영 가능해야 한다. 과도한 시간과 비용이 소요되는 평가 방법은 지속 가능하지 않다. 따라서 조직의 현실적 여건을 고려하여 효율적으로 운영할 수 있는 지표를 설계해야 한다.

여섯 번째 원칙은 '투명성과 수용성'이다. 평가지표와 평가 과정은 지원자들이 이해할 수 있을 정도로 투명해야 한다. 지나치게 복잡하거나 불분명한 평가 기준은 지원자들의 불신을 초래할 수 있다. 따라서 평가지표의 내용과 적용 방법을 명확히 공개하고, 지원자들이 수용할 수 있도록 해야 한다.

일곱 번째 원칙은 '지속적 개선 가능성'이다. 평가지표는 고정 불변한 것이 아니라, 조직의 변화와 환경 변화에 따라 지속적으로 개선되어야 한다. 따라서 정기적인 검토와 개선 과정을 포함한 관리 체계를 구축해야 한다.

제 4 절

채용 평가지표 설계의 구체적 접근법

채용 평가지표 설계는 체계적이고 단계적인 접근이 필요하다. 첫 번째 단계는 '채용을 위한 직무 분석과 역량 모델링'이다. 채용하고자 하는 직무의 핵심 업무, 책임, 권한을 상세히 분석하고, 성공적인 직무 수행에 필요한 지식, 기술, 태도를 도출해야 한다. 이는 기존 우수 직원들의 행동 분석, 직무 전문가 인터뷰, 산업 벤치마킹 등의 방법을 통해 수행할 수 있다.

두 번째 단계는 '평가 영역의 설정'이다. 도출된 역량 요소들을 논리적으로 분류하여 평가 영역을 설정한다. 일반적으로 기술적 역량, 인지적 역량, 행동적 역량, 조직 적합성 등으로 구분할 수 있다. 각 영역은 상호 배타적이면서도 전체적으로는 직무 수행에 필요한 모든 측면을 포괄해야 한다.

세 번째 단계는 '평가지표의 개발'이다. 각 평가 영역에 대해 구체적이고 측정 가능한 지표를 개발한다. 이때 정량적 지표와 정성적 지표를 적절히 조합하고, 각 지표의 정의와 측정 방법을 명확히 해야 한다. 예를 들어, 문제해결 능력을 평가하기 위해서는 상황판단 테스트, 사례 연구, 시뮬레이션 등의 방법을 활용할 수 있다.

네 번째 단계는 '평가 방법의 선택'이다. 각 지표에 적합한 평가 방법을 선택한다. 서류심사, 필기시험, 실기시험, 면접, 그룹 토론, 프레젠테이션, 심리 검사 등 다양한 방법 중에서 지표의 특성과 조직의 여건에 맞는 방법을 선택해야 한다.

다섯 번째 단계는 '가중치와 기준의 설정'이다. 각 평가 영역과 지표의 상대적 중요도를 반영하여 가중치를 설정하고, 평가 등급과 기준을 정의한다. 이는 조직의 전략적 우선순위와 직무의 특성을 고려하여 결정된다.

여섯 번째 단계는 '평가 도구의 개발'이다. 설계된 평가지표를 실제로 적용하기 위한 구체적인 도구들을 개발한다. 평가 양식, 면접 질문, 채점 기준, 평가자 가이드라인 등을 포함한다.

일곱 번째 단계는 '파일럿 테스트와 검증'이다. 개발된 평가지표와 도구를 실제 상황에서 시범 적용하여 효과성을 검증한다. 이 과정에서 발견된 문제점들을 수정하고 개선한다.

여덟 번째 단계는 '평가자 교육과 훈련'이다. 평가지표를 일관성 있게 적용하기 위해 평가자들에게 충분한 교육과 훈련을 제공한다. 평가 기준의 이해, 평가 방법의 숙지, 편향 방지 등의 내용을 포함한다.

마지막 단계는 '운영과 개선'이다. 평가지표를 실제 채용 과정에 적용하고, 그 결과를 지속적으로 모니터링하여 개선해 나간다. 채용된 인재들의 실제 성과를 추적하여 평가지표의 예측 타당성을 검증하고, 필요에 따라 지표를 수정하거나 보완한다.

제 5 절

채용 평가지표의 유형과 구성

효과적인 채용 평가지표 체계를 구축하기 위해서는 다양한 유형의 지표들을 조직의 특성과 직무의 요구사항에 맞게 적절히 조합해야 한다. 특히 기술적 역량과 인성적 역량, 현재 능력과 잠재 능력, 정량적 평가와 정성적 평가 간의 균형을 유지하는 것이 중요하다.

또한 평가지표의 구성에서는 '핵심 역량'과 '차별화 역량'을 구분해야 한다. 핵심 역량은 해당 직무에서 성공하기 위해 반드시 갖추어야 하는 필수 역량이고, 차별화 역량은 우수한 성과를 창출하기 위해 필요한 추가적 역량이다. 이러한 구분을 통해 평가의 우선순위를 명확히 하고, 선발 기준을 효과적으로 설정할 수 있다.

채용 평가지표는 조직의 인재 확보 전략을 실현하는 핵심 도구다. 체계적이고 과학적인 접근을 통해 설계된 평가지표는 조직이 필요로 하는 최적의 인재를 선발하는 데 크게 기여할 수 있으며, 궁극적으로는 조직의 경쟁력과 지속 가능한 성장을 지원하는 전략적 자산이 된다. 따라서 채용 평가지표의 개발과 운영에 충분한 시간과 노력을 투자하는 것은 조직의 미래를 위한 필수적인 투자라고 할 수 있다.

제 3 장

평가지표 활용의 장벽

현대 기업 환경에서 인적 자원은 지속 가능한 경쟁 우위를 확보하는 데 있어 가장 핵심적인 요소로 인식되고 있다. 적합한 인재를 선별하고 채용하는 것은 조직의 성과, 혁신 역량, 조직 문화, 그리고 궁극적으로 사업 성과에 직접적인 영향을 미친다. 그럼에도 불구하고, 많은 기업들이 채용 과정에서 체계적이고 과학적인 평가지표를 효과적으로 활용하지 못하고 있는 현실이다.

산업계 전반에 걸쳐 인재 확보 경쟁이 심화되고 직무 요구사항이 빠르게 변화하는 환경 속에서, 기업들은 여전히 비구조화된 면접, 주관적 판단, 그리고 검증되지 않은 평가 방법에 의존하는 경우가 많다. 이러한 관행은 채용 의사결정의 정확성과 공정성을 저해하며, 조직의 장기적 인재 경쟁력 확보에 부정적인 영향을 미칠 수 있다.

제3장에서는 기업들이 채용 시 체계적인 평가지표를 효과적으로 활용하지 못하는 다양한 장벽과 원인을 심층적으로 분석하려고 한다. 구조적 요인, 문화적 요인, 실무적 요인, 그리고 인식적 요인 등 다차원적 관점에서 평가지표 활용의 장벽을 고찰함으로써, 기업들이 더욱 과학적이고 효과적인 채용 평가 체계를 구축하는 데 실질적인 통찰을 제공하고자 한다.

제 1 절

구조적 요인: 자원과 시스템의 제약

1. 인적·물적 자원의 제약

많은 기업, 특히 중소기업과 스타트업들은 체계적인 평가지표를 개발하고 구현하는데 필요한 자원이 제한적이다. 과학적 평가 체계 구축에는 직무 분석, 역량 모델링, 평가도구 개발, 평가자 훈련 등 상당한 시간과 비용 투자가 필요하다.

(1) HR 전문 인력의 부족

많은 조직에서 전문적인 HR 인력이 부족하며, 특히 인재 평가와 선발에 특화된 전문성을 갖춘 인력은 더욱 희소하다. 미국 인사관리협회(SHRM)의 조사에 따르면, 중소기업의 약 68%가 HR 전문 인력 부족을 채용 과정 개선의 주요 장애물로 지목했다. 직무 분석가, 심리 측정 전문가, 평가 설계 전문가 등 전문 인력 없이는 타당하고 신뢰할 수 있는 평가지표 개발이 어렵다.

(2) 예산 제약과 ROI 입증의 어려움

체계적인 평가 시스템 구축에는 상당한 초기 투자가 필요하지만, 이러한 투자의 수익률(ROI, Return on Investment)을 명확히 입증하기 어려운 경우가 많다. 채용의 질적 개선이 기업 성과에 미치는 영향은 장기적이고 간접적이어서, 단기 성과에 초점을 맞춘 조직에서는 이러한 투자를 정당화하기 어려울 수 있다. 한 연구에 따르면, 체계적인 평가 시스템 구축에 드는 비용은 중소기업 기준으로 연간 HR 예산의 15~20%에 달할 수 있으며, 이는 많은 기업에게 부담스러운 수준이다.

(3) 시간적 제약과 채용 압박

빠른 성장 단계에 있거나 높은 이직률을 경험하는 기업들은 긴급한 인력 충원 압박 속에서 평가 과정을 간소화하려는 경향이 있다. "빠르게 채용하고, 필요시 빠르게 해고한다(Hire fast, fire fast)"는 문화가 만연한 환경에서는 시간 소모적인 평가 과정이 사치로 여겨질 수 있다. 한 설문 조사에 따르면, 채용 담당자의 약 61%가 빠른 인력 충원 압박이 체계적인 평가 절차 구현의 주요 장애물이라고 응답했다.

2. 기술적 인프라의 한계

효과적인 평가지표 활용을 위해서는 데이터 수집, 분석, 평가자 간 조율 등을 지원하는 기술적 인프라가 필요하다. 그러나 많은 기업들이 이러한 기술적 기반을 갖추지 못하고 있다.

(1) 채용 기술 스택의 분절화

많은 조직에서 채용 과정의 다양한 단계(지원서 접수, 사전 스크리닝, 평가, 면접 관리, 오퍼 등)가 서로 통합되지 않은 별도의 시스템이나 도구를 통해 관리된다. 이러한 분절화는 일관된 데이터 수집과 통합적 평가를 어렵게 만든다. 실제로 한 조사에 따르면, 기업의 약 72%가 세 개 이상의 별도 시스템을 사용하여 채용 프로세스를 관리하고 있으며, 이 중 63%는 시스템 간 데이터 통합이 부재하거나 제한적이라고 응답했다.

(2) 분석 역량의 부족

효과적인 평가지표 활용에는 데이터 수집뿐만 아니라 이를 분석하고 의미 있는 통찰을 도출하는 능력이 필요하다. 그러나 많은 조직, 특히 중소기업들은 채용 데이터를 전략적으로 분석할 수 있는 도구와 역량이 부족하다. 한 연구에 따르면, HR 전문가의 약 78%가 인재 데이터 분석 역량 부족을 주요 도전 과제로 언급했다.

(3) 레거시 시스템의 제약

오래된 HR 및 채용 시스템은 새로운 평가 방법론이나 도구를 통합하는 데 기술적 제약을 가져올 수 있다. 특히 대기업이나 오랜 역사를 가진 기업들은 레거시 시스템과의 호환성 문제로 인해 혁신적인 평가 도구 도입에 어려움을 겪을 수 있다. Gartner의 보고서에 따르면, 기업의 약 47%가 레거시 시스템의 제약을 HR 디지털 전환의 주요 장애물로 지목했다.

3. 조직 구조와 의사결정 프로세스의 복잡성

대기업이나 복잡한 조직 구조를 가진 기업에서는 채용 의사결정 과정이 여러 이해관계자와 부서에 걸쳐 있어, 일관된 평가 체계 도입이 어려울 수 있다.

(1) 다양한 이해관계자 간 합의 형성의 어려움

채용 과정에는 HR 부서, 채용 관리자, 사업부 리더, 경영진 등 다양한 이해관계자가 관여한다. 이들은 각기 다른 우선순위와 기대를 가지고 있어, 평가 기준과 방법에 대한 합의를 이루기 어려울 수 있다. 예를 들어, HR은 포괄적이고 체계적인 평가를 선호할 수 있지만, 채용 관리자는 빠른 의사결정과 직무 특화된 평가를 원할 수 있다. 한 조사에 따르면, 채용 관련 의사결정에 평균 5~7명의 이해관계자가 관여하며, 이들 간의 의견 불일치가 채용 프로세스 개선의 주요 장애물로 작용한다고 한다.

(2) 부서별 채용 관행의 차이

대규모 조직에서는 부서나 사업부별로 서로 다른 채용 관행과 문화가 존재할 수 있다. 이러한 다양성은 조직 전체에 일관된 평가 체계를 도입하는 데 장애물로 작용할 수 있다. 특히 분권화된 구조에서는 전사적 표준화가 저항에 부딪힐 수 있으며, 부서별 특수성을 고려한 유연성과 전사적 일관성 사이의 균형을 찾기 어려울 수 있다.

(3) 글로벌 조직의 지역적 다양성

다국적 기업이나 글로벌 조직에서는 지역별 문화적, 법적 차이로 인해 단일한 평가 체계를 적용하기 어려울 수 있다. 각 국가나 지역의 노동법, 문화적 규범, 데이터 보호 규정 등은 평가 방법과 기준에 영향을 미칠 수 있으며, 이러한 다양성을 수용하면서도 글로벌 일관성을 유지하는 것은 복잡한 과제이다.

제 2 절

문화적 요인: 전통과 관행의 영향

1. 직관과 경험에 대한 과신

많은 관리자와 채용 담당자들은 자신의 직관과 경험이 체계적인 평가지표보다 우수하다고 믿는 경향이 있다. 이러한 과신은 과학적 평가 접근법의 도입을 저해하는 강력한 문화적 장벽으로 작용한다.

(1) '나는 인재를 알아본다'는 믿음

경영자와 관리자들은 종종 자신이 "좋은 인재를 보면 안다"라는 확신을 가지고 있다. 이러한 믿음은 특히 오랜 경험을 가진 관리자들 사이에서 강하게 나타나며, 이들은 자신의 직관과 판단이 구조화된 평가보다 더 정확하다고 생각하는 경향이 있다. 한 연구에 따르면, 채용 결정권자의 약 76%가 자신의 직관이 채용 성공에 중요한 요소라고 응답했으며, 56%는 직관이 구조화된 평가만큼이나 정확하다고 믿고 있었다.

(2) 무의식적 편향의 영향

직관에 의존한 판단은 무의식적 편향에 취약하다. 확증 편향(자신의 기존 신념이나 가설과 일치하는 정보만 선택적으로 받아들이고, 반대되는 정보는 무시하거나 과소평가하는 인지적 편향), 유사성 편향(자신과 비슷한 후보자를 선호하는 경향), 후광 효과(한 가지 긍정적 특성이 전체 평가에 영향을 미치는 현상) 등 다양한 인지적 편향이 객관적 평가를 방해할 수 있다. 그러나 많은 관리자들은 이러한 편향의 존재와 영향을 인식하지 못하거나 과소평가하는 경향이 있다.

(3) 성공 사례의 과대 해석

직관에 의한 채용이 성공한 사례는 강화되고 기억되는 반면, 실패한 사례는 종종 다른 요인에 귀인 되는 경향이 있다. 이러한 선택적 기억과 귀인은 직관의 정확성에 대한 과신을 강화한다. 예를 들어, 면접에서 좋은 인상을 주었고 이후 성과가 좋은 직원은 '좋은 직관'의 증거로 여겨지지만, 성과가 좋지 않은 직원은 '조직 환경에 맞지 않았다' 등의 외부 요인으로 설명되는 경우가 많다.

2. 전통적 채용 관행에 대한 집착

많은 조직에서 채용 프로세스는 오랜 기간에 걸쳐 형성된 전통과 관행에 기반을 두고 있으며, 이러한 관행은 쉽게 변화하지 않는 경향이 있다.

(1) '항상 해오던 방식'의 관성

변화에 대한 자연스러운 저항은 채용 프로세스에서도 강하게 나타난다. "우리는 항상 이런 방식으로 해왔고, 그것이 효과적이었다"라는 사고방식은 새로운 평가 방법 도입을 어렵게 만든다. 이러한 관성은 특히 오랜 역사를 가진 조직이나 전통을 중시하는 문화에서 더욱 강하게 나타날 수 있다. Bersin & Associates의 연구에 따르면, 기업의 약 67%가 전통적 채용 관행에 대한 조직 내 집착을 변화의 주요 장애물로 지목했다.

(2) 성공 사례와 실패 사례의 비대칭적 가시성

기존 채용 방식의 성공 사례는 가시적이고 축하받는 반면, 실패 사례는 조용히 처리되거나 다른 요인에 귀인 되는 경우가 많다. 이러한 비대칭적 가시성은 현 상태를 유지하려는 경향을 강화한다. 채용 결정의 질을 체계적으로 평가하고 추적하는 메커니즘이 없다면, 기존 방식의 문제점이 명확히 인식되기 어렵다.

(3) 리스크 회피 문화

새로운 평가 방법 도입에는 불확실성과 리스크가 수반된다. 리스크 회피적인 조직 문화에서는 검증되지 않은 새로운 접근법보다 익숙한 방식을 선호하는 경향이 있다. "망가

지지 않았다면 고치지 말라(If it ain't broke, don't fix it)"는 태도는 현재의 채용 방식이 심각한 문제를 드러내지 않는 한, 변화에 대한 동기를 약화시킨다.

3. 단기적 사고와 즉각적 성과 지향

많은 조직에서 채용은 단기적 인력 충원의 관점에서 접근되며, 이는 장기적 관점에서의 평가 체계 구축과 상충될 수 있다.

(1) 즉각적 인력 충원 압박

빠른 성장이나 높은 이직률에 직면한 기업들은 종종 '빈자리 채우기'에 급급하여 장기적 적합성과 질적 측면을 간과할 수 있다. 이러한 단기적 압박은 시간과 노력이 필요한 체계적 평가 프로세스의 도입을 저해한다. 한 설문 조사에 따르면, 채용 담당자의 약 71%가 빠른 충원 압박으로 인해 평가 과정을 단축하거나 생략한 경험이 있다고 응답했다.

(2) 단기 성과 측정에 대한 집중

많은 조직에서 채용 성과는 '채용 소요 시간(Time to Fill)', '비용 대비 채용 수(Cost per Hire)' 등 단기적이고 양적인 지표로 측정된다. 이러한 지표는 쉽게 측정할 수 있지만, 채용 결정의 질적 측면을 반영하지 못한다. 질적 지표(예: 직원 성과, 적합도, 유지율 등)는 측정이 어렵고 장기간에 걸쳐 나타나기 때문에, 단기 성과에 초점을 맞춘 환경에서는 우선순위가 낮아질 수 있다.

(3) 투자 회수 기간(ROI)에 대한 인내 부족

체계적인 평가 체계 구축은 상당한 초기 투자가 필요하며, 그 효과는 장기간에 걸쳐 점진적으로 나타난다. 그러나 많은 조직, 특히 단기 실적 압박이 강한 환경에서는 이러한 장기적 투자에 필요한 인내와 지원이 부족할 수 있다. 한 연구에 따르면, 전략적 HR 이니셔티브의 평균 ROI 측정 기간은 2~3년이지만, 대부분의 조직은 1년 이내의 가시적 성과를 기대한다.

제 3 절

실무적 요인: 방법론과 적용의 문제

1. 직무 분석과 역량 모델의 부재 또는 불완전성

효과적인 평가지표는 철저한 직무 분석과 명확한 역량 모델에 기반해야 하지만, 많은 조직에서 이러한 기초 작업이 불충분하게 이루어진다.

(1) 직무 분석의 어려움과 비용

체계적인 직무 분석은 시간과 자원이 많이 소요되는 과정이다. 특히 빠르게 변화하는 직무나 새롭게 등장하는 역할의 경우, 정확한 직무 분석이 더욱 어려울 수 있다. Deloitte의 연구에 따르면, 기업의 약 65%가 직무 분석을 정기적으로 수행하지 않으며, 이로 인해 평가 기준이 실제 직무 요구사항과 괴리될 위험이 있다고 한다.

(2) 역량 모델의 일반화와 추상성

많은 조직에서 사용되는 역량 모델은 지나치게 일반적이거나 추상적인 경우가 많다. "팀워크", "리더십", "혁신성" 등의 역량은 중요하지만, 구체적인 행동 지표나 상황적 맥락 없이는 객관적인 평가가 어렵다. 실제로 역량 모델을 갖춘 기업 중 약 58%가 역량 정의의 모호성과 측정의 어려움을 주요 도전 과제로 언급했다.

(3) 직무와 비즈니스 환경의 빠른 변화

4차 산업혁명과 디지털 전환으로 인해 직무 요구사항이 빠르게 변화하고 있다. 이러한 환경에서는 한 번 수립된 역량 모델과 평가 기준이 빠르게 구시대적이 될 수 있다.

세계경제포럼(WEF)의 보고서에 따르면, 2025년까지 현재 직무의 약 85%가 상당한 변화를 겪을 것으로 예상되며, 이는 역량 모델과 평가 체계의 지속적인 업데이트가 필요함을 의미한다.

2. 평가 도구와 방법의 한계

채용 평가에 사용되는 많은 도구와 방법은 실질적인 한계와 도전 과제를 안고 있다.

(1) 평가 도구의 타당도와 신뢰도 문제

많은 조직에서 사용되는 평가 도구는 적절한 타당도와 신뢰도 검증을 거치지 않았다. 특히 내부 개발된 도구나 비전문가에 의해 설계된 평가 방법은 과학적 근거가 부족할 수 있다. 한 메타분석 연구에 따르면, 조직에서 사용되는 평가 도구 중 약 47%만이 적절한 타당도 검증을 거쳤으며, 이는 많은 조직이 효과가 검증되지 않은 도구에 의존하고 있음을 시사한다.

(2) 주요 역량 측정의 어려움

창의성, 적응력, 감성 지능, 윤리적 판단력 등 현대 조직에서 중요성이 커지는 많은 역량들은 객관적으로 측정하기 어렵다. 이러한 역량은 복잡하고 맥락 의존적이며, 단일한 평가 도구로 포괄하기 어려운 다면적 특성을 가진다. 또한 이러한 역량이 실제 직무 성과에 미치는 영향은 장기간에 걸쳐 다양한 상황에서 나타나기 때문에, 단기적인 평가만으로는 정확한 측정이 어렵다.

(3) 문화적, 언어적 편향

많은 평가 도구와 방법은 특정 문화적 맥락이나 언어적 배경을 가진 후보자에게 유리하게 설계되어 있다. 이러한 편향은 특히 글로벌 기업이나 다양한 인력 구성을 추구하는 조직에서 문제가 될 수 있다. 예를 들어, 특정 문화권의 커뮤니케이션 스타일이나 가치관을 반영한 상황 판단 테스트는 다른 문화적 배경을 가진 후보자에게 불리하게 작용할 수 있다.

3. 평가자 훈련과 일관성의 부재

효과적인 평가는 훈련된 평가자와 일관된 평가 프로세스를 필요로 하지만, 많은 조직에서 이러한 조건이 충족되지 않는다.

(1) 평가자 훈련의 부족

많은 조직에서 면접관이나 평가자들은 체계적인 훈련을 받지 않은 채 주관적 판단에 의존한다. 평가 편향의 인식, 구조화된 면접 기법, 증거 기반 평가 등에 대한 훈련 없이는 평가의 일관성과 정확성이 저하될 수 있다. 한 연구에 따르면, 채용 담당자의 약 82%가 평가자 훈련이 부족하다고 느끼며, 이는 특히 관리자 직급의 면접관에게서 두드러진다.

(2) 평가자 간 일관성 부재

동일한 후보자에 대해 서로 다른 평가자가 크게 다른 평가를 하는 문제는 채용 평가의 신뢰도를 저해하는 주요 요인이다. 이러한 일관성 부재는 평가 기준의 모호성, 개인적 선호도의 차이, 상황적 요인 등 다양한 원인에서 비롯될 수 있다. 특히 구조화되지 않은 면접이나 주관적 판단이 큰 영향을 미치는 평가 방식에서 이러한 문제가 더욱 심각하게 나타난다.

(3) 시간 압박과 인지적 부담

채용 평가는 종종 다른 업무와 병행되며, 평가자들은 한정된 시간 내에 많은 후보자를 평가해야 하는 압박에 놓일 수 있다. 이러한 시간 압박과 인지적 부담은 지름길(short-cuts)이나 휴리스틱(heuristics)에 의존하게 만들어, 철저하고 체계적인 평가를 어렵게 한다. 특히 관리자나 임원들은 본연의 업무 외에 채용 평가를 추가 업무로 수행하는 경우가 많아, 평가에 충분한 시간과 주의를 기울이기 어려울 수 있다.

4. 데이터 검증 및 피드백 루프의 부재

많은 조직에서 채용 평가와 실제 업무 성과 간의 관계를 체계적으로 분석하고, 이를 바탕으로 평가 체계를 개선하는 메커니즘이 부재하다.

(1) 성과 데이터 수집과 연계의 어려움

채용 평가 결과와 입사 후 실제 성과 데이터를 연계하여 분석하는 것은 기술적, 방법론적으로 복잡한 과제이다. 성과 평가 시스템과 채용 시스템이 통합되지 않은 경우가 많고, 성과 측정 자체의 타당성과 신뢰성에도 문제가 있을 수 있다. 또한 성과는 다양한 요인(리더십, 팀 구성, 조직 환경 등)의 영향을 받기 때문에, 순수하게 채용 결정의 질만을 분리하여 평가하기 어렵다.

(2) 장기적 추적 시스템 부재

채용 결정의 효과는 장기간에 걸쳐 나타나지만, 많은 조직에서는 입사자의 성과, 적응도, 유지율 등을 장기적으로 추적하는 시스템이 없다. 특히 높은 이직률이나 빠른 조직 변화를 경험하는 환경에서는 이러한 장기 추적이 더욱 어려울 수 있다. LinkedIn의 연구에 따르면, 채용 결정의 질을 체계적으로 추적하는 기업은 전체의 약 23%에 불과하다.

(3) 피드백 활용과 지속적 개선의 문화 부족

수집된 데이터를 기반으로 평가 체계를 지속적으로 개선하는 문화와 프로세스가 부족한 경우가 많다. 데이터 기반 의사결정과 지속적 개선이 조직 문화에 내재화되지 않으면, 귀중한 피드백이 실질적인 변화로 이어지지 않을 수 있다. 또한 채용 평가의 개선은 HR 부서뿐만 아니라 전사적인 참여와 지원이 필요한데, 이러한 협력적 개선 체계가 구축되지 않은 경우가 많다.

제 4 절

인식적 요인: 평가지표에 대한 오해와 저항

1. 평가지표의 가치와 효용에 대한 오해

많은 조직에서 체계적인 평가지표의 가치와 효용에 대한 오해가 존재하며, 이는 그 도입과 활용을 저해하는 요인으로 작용한다.

(1) 과학적 평가에 대한 회의론

일부 관리자와 의사결정자들은 채용 평가의 과학적 접근법에 대해 회의적인 태도를 보인다. 이들은 인재 평가를 '과학'보다는 '예술'에 가깝다고 인식하거나, 표준화된 평가가 개인의 독특한 잠재력과 가치를 포착하지 못한다고 우려한다. 또한 과거의 부정적 경험(예: 비효과적인 심리 검사나 평가 도구)이 과학적 접근법 전반에 대한 불신으로 이어질 수 있다.

(2) 객관성과 예측력에 대한 지나친 기대

반대로, 일부에서는 평가지표에 대한 과도한 기대를 갖고 있다. 어떤 평가 도구도 100% 정확한 예측을 제공할 수 없으며, 모든 측정에는 오차와 한계가 존재한다. 그러나 이러한 현실적 한계를 인식하지 못한 채 완벽한 예측을 기대하면, 불가피한 오류나 한계가 발생했을 때 전체 평가 체계에 대한 불신으로 이어질 수 있다.

(3) 비용 대비 효익에 대한 의문

체계적인 평가 시스템 구축에는 상당한 투자가 필요하지만, 그 효익이 즉각적으로 가

시화되지 않을 수 있다. 특히 채용 의사결정의 질 향상이 조직 성과에 미치는 장기적 영향을 정량화하기 어렵기 때문에, 투자 대비 효익에 대한 의문이 제기될 수 있다. PwC의 글로벌 HR 임원 설문 조사에 따르면, 응답자의 약 63%가 향상된 채용 평가 시스템의 ROI를 측정하는 데 어려움을 겪는다고 답했다.

2. 인간 판단의 역할과 가치에 대한 우려

평가지표와 도구의 강화가 인간 판단력과 전문성의 역할을 축소시킬 수 있다는 우려는 조직 내 다양한 수준에서 저항을 야기할 수 있다.

(1) 자율성과 권한 상실에 대한 불안

관리자와 면접관들은 구조화된 평가 체계가 자신의 의사결정 권한과 자율성을 제한할 수 있다고 우려할 수 있다. 특히 오랫동안 채용 결정에 상당한 재량권을 행사해 온 관리자들에게, 데이터와 지표에 기반한 의사결정으로의 전환은 영향력 감소로 인식될 수 있다. 한 연구에 따르면, 관리자의 약 58%가 구조화된 평가 체계가 자신의 의사결정 권한을 제한할 것을 우려한다고 응답했다.

(2) 인간적 요소와 직관의 가치 평가절하 우려

채용은 단순한 기술적 매칭을 넘어 인간적 연결, 문화적 적합성, 잠재력 발견 등 복잡한 판단을 포함한다. 일부 관리자들은 지나치게 구조화되고 데이터 중심적인 접근법이 이러한 인간적 요소와 직관의 가치를 간과할 수 있다고 우려한다. 이들은 평가지표가 수치화하기 어려운 중요한 자질(예: 진정성, 열정, 성장 가능성)을 포착하지 못할 수 있다고 생각한다.

(3) 전문적 정체성과의 충돌

많은 채용 전문가와 관리자들에게 있어, 뛰어난 인재를 식별하고 유치하는 능력은 그들의 전문적 정체성과 가치의 중요한 부분이다. 이들은 자신의 경험과 직관에 따른 판단 능력을 자부심으로 여기며, 이를 알고리즘이나 표준화된 지표로 대체하는 것에 심리적 저항을 느낄 수 있다. 이러한 저항은 명시적으로 표현되지 않더라도, 새로운 평가 체계의 효과적인 구현을 방해하는 요인으로 작용할 수 있다.

3. 변화 관리와 커뮤니케이션의 문제

새로운 평가 체계의 도입과 관련된 변화 관리와 커뮤니케이션의 부족은 조직 내 저항과 오해를 증폭시킬 수 있다.

(1) 목적과 가치에 대한 불충분한 커뮤니케이션

새로운 평가 체계의 도입 목적, 기대 효과, 이해관계자들에게 미치는 영향 등에 대한 명확한 커뮤니케이션이 부족하면, 불필요한 우려와 저항이 발생할 수 있다. 특히 평가 체계 변화의 이점이 조직 전체와 개별 이해관계자 모두에게 어떻게 기여하는지를 설득력 있게 전달하지 못하면, 변화의 당위성과 시급성에 대한 인식이 형성되기 어렵다.

(2) 이해관계자 참여와 의견 수렴 부족

평가 체계의 설계와 구현 과정에서 주요 이해관계자(채용 관리자, 사업부 리더, 실무 담당자 등)의 참여와 의견 수렴이 부족하면, 그들의 실질적 필요와 우려가 반영되지 않을 수 있다. 이는 결과적으로 실무 적합성이 낮은 평가 체계로 이어지거나, 이해관계자들의 낮은 수용성과 참여도를 초래할 수 있다. Prosci의 변화 관리 연구에 따르면, 이해관계자 참여는 변화 이니셔티브 성공의 가장 중요한 예측 변수 중 하나이다.

(3) 효과적인 변화 관리 전략 부재

포괄적인 변화 관리 전략 없이 새로운 평가 체계를 도입하면, 기술적으로 우수한 시스템도 실패할 위험이 크다. 변화 준비도 평가, 저항 관리, 교육 및 지원, 단계적 구현, 성공 사례 공유 등의 체계적인 변화 관리 접근법이 없다면, 조직 구성원들은 새로운 평가 체계를 형식적으로만 수용하거나 적극적으로 회피하려 할 수 있다. McKinsey의 연구에 따르면, 변화 관리 전략이 수반된 이니셔티브는 그렇지 않은 경우보다 성공 확률이 4배 이상 높다고 한다.

제 5 절

채용 평가지표 활용 극대화를 위한 전략적 접근법

1. 조직 특성에 맞는 맞춤형 평가 체계 구축

모든 조직에 적합한 단일한 평가 체계는 존재하지 않는다. 각 조직의 규모, 산업, 문화, 성장 단계, 인재 전략 등을 고려한 맞춤형 접근이 필요하다.

(1) 조직 맥락과 성숙도 기반 접근

평가 체계의 복잡성과 정교함은 조직의 규모, HR 역량, 가용 자원, 채용 볼륨 등에 맞게 조정되어야 한다. 예를 들어, 소규모 스타트업은 처음부터 완전히 통합된 복잡한 평가 체계보다는, 핵심 역량에 집중한 간소화된 평가 도구부터 시작하는 것이 더 현실적일 수 있다. 반면, 대규모 기업은 더 체계적이고 차별화된 평가 체계가 필요할 수 있다. 중요한 것은 현재의 성숙도 수준에서 시작하여 점진적으로 역량을 구축해 나가야 한다.

(2) 직무 및 산업 특성 고려

평가지표와 방법은 직무의 성격과 산업적 맥락을 반영해야 한다. 예를 들어, 창의성과 혁신이 중요한 직무(예: 제품 디자인, R&D)와 정확성과 규정 준수가 중요한 직무(예: 회계, 규제 업무)는 서로 다른 평가 접근법이 필요할 수 있다. 또한 산업별 특수성(예: 기술적 요구사항, 규제 환경, 시장 역동성)도 평가 체계 설계에 중요한 고려 사항이다.

(3) 문화적 적합성 확보

평가 체계는 조직의 가치관, 문화, 리더십 스타일과 조화를 이루어야 효과적으로 수용되고 활용될 수 있다. 예를 들어, 협업과 팀워크를 중시하는 문화에서는 개인적 성취보다 팀 기여도와 협업 능력을 강조하는 평가지표가 더 적합할 수 있다. 반면, 개인의 자율성과 성과를 중시하는 문화에서는 개인적 역량과 결과 중심의 평가가 더 효과적일 수 있다.

2. 단계적 구현과 점진적 발전 전략

체계적인 평가지표 도입은 하루아침에 이루어질 수 없다. 지속 가능한 변화를 위해서는 단계적 접근과 점진적 발전이 필요하다.

(1) 우선순위 설정과 집중적 개선

모든 것을 한 번에 변화시키려 하기보다, 가장 큰 영향을 미칠 수 있는 영역이나 직무에 우선순위를 두어 집중적으로 개선하는 것이 효과적이다. 예를 들어, 전략적 중요성이 높거나 채용 볼륨이 많은 직무, 또는 현재 채용 성과가 저조한 영역부터 시작할 수 있다. 이러한 집중적 접근을 통해 제한된 자원으로도 의미 있는 성과를 도출하고, 이를 기반으로 다른 영역으로 확장해 나갈 수 있다.

(2) 성공 사례 구축과 확산

새로운 평가 접근법의 성공 사례를 구축하고 이를 조직 내에 확산시키는 전략은 변화관리에 효과적이다. 초기에 협조적인 사업부나 관리자와 협력하여 파일럿 프로젝트를 진행하고, 그 성과를 가시화하여 다른 부서와 이해관계자들의 관심과 참여를 유도할 수 있다. 성공 사례가 축적됨에 따라 '비판적 다수(critical mass)'가 형성되어, 변화의 모멘텀이 자연스럽게 확산될 수 있다.

(3) 지속적 학습과 반복 개선

평가 체계는 한번 구축되면 끝나는 것이 아니라, 지속적인 모니터링과 개선이 필요한 진화하는 시스템이다. 채용 결과 데이터, 평가자 피드백, 지원자 경험 분석 등을 통해 평가 체계의 효과성을 정기적으로 검토하고, 필요에 따라 조정하는 반복적 개선 프로세스를 구축해야 한다. 이러한 학습 지향적 접근은 평가 체계가 변화하는 비즈니스 환경과 인재 시장에 지속적으로 적응할 수 있게 한다.

3. 전략적 변화 관리와 이해관계자 참여

평가 체계 변화의 성공 여부는 기술적 우수성보다 조직 내 수용과 실질적 활용에 달려 있다. 따라서 체계적인 변화 관리와 이해관계자의 적극적인 참여를 이끌어내는 전략이 필수적이다.

(1) 명확한 비전과 목적 소통

평가 체계 개선의 목적, 기대 효과, 그리고 다양한 이해관계자들에게 가져올 혜택을 명확하게 소통해야 한다. 평가지표 도입이 단순한 '프로세스 변화'가 아닌 '전략적 인재 확보를 위한 중요한 투자'라는 관점을 강조함으로써, 조직 전반의 지지와 참여를 이끌어낼 수 있다. 이 과정에서 경영진의 적극적인 지원과 옹호가 중요한 역할을 한다.

(2) 핵심 이해관계자의 초기 참여

평가 체계 설계 및 구현의 초기 단계부터 핵심 이해관계자(채용 관리자, 사업부 리더, 현업 전문가 등)를 참여시켜 그들의 필요와 우려를 반영해야 한다. 이러한 참여는 실무적 관점에서의 타당성을 높이고, 책임감과 주인의식을 함양하며, 나중에 발생할 수 있는 저항을 최소화하는 데 기여한다. 이해관계자 참여는 형식적인 것이 아니라, 그들의 의견이 실제로 평가 체계 설계에 반영되고 영향을 미칠 수 있는 의미 있는 과정이어야 한다.

(3) 역량 강화와 지원 체계 구축

새로운 평가 체계의 효과적인 활용을 위해서는 관련된 모든 이해관계자(HR 전문가, 채용 관리자, 면접관 등)의 역량 강화가 필요하다. 이를 위해 포괄적인 교육 프로그램, 사용자 친화적인 가이드라인, 실시간 지원 시스템 등을 제공해야 한다. 특히 평가자 훈련은 일회성 이벤트가 아닌 지속적인 과정으로 설계되어야 하며, 평가 편향 인식, 구조화된 면접 기법, 증거 기반 평가 등의 내용을 포함해야 한다.

4. 데이터 기반 검증과 지속적 개선 체계 구축

평가 체계의 효과성을 객관적으로 검증하고 지속적으로 개선하기 위한 데이터 기반 접근법이 필요하다.

(1) 핵심 성과 지표(KPI) 설정과 추적

평가 체계의 효과성을 측정할 수 있는 명확한 KPI를 설정하고 체계적으로 추적해야 한다. 이러한 KPI는 단기적이고 과정 중심적인 지표(예: 채용 소요 기간, 지원자 만족도)와 장기적이고 결과 중심적인 지표(예: 신규 채용 성과, 유지율, 적합도)를 균형 있게 포함해야 한다. 또한 다양한 이해관계자(HR, 채용 관리자, 경영진)의 관점을 반영한 다면적 KPI 설정이 중요하다.

(2) 예측 타당도 분석과 모델 개선

채용 평가 결과와 실제 업무 성과 간의 상관관계를 분석하는 예측 타당도 연구를 정기적으로 수행해야 한다. 이러한 분석을 통해 어떤 평가 요소가 가장 높은 예측력을 가지는지 식별하고, 평가 모델을 지속적으로 개선할 수 있다. 예측 타당도 분석은 단순한 상관관계를 넘어, 다양한 상황적 요인(직무 특성, 팀 구성, 리더십 스타일 등)을 고려한 세분화된 접근이 필요하다.

(3) 평가 공정성 모니터링과 편향 감소

평가 체계가 특정 집단이나 배경에 불리한 영향을 미치지 않는지 지속적으로 모니터링하고, 필요시 조정해야 한다. 이는 법적 리스크 관리뿐만 아니라, 다양한 인재풀을 확보하고 포용적 조직 문화를 구축하는 데 중요하다. 편향 감소를 위해 다양한 배경의 평가자 참여, 구조화된 평가 프로토콜, 알고리즘 편향 감사 등의 방법을 활용할 수 있다.

제 6 절

디지털 시대의 혁신적 평가 접근법

1. AI 및 데이터 애널리틱스의 전략적 활용

인공지능과 데이터 분석 기술의 발전은 채용 평가의 정확성, 효율성, 그리고 공정성을 향상시킬 수 있는 새로운 가능성을 제시한다.

(1) 인간-AI 협업 모델

AI는 인간 평가자를 대체하기보다, 그들의 판단을 보완하고 강화하는 방향으로 활용되어야 한다. AI는 대규모 데이터 처리, 패턴 인식, 편향 감지 등에 강점을 가지며, 인간은 맥락적 이해, 복잡한 판단, 후보자와의 관계 형성 등에 강점을 가진다. 이러한 상호 보완적 강점을 결합한 '증강 지능(Augmented Intelligence)' 접근법이 미래 평가의 핵심이 될 것이다. 예를 들어, AI가 초기 스크리닝과 역량 매칭을 수행하고, 인간 평가자는 이를 참고하여 문화적 적합성과 잠재력에 대한 심층 평가를 진행하는 방식이다.

(2) 예측적 분석과 기계학습의 활용

기계학습 알고리즘을 활용하여 채용 결정과 성과 데이터 간의 패턴을 분석하고, 이를 바탕으로 더욱 정교한 예측 모델을 개발할 수 있다. 이러한 예측적 분석은 어떤 역량과 특성이 특정 직무나 조직 맥락에서 성공과 가장 관련이 있는지를 식별하는 데 도움을 주며, 시간이 지남에 따라 더욱 정확한 예측이 가능해진다. 또한 기계학습은 채용 맥락, 시장 변화, 조직 진화 등에 적응하며 지속적으로 학습하고 개선되는 '적응형 평가 시스템'의 구현을 가능하게 한다.

(3) 윤리적 고려 사항과 책임 있는 AI 활용

AI 기반 평가 도구의 활용이 증가함에 따라, 알고리즘 편향, 투명성, 개인정보 보호 등의 윤리적 문제가 중요한 고려 사항으로 부각되고 있다. 책임 있는 AI 활용을 위해서는 알고리즘의 학습 데이터가 다양성을 대표하는지 확인하고, 결과의 설명 가능성을 확보하며, 인간의 감독과 책임성을 유지하는 것이 중요하다. 또한 후보자에게 AI의 역할과 의사결정 방식에 대해 투명하게 커뮤니케이션하고, 필요시 결과에 이의를 제기할 수 있는 메커니즘을 제공해야 한다.

2. 유연한 평가 방식과 후보자 경험 중심 접근

노동 시장의 변화와 인재 경쟁의 심화로 인해, 후보자 경험과 참여를 중시하는 평가 접근법이 더욱 중요해지고 있다.

(1) 맥락 기반 평가와 실무 시뮬레이션

추상적인 역량이나 자격 요건보다는 실제 직무 맥락과 유사한 상황에서의 수행 능력을 평가하는 방식이 확산되고 있다. 직무 기반 과제, 실무 시뮬레이션, 가상현실(VR) 기반 평가 등은 후보자의 실제 수행 능력과 접근 방식을 직접적으로 관찰할 수 있게 한다. 이러한 맥락 기반 평가는 전통적인 이력서나 면접보다 더 높은 예측 타당도를 보이며, 후보자들에게도 직무와 조직에 대한 현실적인 이해를 제공한다.

(2) 양방향적이고 개인화된 평가 경험

단방향적인 평가에서 벗어나, 후보자와 조직 간의 상호 평가와 탐색을 촉진하는 양방향적 접근법이 중요해지고 있다. 후보자들은 단순히 평가 대상이 아니라, 자신의 가치와 기대가 조직과 얼마나 일치하는지 적극적으로 평가하는 주체로 인식되어야 한다. 이를 위해 개방형 대화, 멘토링 세션, 팀 미팅 등 다양한 상호작용 기회를 제공하고, 후보자의 질문과 관심사에 충분히 응답하는 것이 중요하다.

(3) 원격 및 하이브리드 평가의 효과적 설계

코로나19 이후 원격 및 하이브리드 업무 환경이 일반화됨에 따라, 이러한 환경에 적합한 평가 방식의 중요성이 커지고 있다. 화상 면접, 사전 과제, 가상 협업 시뮬레이션 등은 원격 환경에서도 효과적인 평가를 가능하게 하며, 지리적 제약 없이 더 넓은 인재풀에 접근할 수 있게 한다. 중요한 것은 이러한 원격 평가가 단순히 대면 평가의 디지털 버전이 아니라, 원격 환경의 특성을 고려한 목적 지향적 설계가 필요하다는 점이다.

3. 미래 역량 중심의 평가 패러다임 전환

급변하는 비즈니스 환경과 직무 요구사항의 변화로 인해, 현재의 기술이나 경험보다는 미래 지향적 역량과 적응력을 중심으로 한 평가 패러다임의 전환이 이루어지고 있다.

(1) 학습 민첩성과 적응력 평가의 강화

특정 기술이나 지식의 반감기가 짧아지는 환경에서, 학습 능력과 적응력은 장기적 성과의 핵심 예측 변수가 된다. 학습 민첩성(Learning Agility), 모호함에 대한 내성(Ambiguity Tolerance), 회복 탄력성(Resilience) 등을 평가하는 방법론의 중요성이 커지고 있다. 이러한 메타 역량은 특정 상황이나 도전에 대한 대응 방식, 새로운 정보 수용 패턴, 실패로부터의 학습 능력 등을 통해 평가될 수 있다.

(2) 잠재력과 성장 마인드셋 중심 평가

현재의 성과나 능력보다는 잠재력과 성장 가능성을 중심으로 평가하는 접근법이 확산되고 있다. 특히 빠르게 변화하는 직무나 신생 분야에서는 특정 경험이나 자격보다 도전 정신, 호기심, 실험적 태도, 성장 마인드셋 등이 더 중요한 성공 요인이 될 수 있다. 이러한 잠재력 중심 평가는 다양한 배경과 비전통적 경력 경로를 가진 인재들에게 기회를 제공하고, 조직의 인재 다양성과 혁신 역량을 강화하는 데 기여할 수 있다.

(3) 미래 지향적 역량 모델의 개발

4차 산업혁명과 디지털 전환으로 인해 등장하는 새로운 직무와 역할에 필요한 역량을 선제적으로 정의하고 평가하는 접근이 필요하다. 이를 위해 산업 트렌드 분석, 미래 직무 예측, 선도 기업의 사례 연구 등을 통해 미래 지향적 역량 모델을 개발하고, 이를 평가 체계에 통합해야 한다. 또한 이러한 역량 모델은 고정된 것이 아니라, 환경 변화에 따라 지속적으로 검증되고 조정되어야 한다.

제 7 절

인재 관점에서의 평가지표: 공정성과 성장 지향성

1. 공정성과 포용성 중심의 평가 설계

다양한 배경과 관점을 가진 인재들이 공정하게 평가받을 수 있는 포용적인 평가 체계를 구축하는 것이 중요하다.

(1) 구조적 편향 식별과 제거

평가 체계에 내재된 구조적 편향을 식별하고 제거하는 것은 공정성 확보의 첫 단계이다. 이를 위해 다양한 인구통계학적 집단 간 평가 결과의 차이를 정기적으로 분석하고, 특정 집단에 불리한 영향(Adverse Impact)이 있는지 모니터링해야 한다. 또한 직무 요구사항과 명확한 연관성이 없는 평가 요소(예: 불필요한 학력 요건, 특정 문화에 편향된 문항 등)를 제거하고, 다양한 배경의 후보자들에게 공정한 기회를 제공하는 평가 방식을 설계해야 한다.

(2) 다양한 표현 방식과 강점 인정

평가 체계는 다양한 사고방식, 문제 해결 접근법, 커뮤니케이션 스타일 등을 인정하고 수용해야 한다. 특정한 하나의 '정답'이나 방식만을 강조하기보다는, 다양한 접근법이 가치 있는 기여를 할 수 있음을 인식하는 것이 중요하다. 이를 위해 다양한 평가 방법을 활용하여 여러 맥락에서의 역량을 포괄적으로 평가하고, 후보자들이 자신의 강점을 다양한 방식으로 표현할 수 있는 기회를 제공해야 한다.

(3) 평가 접근성 확보

모든 후보자가 평가 과정에 동등하게 참여할 수 있도록 접근성을 확보하는 것은 포용적 평가의 중요한 요소이다. 장애를 가진 후보자를 위한 합리적 편의 제공, 다양한 언어적 배경을 고려한 설계, 디지털 접근성 확보 등을 통해 모든 후보자가 자신의 능력을 충분히 발휘할 수 있는 환경을 조성해야 한다. 또한 평가 과정이 특정 사회경제적 배경이나 지리적 위치에 따른 장벽을 만들지 않도록 주의해야 한다.

2. 성장 지향적이고 개발적인 평가 접근

평가는 단순한 선별 도구를 넘어, 후보자의 성장과 발전을 지원하는 개발적 과정으로 접근될 수 있다.

(1) 건설적인 피드백과 성장 기회 제공

평가 과정 자체가 후보자에게 가치 있는 학습과 성장의 경험이 될 수 있도록 설계해야 한다. 이를 위해 구체적이고 건설적인 피드백을 제공하고, 후보자가 자신의 강점과 개발 영역을 명확히 이해할 수 있도록 지원해야 한다. 특히 최종 합격하지 못한 후보자에게도 미래 성장을 위한 의미 있는 피드백을 제공함으로써, 긍정적인 후보자 경험을 형성하고 장기적 인재 관계를 구축할 수 있다.

(2) 지속적 학습과 재도전 문화 조성

평가 과정에서의 실패나 부족함이 영구적 판단이 아닌, 성장을 위한 정보로 인식되는 문화를 조성하는 것이 중요하다. 이를 위해 재도전의 기회를 제공하고, 특정 역량이나 경험의 부족이 개발 가능한 영역임을 인식하는 성장 마인드셋 기반의 평가 접근이 필요하다. 또한 채용 과정에서 식별된 개발 필요 영역이 입사 후 학습과 훈련 계획에 연계되는 통합적 인재 개발 체계를 구축하는 것이 바람직하다.

(3) 자기 주도적 평가와 성찰 촉진

후보자가 평가 과정에서 자신의 역량, 가치관, 경력 목표 등에 대해 더 깊이 성찰하고 이해할 수 있도록 지원하는 접근이 중요하다. 이를 위해 자기 평가 요소를 포함하고, 조직 및 직무와의 적합성을 스스로 탐색할 수 있는 기회를 제공해야 한다. 이러한 자기 주도적 평가는 후보자가 더 명확한 자기 인식과 경력 방향성을 갖게 하며, 결과적으로 더 지속 가능한 고용 관계 형성에 기여할 수 있다.

제 8 절

채용 평가지표 활용의 중요성

1. 채용 평가지표 활용의 전략적 중요성 재확인

채용 평가지표의 효과적 활용은 단순한 HR 기능 개선을 넘어, 조직의 장기적 경쟁력과 지속 가능한 성장을 위한 전략적 중요성을 가진다. 적합한 인재의 식별과 선발은 조직의 혁신 역량, 문화적 정체성, 변화 대응력, 그리고 궁극적으로 비즈니스 성과에 직접적인 영향을 미친다. 특히 기술 발전과 산업 변화가 가속화되는 4차 산업혁명 시대에는, 미래 지향적 역량과 적응력을 갖춘 인재를 선제적으로 확보하는 것이 생존과 번영의 핵심 요소가 되고 있다.

그러나 많은 기업들이 여전히 채용 과정에서 체계적이고 과학적인 평가지표를 효과적으로 활용하지 못하고 있으며, 이는 장기적으로 인재 경쟁력 약화와 비즈니스 기회 상실로 이어질 수 있다. 본 원고에서 살펴본 바와 같이, 이러한 활용 부진의 배경에는 구조적, 문화적, 실무적, 인식적 차원의 다양한 장벽이 존재한다. 이러한 장벽들은 개별적으로도 도전적이지만, 서로 복합적으로 작용하여 변화의 어려움을 가중시키는 경우가 많다.

중요한 것은, 이러한 장벽들이 극복 불가능한 것이 아니라 체계적인 접근과 전략적 사고를 통해 점진적으로 해소될 수 있다는 점이다. 조직 특성에 맞는 맞춤형 접근, 단계적 구현과 점진적 발전, 전략적 변화 관리와 이해관계자 참여, 데이터 기반 검증과 지속적 개선 등의 전략적 접근법을 통해, 기업들은 보다 효과적인 채용 평가 체계를 구축하고 이를 통한 인재 경쟁력 강화를 이룰 수 있다.

2. 균형적 접근의 중요성

채용 평가지표 활용에 있어 중요한 것은 다양한 요소 간의 균형이다. 과학과 예술, 객관성과 주관성, 표준화와 맥락화, 효율성과 심층성, 현재 역량과 미래 잠재력 등 다양한 차원에서 균형을 찾는 것이 필요하다.

(1) 과학적 접근과 인간적 판단의 조화

채용 평가는 순전히 과학적 방법론이나 알고리즘에 의존할 수도, 전적으로 인간의 직관과 경험에 맡길 수도 없다. 두 접근법의 강점을 결합한 균형적 접근이 가장 효과적이다. 과학적 방법론은 객관성, 일관성, 편향 감소 등의 이점을 제공하며, 인간적 판단은 맥락적 이해, 잠재력 식별, 문화적 적합성 평가 등에 강점을 발휘한다. 이상적인 평가 체계는 이 두 요소가 상호 보완적으로 작용하여, 각자의 한계를 상쇄하고 강점을 극대화하는 방향으로 설계되어야 한다.

(2) 효율성과 심층적 평가의 균형

채용 과정은 시간과 자원의 제약 속에서 이루어지므로, 평가의 심층성과 프로세스 효율성 사이의 균형이 중요하다. 모든 후보자에 대해 동일한 심층 평가를 수행하는 것은 현실적으로 불가능하며, 단계적 평가 접근법을 통해 자원을 효율적으로 배분하는 것이 필요하다. 초기 단계에서는 효율적인 스크리닝을 통해 기본적인 적합성을 평가하고, 후보자 풀이 좁혀짐에 따라 더욱 심층적이고 맥락적인 평가 방법을 적용하는 단계적 접근이 효과적이다.

(3) 표준화와 유연성의 조화

평가 체계는 조직 전반의 일관성과 공정성을 위한 표준화된 요소와, 직무나 부서별 특수성을 반영하는 유연한 요소 사이의 균형을 갖추어야 한다. 핵심 가치, 기본 역량, 평가 원칙 등은 전사적으로 표준화하되, 직무별 기술 요건, 평가 방법, 의사결정 가중치 등은 상황에 맞게 조정할 수 있는 유연성을 갖춘 체계가 바람직하다. 이러한 '표준화된 유연성(Standardized Flexibility)' 접근은 일관성을 유지하면서도 다양한 맥락적 요구에 대응할 수 있게 한다.

3. 미래를 위한 전략적 제언

(1) 인재 생태계 관점의 접근

채용을 일회성 거래가 아닌 장기적 인재 관계 구축의 일환으로 접근하는 패러다임 전환이 필요하다. 이는 단순히 현재의 공석을 채우는 것을 넘어, 잠재적 인재와의 지속적인 관계 형성, 내부 인재 개발과 외부 채용의 전략적 균형, 인재 커뮤니티 육성 등을 포괄하는 통합적 인재 생태계 관점을 의미한다. 이러한 맥락에서 평가지표는 단기적 선발 도구가 아닌, 장기적 인재 발굴과 육성을 위한 전략적 도구로 활용되어야 한다.

(2) 학습 조직으로서의 평가 체계 구축

평가 체계 자체가 지속적으로 학습하고 진화하는 시스템으로 구축되어야 한다. 이는 결과 데이터 수집과 분석, 예측 모델 검증과 개선, 환경 변화에 대한 적응적 대응 등을 포함하는 자기 학습 시스템을 의미한다. 특히 기계학습과 예측적 분석 기술의 발전은 이러한 학습 시스템 구축을 더욱 용이하게 한다. 중요한 것은 기술적 도구의 도입만으로는 충분하지 않으며, 데이터 기반 의사결정과 지속적 개선의 문화가 조직에 내재화되어야 한다는 점이다.

(3) 협력적 혁신 생태계 참여

채용 평가의 효과적 혁신은 개별 기업의 노력만으로는 한계가 있으며, 더 넓은 생태계 차원의 협력과 공동 학습이 필요하다. 산업 협회, 학계, 정부 기관, 기술 제공 업체, 전문가 커뮤니티 등 다양한 이해관계자와의 협력을 통해, 평가 방법론의 발전, 베스트 프랙티스 공유, 공통 표준 수립 등을 추진할 수 있다. 특히 빠르게 변화하는 직무와 역량 요구사항에 대한 산업 차원의 공동 연구와 대응은, 개별 기업이 혼자 수행하기 어려운 중요한 과제이다.

기업의 성공과 지속 가능한 성장은 궁극적으로 인적 자원의 질과 적합성에 달려 있다. 채용 과정에서의 효과적인 평가지표 활용은 이러한 인적 자원의 질을 결정하는 핵심 요소로, 그 전략적 중요성은 앞으로 더욱 커질 것으로 예상된다. 그러나 많은 기업들이 여전히 다양한 장벽과 도전 과제로 인해 체계적인 평가지표를 효과적으로 활용하지 못하고 있는 현실이다.

제 4 장

적합성 기반 인재 선발

제 1 절

인재 적합성의 개념 및 중요성

1. 인재 적합성의 정의와 범위

인재 적합성(Talent Fit)이란, 개인이 갖고 있는 지식, 기술, 능력, 성격, 가치관, 동기 등이 특정 직무와 조직의 요구사항, 환경, 문화와 얼마나 잘 부합하는지를 의미한다. 이는 단순한 일치의 개념을 넘어서 개인과 조직이 상호작용하며 시너지를 창출할 수 있는 잠재력을 포함하는 포괄적 개념이다. Edwards(1991)의 정의에 따르면, 적합성은 개인의 능력과 직무 요구사항 간의 일치(demands-abilities fit)뿐만 아니라, 개인의 욕구와 조직이 제공하는 보상 간의 일치(needs-supplies fit)까지 포함하는 양방향적 개념이다.

채용 과정에서 적합성 평가는 단순히 기술적 역량만을 검증하는 것이 아니라, 다차원적 관점에서 개인과 조직 간의 조화를 예측하는 종합적인 과정이다. 이러한 다차원성은 Kristof-Brown 등(2005)의 메타분석 연구에서 제시된 바와 같이, 직무 적합성(Person-Job Fit), 조직 적합성(Person-Organization Fit), 팀 적합성(Person-Team Fit), 상사 적합성(Person-Supervisor Fit) 등 다양한 수준에서 동시에 고려되어야 한다. 각 차원의 적합성은 독립적이면서도 상호보완적 관계를 형성하며, 종합적으로 개인의 직무 성과, 조직 몰입, 이직 의도 등을 예측하는 중요한 변수로 작용한다. 채용 과정에서 적합성 평가는 단순히 기술적 역량만을 검증하는 것이 아니라, 다차원적 관점에서 개인과 조직 간의 조화를 예측하는 종합적인 과정이다.

2. 인재 적합성 평가의 중요성

사원 채용 시 적합성 평가가 중요한 이유는 다음과 같다.

- **장기적 성과 예측**: 초기 선발 단계에서의 적합성은 향후 직무 성과, 조직 몰입, 직무 만족, 재직 기간 등 주요 성과 지표의 강력한 예측 변수이다. 다수의 연구에 따르면, 직무 및 조직 적합성이 높은 직원들은 그렇지 않은 직원들보다 평균 20~25% 높은 성과를 보이는 것으로 나타났다.
- **이직률 감소**: 적합성이 높은 직원은 직무 만족도가 높고 조직에 대한 몰입도가 강하여 이직 가능성이 현저히 낮아진다. 글로벌 컨설팅 기업 딜로이트(Deloitte)의 연구에 따르면, 적합성 기반 채용을 실시한 기업은 1년 내 이직률이 평균 30% 감소한 것으로 나타났다.
- **채용 및 교육 비용 절감**: 부적합한 인재 채용으로 인한 비용은 해당 직원 연봉의 50~150%에 달할 수 있다. 이는 재채용, 교육훈련, 생산성 손실 등을 모두 포함한 수치다. 적합성 평가를 통한 정확한 채용은 이러한 비용을 크게 절감할 수 있다.
- **조직 문화 강화**: 조직의 가치와 문화에 적합한 인재를 채용함으로써 긍정적인 조직 문화를 유지하고 강화할 수 있다. 부적합한 인재는 팀 역동성과 문화에 부정적 영향을 미칠 수 있다.
- **혁신과 변화 대응력 향상**: 조직의 비전과 미래 방향성에 적합한 인재를 확보함으로써 변화하는 비즈니스 환경에 대한 적응력과 혁신 역량을 강화할 수 있다.

3. 적합성 평가의 현대적 의의

현대 비즈니스 환경에서 적합성 평가의 중요성은 더욱 커지고 있다.

- **지식 경제의 부상**: 산업 경제에서 지식 경제로의 전환으로 인해 직원의 기술적 역량뿐만 아니라 협업 능력, 창의성, 문제해결 능력 등 소프트 스킬의 중요성이 증가하고 있다.
- **세대 변화**: MZ세대(밀레니얼+Z세대)의 직업관과 가치관은 이전 세대와 상당한 차이를 보인다. 이들은 단순한 보수나 안정성보다 의미 있는 일, 개인적 성장, 일-삶 균형

등을 중시하는 경향이 있어, 동기 적합성 평가가 더욱 중요해졌다.

- **원격 근무와 직무 변화**: 코로나19 이후 원격/하이브리드 근무 환경이 확산되면서, 직업윤리, 자율성, 자기관리 능력, 디지털 협업 역량 등 새로운 형태의 태도 적합성 요소가 부상하고 있다.
- **다양성과 포용성 강조**: 다양한 배경과 관점을 가진 인재의 중요성이 강조되면서, 단순한 '문화적 적합성'을 넘어 '문화적 기여(cultural add)'의 관점에서 적합성을 재정의하는 움직임이 일어나고 있다.

제 2 절

적합성 평가의 이론적 배경

1. 인적자본 이론과 적합성

인적자본 이론(Human Capital Theory)은 개인이 보유한 지식, 기술, 능력, 경험 등이 경제적 가치를 창출한다는 개념을 기반으로 한다. 이 이론에 따르면, 조직은 인적자본에 투자함으로써 생산성을 향상시키고 경쟁우위를 확보할 수 있다. 적합성 평가는 이러한 인적자본 투자의 효율성을 극대화하는 메커니즘으로 작용한다.

베커(Gary Becker)의 인적자본 이론에 따르면, 개인의 인적자본은 일반적 인적자본(general human capital)과 특수적 인적자본(specific human capital)으로 구분된다. 일반적 인적자본은 다양한 직무와 조직에서 활용 가능한 범용적 지식과 기술을 의미하며, 특수적 인적자본은 특정 직무나 조직에서만 가치를 발휘하는 전문화된 역량을 의미한다.

적합성 평가는 이러한 인적자본의 가치가 특정 조직과 직무 맥락에서 얼마나 효과적으로 실현될 수 있는지를 예측하는 과정이다. 높은 수준의 적합성은 인적자본 투자 대비 수익률(ROI)을 극대화하고, 직원의 역량 개발과 활용을 최적화하는 데 기여한다.

2. ASA(Attraction-Selection-Attrition) 모델

슈나이더(Benjamin Schneider)의 ASA(Attraction-Selection-Attrition) 모델은 조직과 개인 간 적합성의 동적 프로세스를 설명하는 이론적 프레임워크이다. 이 모델에 따르면, 조직 구성원의 특성은 세 가지 상호 연관된 프로세스를 통해 형성된다.

- **유인**(Attraction): 개인은 자신의 가치, 목표, 성격과 일치하는 조직에 자연스럽게 끌리게 된다.
- **선발**(Selection): 조직은 자사의 문화, 가치, 요구사항에 적합한 지원자를 선발하는 경향이 있다.
- **소모**(Attrition): 조직과 적합성이 낮은 직원은 결국 이직하거나 퇴출되는 경향이 있다.

이 모델은 시간이 지남에 따라 조직 구성원들이 점점 더 동질화되는 경향(homogeneity)을 설명한다. 이러한 동질화는 조직 안정성과 효율성을 높일 수 있으나, 혁신과 다양성 측면에서는 도전이 될 수 있다.

적합성 평가는 ASA 모델의 '선발' 단계에 해당하며, 이를 통해 조직은 자신들과 적합한 인재를 식별하고 선발할 수 있다. 동시에, 지나친 동질화를 방지하고 다양성을 확보하기 위한 균형적 접근의 중요성도 인식해야 한다.

3. 개인-환경 적합성 이론

개인-환경 적합성 이론(Person-Environment Fit Theory)은 개인과 그들이 속한 환경 간의 상호작용과 적합성에 초점을 맞추고 있다. 이 이론은 적합성을 여러 차원으로 세분화하여 설명한다.

- **개인-직무 적합성**(Person-Job Fit, P-J Fit): 개인의 지식, 기술, 능력과 직무 요구사항 간의 일치도
- **개인-조직 적합성**(Person-Organization Fit, P-O Fit): 개인의 가치관, 목표, 성격과 조직 문화, 가치, 규범 간의 일치도
- **개인-그룹 적합성**(Person-Group Fit, P-G Fit): 개인과 직접적인 작업 그룹/팀 간의 적합성
- **개인-상사 적합성**(Person-Supervisor Fit, P-S Fit): 개인과 직속 상사 간의 작업 스타일, 가치관, 성격 적합성
- **개인-직업 적합성**(Person-Vocation Fit, P-V Fit): 개인의 관심사, 가치, 성격과 특정 직업 분야 간의 일치도

이 이론에 따르면, 이러한 다양한 차원의 적합성이 높을수록 직무 만족, 조직 몰입, 성과, 재직 의도 등 긍정적 결과를 기대할 수 있다. 반면, 적합성이 낮을 경우 스트레스, 소진, 이직 의도 등 부정적 결과가 나타날 가능성이 높아진다.

4. 적합성-유연성 패러독스

적합성 평가에서 고려해야 할 중요한 이론적 쟁점 중 하나는 '적합성-유연성 패러독스(Fit-Flexibility Paradox)'이다. 이는 현재의 조직 및 직무 요구사항에 완벽하게 적합한 인재를 선발하는 것과, 변화하는 환경에 적응할 수 있는 유연성을 갖춘 인재를 선발하는 것 사이의 균형 문제를 의미한다.

지나치게 현재의 적합성만 강조할 경우, 단기적으로는 효율적일 수 있으나 환경 변화에 대응하는 조직의 적응력과 혁신 능력이 저하될 수 있다. 반면, 유연성만 강조할 경우, 당장의 직무 수행에 필요한 구체적 역량이 부족할 수 있다.

이러한 패러독스를 해결하기 위해 최근의 적합성 평가 접근법은 다음과 같은 방향으로 발전하고 있다.

- **적응적 적합성**(Adaptive Fit): 현재의 요구사항뿐만 아니라 학습 능력, 적응력, 성장 마인드셋 등 미래에 대한 적응 가능성을 함께 평가
- **동태적 적합성**(Dynamic Fit): 시간에 따른 적합성의 변화와 발전 가능성을 고려한 평가
- **상호보완적 적합성**(Complementary Fit): 조직의 부족한 부분을 보완할 수 있는 차별화된 강점과 다양성을 가진 인재 평가

이러한 균형적 접근법은 특히 급변하는 비즈니스 환경과 기술 발전 속에서 더욱 중요해지고 있다.

5. 전략적 인적자원관리와 적합성

전략적 인적자원관리(Strategic Human Resource Management, SHRM) 관점에서 적합성은 두 가지 차원으로 논의된다.

- **수직적 적합성**(Vertical Fit): 인적자원관리 시스템이 조직의 전략적 목표와 얼마나 잘 연계되어 있는지를 의미한다. 이는 조직의 장기적 비전과 목표에 부합하는 인재를 선발하고 육성하는 것의 중요성을 강조한다.
- **수평적 적합성**(Horizontal Fit): 다양한 인적자원관리 활동(선발, 평가, 보상, 개발 등)이 서로 얼마나 일관되고 상호보완적인지를 의미한다. 적합성 평가가 후속 인적자원관리 활동과 유기적으로 연계될 때 그 효과가 극대화된다.

전략적 인적자원관리 관점에서 적합성 평가는 단순한 채용 도구를 넘어, 조직의 장기적 경쟁우위를 구축하는 핵심 프로세스로 인식된다. 이는 적합성 평가가 조직의 전략적 방향성, 핵심 역량, 미래 인재 요구사항 등을 종합적으로 고려해야 함을 의미한다.

제 3 절

네 가지 적합성의 구성 요소와 범위

전통적인 채용 방식의 한계를 극복하고자 시작된 이 여정은 단순한 스킬 매칭이나 경험 위주의 채용에서 벗어나, 인재와 조직 간의 근본적인 적합성을 과학적으로 평가할 수 있는 체계적 모델을 개발하는 것이 목표였다. 수많은 채용 실패 사례와 성공 사례를 분석하며, 무엇이 인재의 장기적 성공을 좌우하는지에 대한 핵심 인사이트를 발견했다.

ATOM 모델에 기반한 인재 적합성은 네 가지 핵심 차원으로 구성된다. 첫째, 태도 적합성(Attitude Fit)은 개인의 업무 태도, 대인관계 성향, 변화 수용성 등이 조직이 요구하는 행동 규범과 얼마나 부합하는지를 의미한다. 이는 Chatman(1989)이 제시한 조직 사회화 이론에 근거하여, 개인이 조직의 암묵적 규범과 기대를 얼마나 잘 이해하고 내재화할 수 있는지를 평가한다.

둘째, 직무 적합성(Technical Fit)은 직무 수행에 필요한 전문 지식, 기술, 경험이 실제 업무 요구사항과 얼마나 일치하는지를 나타낸다. 이는 전통적인 KSAOs(Knowledge, Skills, Abilities, and Other characteristics) 프레임워크를 확장한 개념으로, 현재의 역량뿐만 아니라 미래 학습 가능성과 기술 적응력까지 포함한다. Spencer와 Spencer(1993)의 역량 모델에 따르면, 직무 적합성은 표면적 역량과 잠재적 역량을 모두 고려해야 하며, 특히 급변하는 기술 환경에서는 학습 민첩성(Learning Agility)이 핵심 요소가 된다.

셋째, 조직 적합성(Organization Fit)은 개인의 가치관, 신념, 목표가 조직 문화 및 비전과 얼마나 일치하는지를 의미한다. O'Reilly 등(1991)의 연구에 의하면, 가치관의 일치는 직무 만족, 조직 몰입, 재직 기간에 강력한 영향을 미치는 것으로 나타났다. 조직 적합성은 표면적 문화 요소뿐만 아니라 Schein(1985)이 제시한 심층적 문화 요소인 기본 가정과 신념 체계까지 포괄한다.

넷째, 동기 적합성(Motivation Fit)은 개인의 내재적 동기와 조직이 제공하는 보상 및 성장 기회 간의 정합성을 나타낸다. Deci와 Ryan(2000)의 자기결정이론에 기반하여, 자율성, 유능성, 관계성에 대한 개인의 욕구가 조직 환경에서 얼마나 충족될 수 있는지를 평가한다. 이는 단기적 직무 만족을 넘어 장기적 경력 개발과 자아실현 가능성까지 고려하는 포괄적 개념이다. 다음은 태도 적합성, 직무 적합성, 조직 적합성, 동기 적합성이라는 네 가지 주요 적합성 차원에 대해 자세히 알아보자.

1. 태도 적합성: 개념과 중요성

(1) 태도 적합성의 정의와 구성요소

태도 적합성은 단순히 '좋은 태도'를 찾는 것이 아니라 조직의 특정 문화와 업무 환경에서 요구되는 태도적 특성을 평가하는 영역이다. 개인이 자신의 강점과 한계를 객관적으로 인식하고, 타인의 피드백을 성장의 기회로 받아들이며, 지속적으로 자기개선을 추구하는 성장 지향적 태도를 측정한다. 과거 조직과 상사에 대한 균형 잡힌 시각을 유지하며, 타인의 기여를 인정하고 감사를 표현하는 긍정적 사고 패턴을 평가한다. 또한 변화하는 환경에서 조직의 가치를 내재화하고, 불확실성 속에서도 유연하게 대응하며, 장기적 목표를 향해 꾸준히 나아가는 적응력과 지속성을 종합적으로 검증한다.

태도 적합성은 다음과 같은 주요 구성요소로 이루어진다.

- **적응 능력과 조직 적응성**(Adaptability & Organizational Adaptation): 새로운 환경, 기술, 방법론에 대한 적응력과 개방성을 의미한다. 특히 적대적이거나 도전적인 환경에서 살아남으려는 적응 노력과 조직의 변화하는 요구사항에 유연하게 대응하는 능력을 포함한다. 이는 조직의 역동성과 변화 속도에 따라 그 중요성이 달라진다.
- **변화 수용성과 학습 태도**(Change Acceptance & Learning Attitude): 조직의 변화 이니셔티브, 새로운 프로세스, 혁신적 접근법에 대한 개방성과 수용성을 의미한다. 또한 상사, 동료, 고객으로부터 받은 피드백을 수용하고 실행하는 능력, 즉 코칭 수용도를 포함한다. 이는 지속적 학습과 개선을 추구하는 조직에서 특히 중요하다.
- **인내와 지속성**(Persistence & Endurance): 어려운 상황이나 도전적인 과제에 직면

했을 때 포기하지 않고 지속적으로 노력하는 태도를 의미한다. 이는 목표 달성을 위한 끈기와 장기적 관점에서의 일관성을 포함하며, 성과 창출까지 시간이 오래 걸리는 업무나 불확실성이 높은 환경에서 중요하다.

- **순응과 긍정적 사고**(Compliance & Positive Thinking): 조직의 규범, 절차, 정책에 대한 순응 정도와 업무 상황에 대한 긍정적 접근 방식을 의미한다. 이는 조직 질서 유지와 팀워크 향상에 기여하며, 특히 규제가 많은 업종이나 팀워크가 중요한 조직에서 핵심적이다.
- **충성과 만족 그리고 직업윤리**(Loyalty, Satisfaction & Work Ethics): 개인 가치와 조직 가치의 부합 정도, 조직에 대한 충성심, 직무 만족도, 그리고 업무 수행에서의 윤리적 기준을 의미한다. 이는 장기적 관계 형성과 조직 문화 강화에 핵심적인 역할을 한다.

(2) 태도 적합성 평가의 중요성

태도 적합성 평가가 중요한 이유는 다음과 같다.

- **조직 문화 일치와 업무 효과성 향상**: 조직의 특정 문화와 업무 방식에 적합한 태도를 가진 직원은 더 높은 업무 효과성을 보인다. 메타분석 연구에 따르면, 태도 적합성이 높은 직원은 업무 성과가 평균 32% 높고, 업무 품질 측면에서 28% 더 우수한 평가를 받는 것으로 나타났다.
- **변화 관리와 혁신 수용 능력 강화**: 변화 수용성과 적응능력이 높은 직원들은 조직의 변화 이니셔티브를 지지하고 촉진하는 역할을 한다. 이는 조직의 민첩성과 혁신 역량을 크게 향상시킨다.
- **팀 결속력과 협업 효과성 증대**: 적절한 순응성과 긍정적 사고를 가진 직원들은 팀 내 갈등을 줄이고 협업 효과성을 높인다. 이는 팀 전체의 성과 향상과 창의적 문제해결로 이어진다.
- **인재 개발과 성장 가속화**: 코칭 수용도가 높고 학습 태도가 적극적인 직원들은 교육과 개발 프로그램에서 더 많은 성과를 거둔다. 이는 조직의 인재 개발 투자 효과성을 크게 높인다.
- **조직 안정성과 지속성 강화**: 충성심과 직업윤리가 높은 직원들은 조직의 장기적 안정성과 지속성을 높이는 데 기여한다. 이들은 어려운 상황에서도 조직을 지지하고 조직의 가치를 실현하는 역할을 한다.

(3) 태도 적합성과 신규 입사자 정착의 관계

신입사원에게 태도 적합성은 다음과 같은 중요한 의미를 갖는다.

- **초기 적응과 학습 곡선 단축**: 조직 적응성이 높은 신입사원은 새로운 환경에 빠르게 적응하고 조직의 업무 방식을 신속히 습득한다. 이는 생산성 향상까지의 시간을 단축시키고 초기 성과 창출에 기여한다.
- **피드백 활용과 성장 가속화**: 코칭 수용도가 높은 신입사원은 상사와 동료들로부터 받는 피드백을 적극적으로 수용하고 실행한다. 이는 멘토링과 교육 프로그램의 효과를 극대화하고 전문성 개발을 가속화한다.
- **어려움 극복과 자신감 구축**: 인내와 지속성을 가진 신입사원은 초기 적응 과정에서 직면하는 어려움을 포기하지 않고 극복한다. 이는 점진적인 성취감과 자신감 구축으로 이어진다.
- **조직 문화 내재화와 소속감 형성**: 조직의 가치와 일치하는 태도를 가진 신입사원은 조직 문화를 자연스럽게 내재화하고 강한 소속감을 형성한다. 이는 장기적 몰입과 충성심으로 발전한다.
- **긍정적 영향력과 팀 통합**: 긍정적 사고와 협력적 태도를 가진 신입사원은 팀 내에서 긍정적 영향력을 발휘하고 자연스럽게 팀에 통합된다. 이는 사회적 지원망 구축과 업무 만족도 향상으로 이어진다.

(4) 태도 적합성 평가의 도전 과제

태도 적합성 평가에는 다음과 같은 도전 과제가 있다.

- **태도의 상황 의존성과 예측의 어려움**: 개인의 태도는 상황, 스트레스 수준, 환경적 요인에 따라 변화할 수 있다. 특히 신입사원은 실제 업무 상황에서의 태도를 예측하기 어려우며, 면접 상황에서의 태도와 실제 업무 태도 간에 차이가 있을 수 있다.
- **진정성과 사회적 바람직성 편향**: 태도는 내면적 특성이므로 정확한 측정이 어렵다. 지원자들은 면접에서 조직이 원하는 태도를 보이려 할 수 있으며, 이는 실제 태도와 다를 수 있다. 진정한 태도를 파악하기 위한 다양한 평가 방법이 필요하다.
- **적합성과 다양성 간의 균형**: 지나친 태도 적합성 강조는 조직 내 사고의 획일화로 이어질 수 있다. 혁신과 창의성을 위해서는 다양한 관점과 접근 방식이 필요하므로, 기본적 태도 적합성과 다양성 간의 균형을 찾는 것이 중요하다.

- **문화적 배경과 세대 차이 고려**: 개인의 태도는 문화적 배경, 세대적 특성, 개인적 경험에 크게 영향을 받는다. 특히 다문화 조직에서는 문화적 다양성을 존중하면서도 조직 운영에 필요한 기본적 태도 기준을 어떻게 설정할 것인가의 문제가 있다.
- **태도 변화 가능성과 개발 투자**: 태도는 고정적이지 않으며 교육, 경험, 환경 변화를 통해 어느 정도 변화하고 개발될 수 있다. 현재의 태도 적합성 수준과 향후 개발 가능성, 그리고 조직의 개발 투자 의지를 종합적으로 고려한 평가가 필요하다.
- **태도 평가 도구의 타당성과 신뢰성**: 태도를 객관적으로 측정할 수 있는 도구의 개발과 검증이 지속적으로 필요하다. 행동 기반 면접, 상황 판단 테스트, 360도 평가 등 다양한 방법을 통합한 포괄적 평가 체계 구축이 중요하다.

이러한 도전에도 불구하고, 체계적인 태도 적합성 평가는 신규 입사자의 성공적인 정착과 장기적 기여를 위한 필수적인 과정이다. 조직의 특성과 요구사항에 맞는 태도 기준을 명확히 정의하고, 이를 공정하고 정확하게 평가할 수 있는 시스템을 구축하는 것이 성공적인 인재 선발의 핵심이다.

2. 직무 적합성: 개념과 중요성

(1) 직무 적합성의 정의와 구성요소

직무 적합성은 현재 보유한 역량뿐만 아니라 미래 성장 잠재력을 종합적으로 평가한다. 직무 수행에 필요한 이론적 지식과 실무 기술의 깊이를 측정하며, 최신 트렌드와 업계 표준에 대한 이해도를 통해 전문성의 현재성을 검증한다. 과거 업무 경험의 양적 규모와 질적 수준을 균형 있게 평가하여, 책임 수준과 의사결정 참여도, 성과의 우수성을 종합적으로 판단한다. 특히 급변하는 환경에서 스스로 학습 필요성을 진단하고 계획을 수립하며, 습득한 지식을 다양한 상황에 전이시키고, 디지털 환경에서 효과적으로 학습할 수 있는 미래 지향적 역량을 중점적으로 평가한다.

직무 적합성은 다음과 같은 주요 구성요소로 이루어진다.

- **기술 적합성과 지식 적합성**(Technical & Knowledge Fit): 직무 수행에 필요한 전문 기술과 지식의 보유 정도를 의미한다. 이는 전공 지식, 관련 자격증, 기술적 전문성뿐만 아니라 산업 지식과 비즈니스 이해도를 포함한다. 특히 직무 관련 교육 이수 내

역과 자기개발 노력이 중요한 평가 요소다.

- **경험 적합성과 직무 전문성**(Experience & Job Expertise): 과거의 유사 직무 경험과 관련 활동 경험이 현 직무 요구사항과 얼마나 연관되는지를 의미한다. 이는 단순한 양적 경험뿐만 아니라 질적 경험, 경력 흐름의 일관성, 그리고 각 경험에서 거둔 성과 및 성취를 종합적으로 평가한다.
- **인지 적합성과 학습 역량**(Cognitive Fit & Learning Capability): 직무 수행에 필요한 기본적인 인지적 능력과 지속적 학습 역량의 적합도를 의미한다. 이는 분석적 사고 능력, 문제해결 능력, 창의적 사고, 그리고 새로운 지식과 기술을 습득하는 학습 역량을 포함한다.
- **직무 이해도와 전문성 개발 의지**(Job Understanding & Professional Development): 해당 직무의 본질과 요구사항에 대한 이해 정도와 전문성 개발에 대한 의지를 의미한다. 이는 직무의 핵심 책임, 성과 지표, 발전 방향에 대한 명확한 이해와 지속적인 전문성 향상 노력을 포함한다.
- **성과 창출 능력과 실행력**(Performance & Execution): 과거 경험에서 보여준 성과 창출 능력과 실제 업무 실행력을 의미한다. 이는 목표 달성 경험, 문제 해결 사례, 개선 및 혁신 경험 등을 통해 평가되며, 미래 성과에 대한 예측 지표 역할을 한다.

(2) 직무 적합성 평가의 중요성

직무 적합성 평가가 중요한 이유는 다음과 같다.

- **직무 성과 예측과 생산성 향상**: 가장 직접적으로, 직무 적합성은 해당 직무에서의 성과를 예측하는 강력한 지표다. 메타분석 연구에 따르면, 직무 적합성이 높은 직원은 그렇지 않은 직원보다 평균 26% 높은 성과를 보이고 생산성이 34% 향상되는 것으로 나타났다.
- **학습 곡선 단축과 적응 기간 최소화**: 직무에 적합한 인재는 필요한 기본 역량을 이미 갖추고 있으므로, 업무 적응과 성과 창출까지의 시간이 대폭 단축된다. 이는 특히 빠른 성과가 요구되는 역할에서 조직의 경쟁력 확보에 중요하다.
- **교육 투자 효과성 극대화**: 기본적인 직무 역량을 갖춘 직원은 추가 교육과 개발 프로그램에서 더 높은 성과를 거둔다. 이는 조직의 인재 개발 투자 수익률을 크게 높인다.
- **직무 만족도 향상과 몰입도 증가**: 개인의 강점과 관심사가 직무 요구사항과 일치

할 때 높은 직무 만족도와 몰입도를 보인다. 이는 자기효능감 증진과 직무 의미성 인식을 통해 이루어진다.

- **이직률 감소와 인재 유지:** 직무 적합성이 높은 직원은 업무에서 성취감을 느끼고 전문성을 발휘할 수 있어 이직 의도가 현저히 낮다. 연구에 따르면, 직무 적합성이 높은 직원은 이직 가능성이 최대 45%까지 낮아지는 것으로 나타났다.

(3) 직무 적합성과 신입사원 성공의 관계

신입사원에게 직무 적합성은 초기 적응과 장기적 성공에 결정적 영향을 미친다.

- **초기 성과 창출과 자신감 형성:** 직무 적합성이 높은 신입사원은 초기부터 기본적인 직무 수행 능력을 발휘할 수 있어, 빠른 성과 창출과 자신감 형성이 가능하다. 이는 선순환적으로 더 높은 성과와 성장으로 이어진다.
- **멘토링과 교육 프로그램 효과 극대화:** 기본적인 직무 이해도와 역량을 갖춘 신입사원은 멘토링과 교육에서 더 많은 것을 흡수하고 실무에 적용할 수 있다. 기초가 탄탄할수록 고급 지식과 기술 습득이 용이하다.
- **전문성 개발과 경력 성장 가속화:** 직무에 적합한 신입사원은 기본 역량에서 고급 역량으로 빠르게 발전할 수 있으며, 이는 전문성 개발과 경력 성장 속도를 크게 높인다.
- **업무 의미성과 목적의식 강화:** 자신의 역량과 관심사에 맞는 직무에서 일하는 신입사원은 업무에서 의미를 찾고 목적의식을 갖게 된다. 이는 장기적 몰입과 헌신으로 이어진다.
- **조직 신뢰와 브랜드 가치 향상:** 적합한 인재 선발은 조직의 전문성과 신뢰도를 높이며, 이는 조직의 브랜드 가치 향상과 우수 인재 유치에 긍정적 영향을 미친다.

(4) 직무 적합성 평가의 도전 과제

직무 적합성 평가에는 다음과 같은 도전 과제가 있다.

- **신입 지원자의 제한된 경험과 잠재력 평가:** 신입사원의 경우 직접적인 직무 경험이 제한적이므로, 간접적 경험, 프로젝트 경험, 교육 경험 등을 통해 잠재력을 평가해야 하는 어려움이 있다. 과거 성과보다는 미래 성장 가능성에 중점을 둔 평가가 필요하다.
- **직무 요구사항의 급속한 변화:** 기술 발전과 업계 변화로 직무 요구사항이 빠르게

변화하고 있어, 현재뿐만 아니라 미래 요구사항을 예측하고 이에 대응할 수 있는 적응력과 학습 역량을 함께 평가해야 한다.

- **직무 정의의 모호성과 복잡성**: 많은 조직에서 직무 요구사항이 명확하게 정의되지 않거나, 실제 수행 업무와 공식적 직무 기술서 간에 차이가 존재한다. 이는 정확한 적합성 평가를 어렵게 만든다.
- **과적합과 부적합 간의 균형**: 직무 요구사항보다 과도하게 높은 역량을 가진 후보자는 빠른 이직 위험이 있고, 부족한 역량을 가진 후보자는 성과 부진 위험이 있다. 최적의 균형점을 찾는 것이 중요하다.
- **역량 평가의 객관성과 일관성**: 지식, 기술, 경험 등을 객관적이고 일관되게 평가할 수 있는 도구와 방법론의 개발이 지속적으로 필요하다. 특히 인지적 역량과 학습 역량의 정확한 측정이 중요하다.

이러한 도전에도 불구하고, 체계적이고 다면적인 직무 적합성 평가는 신입사원의 성공적인 채용과 온보딩을 위한 핵심 과정이다. 다음 장에서는 조직 적합성에 대해 살펴보겠다.

3. 조직 적합성: 개념과 중요성

(1) 조직 적합성의 정의와 구성요소

조직 적합성은 지원자의 가치관과 조직 문화의 일치도를 평가하는 핵심 영역이다. 조직의 사업 구조와 전략적 방향성을 이해하고, 핵심 가치를 개인적 차원에서 내재화하며, 고객의 명시적·암묵적 니즈를 파악하는 조직 이해의 깊이를 측정한다. 명확하고 간결한 메시지 전달 능력과 논리적 정보 구성력, 효과적인 문서 작성 능력을 통해 조직 내 원활한 소통 가능성을 평가한다. 다양한 배경의 동료와 효과적인 업무 관계를 형성하고, 상호 성장을 지원하며, 압박 상황에서도 안정적으로 감정을 조절하여 팀의 시너지를 창출할 수 있는 협업 역량을 종합적으로 검증한다.

조직 적합성은 다음과 같은 주요 구성요소로 이루어진다.

- **가치 적합과 회사에 대한 관심**(Value Alignment & Company Interest): 개인의 핵심 가치관과 조직의 핵심 가치가 얼마나 일치하는지, 그리고 회사에 대한 진정한 관심

과 준비성을 의미한다. 이는 산업, 회사 사업 부문, 제품/서비스, 경쟁사, 고객 등에 대한 깊이 있는 이해와 분석을 포함한다.

- **입사 의지와 조직몰입**(Commitment & Organizational Engagement): 해당 조직에 대한 강한 입사 의지와 장기적 몰입 가능성을 의미한다. 이는 조직 선택의 명확한 이유, 장기적 비전과 목표, 그리고 조직과 함께 성장하려는 의지를 포함한다.
- **의사소통과 대인관계 능력**(Communication & Interpersonal Skills): 조직 내에서 효과적으로 소통하고 관계를 형성할 수 있는 능력을 의미한다. 이는 다양한 이해관계자와의 의사소통 능력, 경청 능력, 갈등 해결 능력 등을 포함한다.
- **관계지향과 팀워크**(Relationship-oriented & Teamwork): 조직 내에서 협력적 관계를 구축하고 팀워크를 발휘할 수 있는 성향을 의미한다. 이는 타인에 대한 배려, 협력적 태도, 공동 목표 달성을 위한 노력 등을 포함한다.
- **스트레스 해소와 적응력**(Stress Management & Adaptability): 조직 환경에서 발생하는 스트레스를 효과적으로 관리하고 변화하는 환경에 적응할 수 있는 능력을 의미한다. 이는 압박 상황에서의 대처 능력, 회복력, 그리고 조직 변화에 대한 유연성을 포함한다.

(2) 조직 적합성 평가의 중요성

조직 적합성 평가가 중요한 이유는 다음과 같다.

- **조직 몰입과 충성도 강화**: 조직 적합성은 구성원으로서의 정체성 형성과 정서적 몰입에 직접적인 영향을 미친다. 메타분석 연구에 따르면, 조직 적합성이 높은 직원은 그렇지 않은 직원보다 조직 몰입도가 38% 높고 충성도가 42% 높은 것으로 나타났다.
- **장기 재직과 인재 유지**: 조직 가치와 문화에 적합한 직원은 장기적인 성장과 발전을 해당 조직 내에서 추구할 가능성이 높다. 이는 핵심 인재 유지율 향상과 장기적 인적자본 축적으로 이어진다.
- **조직 시민행동과 자발적 기여**: 조직 적합성이 높은 직원은 공식적 직무 요구사항을 넘어 조직과 동료를 위한 자발적 행동을 더 많이 보인다. 이는 조직 전체의 효과성과 혁신 역량 향상에 기여한다.
- **조직 문화 강화와 전파**: 조직 문화와 적합한 인재의 지속적 유입은 해당 문화의 핵심 강점을 강화하고 발전시키는 데 기여한다. 이는 조직의 지속적 경쟁우위 구축에

중요한 역할을 한다.

- **변화 관리와 조직 발전:** 조직의 방향성과 적합한 인재는 변화 이니셔티브를 지지하고 촉진하는 역할을 한다. 이는 조직의 적응력과 발전 속도를 높이는 데 기여한다.

(3) 조직 적합성과 신입사원 적응의 관계

신입사원에게 조직 적합성은 다음과 같은 중요한 의미를 갖는다.

- **초기 사회화와 문화 적응:** 조직 적합성이 높은 신입사원은 조직 문화와 규범에 빠르게 적응하고 효과적으로 사회화된다. 이는 불확실성과 적응 스트레스를 줄이고, 조직에 대한 소속감을 빠르게 형성하는 데 도움이 된다.
- **심리적 계약 형성과 기대 정렬:** 조직에 대한 깊은 이해와 적합성은 신입사원이 조직과 맺는 심리적 계약의 기반이 된다. 현실적이고 긍정적인 기대 설정은 장기적 관계 형성의 토대가 된다.
- **네트워크 구축과 관계 형성:** 조직 문화와 적합한 신입사원은 조직 내 다양한 구성원들과 자연스럽게 관계를 형성하고 네트워크를 구축한다. 이는 정보 접근, 자원 획득, 경력 기회 포착에 중요한 역할을 한다.
- **정체성 형성과 자기표현:** 조직 가치와 문화에 적합한 신입사원은 자신의 진정한 모습을 표현하고 일관된 정체성을 유지할 수 있다. 이는 심리적 안녕감과 직업적 만족감을 높인다.
- **장기적 경력 발전과 성장:** 조직에 대한 깊은 이해와 몰입은 장기적 경력 계획 수립과 체계적 성장에 도움이 된다. 이는 개인과 조직의 동반 성장을 가능하게 한다.

(4) 조직 적합성 평가의 도전 과제

조직 적합성 평가에는 다음과 같은 도전 과제가 있다.

- **조직 문화의 복잡성과 다층성:** 대부분의 조직은 단일한 문화가 아닌, 부서, 팀, 지역에 따라 다양한 하위문화를 가지고 있다. 이러한 다층적 문화 구조를 고려한 적합성 평가가 필요하다.
- **주관적 평가와 객관적 측정의 한계:** 조직 문화와 가치는 종종 암묵적이고 주관적이어서 객관적 측정이 어렵다. 이는 평가의 일관성과 타당성 확보를 어렵게 만든다.
- **동질성과 다양성 간의 균형:** 지나친 강조는 조직 구성원의 동질화로 이어질 수 있

으며, 이는 다양한 관점과 혁신의 부재를 초래할 수 있다. 문화적 적합성과 다양성 간의 균형이 중요하다.

- **지원자의 진정성과 표면적 적응**: 지원자들이 조직이 원하는 모습을 보이려 할 수 있으며, 이는 진정한 적합성과 다를 수 있다. 표면적 적응과 깊은 가치 일치를 구분하는 것이 중요하다.
- **조직 변화와 미래 적합성**: 조직의 전략과 문화가 변화할 때, 현재의 적합성과 미래의 적합성 사이에 차이가 발생할 수 있다. 변화하는 조직 환경을 고려한 적합성 평가가 필요하다.

이러한 도전에도 불구하고, 체계적인 조직 적합성 평가는 신입사원의 성공적인 통합과 장기적 성장을 위한 필수적인 과정이다. 다음 장에서는 동기 적합성에 대해 살펴보겠다.

4. 동기 적합성: 개념과 중요성

(1) 동기 적합성의 정의와 구성요소

동기 적합성은 내재적·외재적 동기의 균형과 지원 동기의 구체성을 통해 장기적 몰입 가능성을 예측한다. 조직에 대한 사전 연구의 깊이와 충실도, 과거 경력과 현재 지원의 일관성, 의사결정 과정의 구체성을 통해 진정성 있는 지원 동기를 검증한다. 보상과 근무조건 같은 외적 요인과 직무 자체의 즐거움과 성장 가능성 같은 내적 요인 간의 균형을 평가하여, 지속 가능한 동기부여 구조를 파악한다. 스스로 높은 목표를 설정하고 장애물에도 불구하고 끈기 있게 추진하며, 외부 보상 없이도 내재적 동력으로 성과를 창출하는 자기 주도적 성취 지향성을 통해 조직과 함께 성장할 수 있는 잠재력을 종합적으로 평가한다.

동기 적합성은 다음과 같은 주요 구성요소로 이루어진다.

- **지원동기와 리서치 충실도**(Application Motivation & Research Thoroughness): 해당 조직과 직무에 대한 구체적이고 차별화된 지원동기를 의미한다. 이는 단순한 관심을 넘어 깊이 있는 리서치와 분석을 바탕으로 한 구체적 동기, 그리고 이를 뒷받침하는 행동 사례를 포함한다.
- **동기의 구체성과 일관성**(Specificity & Consistency of Motivation): 지원동기가 얼

마나 구체적이고 일관되는지를 의미한다. 이는 과거 경험, 현재 선택, 미래 계획 간의 논리적 연결성과 일관된 방향성을 포함한다. 일관성 있는 동기는 장기적 몰입 가능성을 높인다.

- **내적동기와 외적동기의 균형**(Balance of Intrinsic & Extrinsic Motivation): 개인이 가치 있게 여기는 내재적 동기 요인(업무 의미, 성장 기회, 자율성 등)과 외재적 동기 요인(보상, 인정, 지위 등) 간의 균형을 의미한다. 건강한 동기 구조는 지속적 성과 창출에 중요하다.
- **직무 흥미 및 관심도**(Job Interest & Engagement): 해당 직무에 대한 진정한 흥미와 관심 정도를 의미한다. 이는 직무의 본질적 특성에 대한 이해와 관심, 관련 분야에 대한 지속적 학습과 탐구 의지를 포함한다.
- **장기적 목표와 비전 정렬**(Long-term Goals & Vision Alignment): 개인의 장기적 경력 목표와 인생 비전이 조직과 직무가 제공하는 기회와 얼마나 일치하는지를 의미한다. 이는 미래 성장 가능성과 상호 발전 가능성을 나타낸다.

(2) 동기 적합성 평가의 중요성

동기 적합성 평가가 중요한 이유는 다음과 같다.

- **지속적 열정과 성과 창출**: 동기 적합성이 높은 직원은 업무에 대한 열정과 에너지를 지속적으로 유지한다. 메타분석 연구에 따르면, 동기 적합성이 높은 직원은 업무 성과가 평균 29% 높고, 혁신적 아이디어 제시율이 35% 높은 것으로 나타났다.
- **자발적 노력과 추가 기여**: 동기가 충족되는 환경에서 직원들은 공식적인 직무 요구사항을 넘어 자발적으로 추가 노력을 기울인다. 이는 특히 창의성과 혁신이 중요한 역할에서 조직의 경쟁력을 크게 높인다.
- **성장 마인드셋과 지속적 학습**: 동기 적합성이 높은 직원은 도전을 기회로 인식하고, 실패를 학습 경험으로 받아들이는 성장 마인드셋을 발휘한다. 이는 지속적인 역량 개발과 적응력 향상으로 이어진다.
- **이직률 감소와 장기 재직**: 동기 요인이 충족되는 환경에서 직원들은 외부 기회에 대한 유혹이 줄어들고 현 조직에 남아 성장하고자 하는 의지가 강해진다. 연구에 따르면, 동기 적합성이 높은 직원은 이직 의도가 43%까지 낮아진다.
- **조직 문화 발전과 동기 전파**: 높은 동기를 가진 직원들은 주변 동료들에게 긍정적

영향을 미치고 조직 전체의 동기 수준을 높인다. 이는 조직의 활력과 성장 동력을 강화한다.

(3) 동기 적합성과 신입사원 몰입의 관계

신입사원에게 동기 적합성은 다음과 같은 중요한 의미를 갖는다.

- **초기 몰입과 열정 형성:** 동기 적합성이 높은 신입사원은 초기부터 높은 수준의 열정과 몰입을 보인다. 이는 적극적인 학습 의지와 성과 창출 노력으로 이어져 빠른 성장을 가능하게 한다.
- **현실적 기대와 심리적 계약:** 동기 요인에 대한 명확한 상호 이해는 신입사원과 조직 간 현실적인 기대와 건강한 심리적 계약 형성에 기여한다. 이는 추후 '현실 충격(reality shock)'을 방지하는 데 중요하다.
- **자기 주도적 경력 개발:** 자신의 동기 요인을 명확히 이해하고 이를 충족시킬 수 있는 환경에서 신입사원은 보다 자기 주도적으로 경력을 개발하고 성장 기회를 모색한다.
- **조직 내 네트워크 구축:** 동기 적합성이 높은 신입사원은 조직 내에서 유사한 가치와 목표를 가진 멘토와 동료들을 자연스럽게 식별하고 연결된다. 이는 효과적인 네트워크 구축과 사회적 자본 축적에 도움이 된다.
- **장기적 비전과 성장 계획:** 개인의 동기 요인과 조직의 기회가 일치하는 신입사원은 장기적 비전을 설정하고 체계적인 성장 계획을 수립한다. 이는 개인과 조직의 동반 성장을 가능하게 한다.

(4) 동기 적합성 평가의 도전 과제

동기 적합성 평가에는 다음과 같은 도전 과제가 있다.

- **동기의 내재성과 측정의 복잡성:** 동기는 종종 내재적이고 복합적이어서 정확한 측정이 어렵다. 자기 보고식 평가는 사회적 바람직성 편향에 영향을 받을 수 있으며, 지원자 자신도 자신의 진정한 동기를 완전히 파악하지 못할 수 있다.
- **동기의 변화 가능성과 발전 단계:** 개인의 동기 요인은 생애 단계, 경력 단계, 상황적 요인에 따라 변화할 수 있다. 특히 신입사원은 직업 경험이 제한적이어서 자신의 직업적 동기 요인을 완전히 이해하지 못할 수 있으며, 실제 업무 경험을 통해 동기

구조가 변화할 수 있다.

- **동기 이론의 다양성과 통합적 접근:** 매슬로우의 욕구 계층론, 허즈버그의 2요인 이론, 맥클랜드의 성취동기 이론, 자기결정 이론 등 다양한 동기 이론을 어떻게 통합하여 포괄적인 평가 프레임워크를 구축할 것인가의 문제가 있다.
- **세대 간 동기 요인 차이와 문화적 다양성:** MZ세대는 이전 세대와 달리 동기 요인과 가치를 중시하는 경향이 있다. 또한 다문화 배경의 지원자들은 서로 다른 동기 구조를 가질 수 있어, 이러한 차이를 고려한 평가가 필요하다.
- **동기 평가의 진정성과 일관성 확보:** 지원자들이 면접에서 조직이 원하는 동기를 표현하려 할 수 있으며, 이는 실제 동기와 차이가 있을 수 있다. 따라서 진정한 동기를 파악하기 위한 다양한 평가 방법과 검증 과정이 필요하다.
- **조직 환경과 동기 요인의 매칭:** 조직이 실제로 제공할 수 있는 동기 요인과 지원자의 기대 간에 차이가 있을 수 있다. 현실적인 조직 환경 분석과 솔직한 소통을 통해 이러한 간극을 줄이는 것이 중요하다.

이러한 도전에도 불구하고, 체계적인 동기 적합성 평가는 신입사원의 지속적 몰입과 장기적 성공을 위한 필수적인 과정이다. 개인의 동기 요인을 정확히 파악하고 이를 조직의 기회와 연결시키는 것은 상호 이익을 위한 win-win 관계 구축의 핵심이다.

제 5 장

ATOM 기반 전형 설계

제 1 절

ATOM 기반 채용원칙 수립: 과학적이고 일관성 있는 인재 선발을 위한 체계적 접근법

현대 조직의 경쟁력은 인재의 질에 의해 좌우된다는 것이 일반적 통념이 되었다. 그러나 많은 조직들이 여전히 일관성 없고 주관적인 채용 기준으로 인해 채용 실패를 경험하고 있다. 특히 채용 과정에 참여하는 사람이 여러 명일 경우, 각자의 취향이나 감각에 의존한 선발은 조직이 진정 필요로 하는 인재를 놓치게 하는 주요 원인이 된다. 이러한 문제를 해결하기 위해서는 명확하고 체계적인 채용원칙의 수립이 필수적이다.

ATOM 기반 채용원칙은 단순히 좋은 인재를 찾는 것이 아니라, 조직과 직무에 가장 적합한 인재를 체계적으로 선별할 수 있는 원칙을 제시한다. 특히 채용하고 싶은 인재와 채용하고 싶지 않은 인재를 명확히 정의함으로써, 면접관의 주관적 판단에 의한 오류를 최소화하고 채용의 정밀도를 높이는 것이 핵심이다.

1. ATOM 기반 채용원칙의 이론적 기반과 필요성

(1) 채용원칙 수립의 근본적 필요성

조직의 채용 과정에서 일관성을 유지하는 것은 채용 성공의 핵심 요소이다. 채용 과정에 참여하는 사람이 여러 명일 경우, 각자의 개인적 선호나 주관적 판단에 의존하게 되면 채용 기준이 모호해지고 결과적으로 조직이 필요로 하는 인재를 선발하지 못할 가능성이 높아진다. 이러한 문제를 해결하기 위한 기본적이고 효과적인 방법이 바로 일련의 채용원칙을 개발하고 전파하는 것이다.

채용원칙은 채용 담당자들이 특정 상황을 어떻게 처리해야 할지 긴가민가할 때마다 되짚어볼 수 있는 길잡이 역할을 한다. 특히 여러 면접관이 채용을 실시할 경우, 사전에 채용 여부 판단에 대한 합의가 이루어져야 하며, 이때 명확한 채용원칙이 공통된 기준을 제공한다. 면접관의 취향이나 감각으로 채용을 실시하면 채용은 가능해도 실제로 활약할 수 있는 좋은 인재를 채용하지 못할 가능성이 있기 때문이다.

채용원칙의 수립은 단순히 평가 기준을 정하는 것을 넘어서, 조직의 철학과 가치관을 채용 과정에 반영하는 전략적 활동이다. 채용 담당자가 모집의 목적과 추구하는 인재상을 공통적인 인식으로 파악하고 있는지 확인하는 것이 중요하며, 특히 1차 면접을 현업에서 진행할 경우 사전 모임을 통한 원칙 공유가 더욱 중요해진다.

(2) ATOM 모델과 채용원칙의 연계성

ATOM 모델의 4개 차원은 채용원칙 수립에 체계적인 프레임워크를 제공한다. Attitude Fit은 조직 문화와 업무 환경에 적합한 태도적 특성을 원칙으로 정의하는 데 활용된다. 단순히 좋은 태도가 아닌, 해당 조직과 역할에 가장 적합한 태도를 구체적으로 명시함으로써 주관적 판단을 객관적 기준으로 전환할 수 있다.

Technical Fit은 직무 수행에 필요한 전문성과 역량의 기준을 원칙으로 설정하는 데 기여한다. 현재 보유한 역량뿐만 아니라 학습 능력과 성장 잠재력까지 고려한 기준을 원칙화함으로써, 단기적 성과와 장기적 발전 가능성을 균형 있게 평가할 수 있는 토대를 마련한다.

Organization Fit은 조직과의 가치관 일치도와 조직에 대한 이해도를 원칙으로 체계화한다. 지원자가 조직 문화를 얼마나 깊이 이해하고 준비했는지, 그리고 조직의 가치관과 얼마나 부합하는지를 평가하는 명확한 기준을 제공한다.

Motivation Fit은 내재적·외재적 동기의 균형과 지원 동기의 구체성을 평가하는 원칙을 수립하는 데 활용되어, 장기적 몰입 가능성을 예측할 수 있는 기준을 제시한다.

(3) 과학적 접근법으로서의 채용원칙

ATOM 기반 채용원칙은 단순한 경험이나 직감에 의존하지 않고 과학적 방법론에 기반한다. 조직심리학의 Person-Job Fit과 Person-Organization Fit 이론, 그리고 자기결정 이론과 성격심리학의 Big Five 모델 등 검증된 학술적 토대 위에서 실무적으로 적용 가능한 원칙들을 개발한다.

이러한 과학적 접근법은 채용원칙의 타당성과 신뢰성을 보장한다. 지금까지 축적된 실증 데이터를 바탕으로 원칙의 효과성이 지속적으로 검증되고 개선되어 왔다. 특히 신입사원 채용에서 90% 이상의 예측 정확도를 달성한 것은 ATOM 기반 채용원칙의 과학적 우수성을 입증하는 대표적 사례이다.

2. 채용하고자 하는 인재상의 명확화

이 단계를 실행으로 옮길 때는 가능한 한 많은 사원을 개입하게 해야 한다. 그렇지 않으면 애써 만든 평가 영역 및 측정지표가 실제 채용 과정에서 행동하지 않는 미사여구로 전락할 수 있다. 개입이란 원래 자신과 직접적인 관계가 없는 일에 끼어드는 일이지만 결과적으로는 참여하게 만든다. 사람이란 일관성의 원칙에 의해 한번 그렇게 생각이나 행동한 일은 일관되게 행동하려는 욕구가 있기 때문에 전사원의 행동을 이끌어내는 데 아주 큰 도움이 된다. 또 측정지표와 행동의 명확화 단계는 채용을 시작하기 전에 최초로 실행하는 단계라는 의미가 있다. 즉 채용하고자 하는 인물상을 명확히 하지 않고는 채용활동을 시작해서는 안 된다. 평가영역 및 측정지표가 없으면 어떠한 인재를 채용하고 싶다는 말 자체가 성립되지 않기 때문에 명확한 측정지표 없이 인재를 채용한다는 말은 잠꼬대 같은 이야기다.

저자의 고객 중 중소기업의 경영자들에게 "인재상이나 측정지표를 생각해 주세요."라고 말하면 너무 대단하게 생각해 무척이나 어렵게 생각한다. 그리고 대부분의 경영자들이 멋있는 미사여구를 생각한다. 인재상이라고 하면 고급 액자에 넣어 사장실 벽에 떡하니 붙어 있는 "우리는 사회와 지역을 위해서 끊임없는 노력을……"과 같은 아주 거창한 것을 생각한다. 그러나 그것은 멋있을지는 모르겠지만 자신의 회사와 다른 회사와 차별화를 시키는 것에는 실패한 이념이다.

기업 인재상의 전달은 채용 과정에서 기업의 가치와 철학을 지원자에게 알기 쉽게 전하는 것으로, 이에 공감한 지원자들이 회사와 같은 꿈을 공유하게 되어 더 많은 인재들이 모이게 된다.

3. 기업 이념과 인재상의 본질적 연결고리

인재상의 명확화는 기업 이념과 조직 문화의 구체적 실현 방안이다. 조직은 단순한 물리적 공간이나 브랜드명이 아닌, 공통된 가치관을 공유하는 인격체의 집합이다. 이러한 관점에서 인재상은 조직이 추구하는 이념과 비전을 실현할 수 있는 구성원의 특성을 구체적으로 정의하는 것이다. ATOM 모델은 이러한 철학적 기반 위에서 태도(Attitude), 직무(Technical), 조직(Organization), 동기(Motivation)의 4개 차원으로 인재 적합성을 체계화하여, 기업의 추상적 가치를 측정 가능한 평가 기준으로 전환시킨다.

(1) 태도 적합성(Attitude Fit)과 조직 가치의 구현

태도 적합성은 조직의 특정 문화와 업무 환경에서 요구되는 태도적 특성을 평가하는 영역이다. 개인이 자신의 강점과 한계를 객관적으로 인식하고, 타인의 피드백을 성장의 기회로 받아들이며, 지속적으로 자기개선을 추구하는 성장 지향적 태도를 측정한다. 과거 조직과 상사에 대한 균형 잡힌 시각을 유지하며, 타인의 기여를 인정하고 감사를 표현하는 긍정적 사고 패턴을 평가한다. 또한 변화하는 환경에서 조직의 가치를 내재화하고, 불확실성 속에서도 유연하게 대응하며, 장기적 목표를 향해 꾸준히 나아가는 적응력과 지속성을 종합적으로 검증한다.

(2) 직무 적합성(Technical Fit)과 직무 전문성의 종합적 평가

직무 적합성은 현재 보유한 역량뿐만 아니라 미래 성장 잠재력을 종합적으로 평가한다. 직무 수행에 필요한 이론적 지식과 실무 기술의 깊이를 측정하며, 최신 트렌드와 업계 표준에 대한 이해도를 통해 전문성의 현재성을 검증한다. 과거 업무 경험의 양적 규모와 질적 수준을 균형 있게 평가하여, 책임 수준과 의사결정 참여도, 성과의 우수성을 종합적으로 판단한다. 특히 급변하는 환경에서 스스로 학습 필요성을 진단하고 계획을 수립하며, 습득한 지식을 다양한 상황에 전이시키고, 디지털 환경에서 효과적으로 학습할 수 있는 미래 지향적 역량을 중점적으로 평가한다.

(3) 조직 적합성(Organization Fit)과 문화적 일치도

조직 적합성은 지원자의 가치관과 조직 문화의 일치도를 평가하는 핵심 영역이다. 조직의 사업 구조와 전략적 방향성을 이해하고, 핵심 가치를 개인적 차원에서 내재화하며, 고객의 명시적·암묵적 니즈를 파악하는 조직 이해의 깊이를 측정한다. 명확하고 간결한 메시지 전달 능력과 논리적 정보 구성력, 효과적인 문서 작성 능력을 통해 조직 내 원활한 소통 가능성을 평가한다. 다양한 배경의 동료와 효과적인 업무 관계를 형성하고, 상호 성장을 지원하며, 압박 상황에서도 안정적으로 감정을 조절하여 팀의 시너지를 창출할 수 있는 협업 역량을 종합적으로 검증한다.

(4) 동기 적합성(Motivation Fit)과 장기적 몰입 예측

동기 적합성은 내재적·외재적 동기의 균형과 지원 동기의 구체성을 통해 장기적 몰입 가능성을 예측한다. 조직에 대한 사전 연구의 깊이와 충실도, 과거 경력과 현재 지원의 일관성, 의사결정 과정의 구체성을 통해 진정성 있는 지원 동기를 검증한다. 보상과 근무조건 같은 외적 요인과 직무 자체의 즐거움과 성장 가능성 같은 내적 요인 간의 균형을 평가하여, 지속 가능한 동기부여 구조를 파악한다. 스스로 높은 목표를 설정하고 장애물에도 불구하고 끈기 있게 추진하며, 외부 보상 없이도 내재적 동력으로 성과를 창출하는 자기 주도적 성취 지향성을 통해 조직과 함께 성장할 수 있는 잠재력을 종합적으로 평가한다.

(5) 인재상 명확화의 전략적 가치

ATOM 기반 인재상 명확화는 여러 차원에서 조직에 전략적 가치를 제공한다. 첫째, 채용 과정에서 객관적이고 일관된 평가 기준을 제공함으로써 면접관의 주관적 판단이나 편견을 최소화한다. 둘째, 조직의 핵심 가치와 일치하는 인재를 체계적으로 선별함으로써 조직 문화의 일관성과 강화를 도모한다. 셋째, 채용 후 조직 적응도와 성과 예측 정확도를 높임으로써 채용 ROI를 극대화한다.

(6) 실무적 적용과 지속적 개선

ATOM 모델을 통한 인재상 명확화는 완성된 고정적 시스템이 아닌, 조직의 성장과 환경 변화에 따라 지속적으로 진화하는 살아있는 프레임워크이다. 각 조직의 고유한 특성과 요구사항을 반영한 맞춤형 적용이 가능하며, 매 채용 프로젝트를 통해 얻어지는 데이터와 피드백을 바탕으로 예측 정확도와 실용성을 지속적으로 개선한다.

결론적으로, ATOM 기반 인재상 명확화는 조직의 미래 경쟁력을 좌우하는 전략적 투자이다. 단순한 채용 성공률 향상을 넘어서, 조직 전체의 인재 관리 수준 향상과 지속 가능한 성장 기반 구축을 위한 필수적 과정이다. 이는 "사람을 최고의 자산으로 만드는" 철학을 실현하는 구체적 방법론이며, 조직과 인재가 함께 성장하는 상생의 플랫폼을 구축하는 혁신적 접근법이다.

제 2 절

전통적 인재상 수립의 한계와 ATOM 모델의 차별화

1. ATOM 기반 인재상 수립

기존의 인재상 수립 과정은 "성실하고 창의적이며 도전정신이 강한 인재", "고객지향적이고 팀워크가 좋은 인재"와 같은 추상적이고 모호한 표현에 의존하는 경우가 많았다. 이러한 접근법은 의미 있는 가치를 전달하지만, 실제 채용 과정에서 구체적인 평가 기준으로 활용하기에는 명확성과 측정 가능성이 부족했다. ATOM 모델은 이러한 한계를 극복하기 위해 인재 적합성을 태도(Attitude), 직무(Technical), 조직(Organization), 동기(Motivation)의 4개 차원으로 구조화하고, 각 차원별로 세부적인 측정지표를 제시함으로써 추상적인 개념을 구체적 평가 기준으로 변환시킨다.

(1) 태도 적합성(Attitude Fit)을 통한 조직 가치 구현

인재상 수립 과정에서 태도 적합성 영역은 조직이 추구하는 핵심 가치와 문화를 구체적인 행동 특성으로 정의하는 역할을 한다. 코칭 수용성 평가영역의 자기인식 측정지표는 "자신의 역량과 한계를 객관적으로 파악하는 능력", "자신의 강점과 약점에 대한 정확한 인식 수준", "자신의 핵심 가치와 원칙을 이해하는 정도", "타인의 피드백을 통해 자기인식을 높이는 능력"으로 세분화된다. 이는 단순히 "겸손한 자세"라는 추상적 표현을 측정 가능한 구체적 기준으로 전환시킨 것이다.

(2) 직무 적합성(Technical Fit)을 통한 직무 역량 명확화

직무 적합성 영역은 인재상에서 요구하는 전문성을 구체적이고 측정 가능한 형태로 정의한다. 직무 전문성 평가 영역의 전문지식 측정지표는 "직무 관련 이론적 지식 수준", "업계 표준 및 모범 사례 이해도", "전문 용어 및 개념 숙지도", "최신 트렌드 및 발전 이해도"로 세분화되며, 이를 통해 막연했던 "전문성"이라는 개념을 구체적인 평가 기준으로 전환할 수 있다.

(3) 조직 적합성(Organization Fit)을 통한 문화적 일치도 측정

조직 적합성 영역은 인재상에서 가장 중요하면서도 평가하기 어려운 "조직과의 문화적 적합성"을 구체적인 측정지표로 변환시킨다. 조직 이해도 측정지표는 "기업 정보 숙지도", "조직문화 및 경영진에 대한 이해 수준", "사업 분야 및 비전에 대한 공감대"로 세분화되어, 지원자가 조직에 대해 얼마나 깊이 있게 관심을 갖고 준비했는지를 구체적으로 평가할 수 있다.

(4) 동기 적합성(Motivation Fit)을 통한 지속 가능한 몰입도 예측

동기 적합성 영역은 인재상에서 요구하는 "열정"과 "몰입도"를 구체적으로 측정할 수 있는 지표로 세분화한다. 지원 동기의 구체성 측정지표는 "우리 조직/직무에 대한 정보를 어떻게 획득했는지에 대한 구체성", "다른 기회가 아닌 이 조직/직무를 선택한 구체적 이유", "우리 회사/직무만을 위한 준비 여부"로 구체화되며, 이를 통해 지원자의 진정성 있는 지원동기를 객관적으로 평가할 수 있다.

2. ATOM 기반 인재상 수립의 실무적 활용 과정

ATOM 모델을 활용한 인재상 수립 과정은 체계적인 4단계 접근법을 통해 실현된다.

첫 번째 단계는 조직의 핵심 가치와 전략적 목표를 ATOM 4개 차원으로 분해하는 과정이다. 조직이 추구하는 "혁신적 인재"라는 개념을 태도 차원에서는 "변화 수용성과 도전정신", 기술 차원에서는 "창의적 문제해결 능력", 조직 차원에서는 "혁신 문화에 대한 이해와 적응", 동기 차원에서는 "성장과 학습에 대한 내재적 동기"로 구체화한다.

두 번째 단계는 각 차원별로 해당 조직의 특성에 맞는 구체적 측정지표를 선정하고 가중치를 부여하는 과정이다. 예를 들어 기술 집약적 조직의 경우 직무 적합성에 높은 가중치를, 서비스업의 경우 태도 적합성과 조직 적합성에 높은 가중치를 부여함으로써 조직 특성을 반영한 맞춤형 인재상을 구축한다.

세 번째 단계는 설정된 측정지표를 바탕으로 구체적인 면접 질문과 평가 기준을 개발하는 과정이다. ATOM 모델의 각 측정지표는 검증된 행동 기반 면접 질문과 연계되어, 주관적 판단을 최소화하고 객관적 평가를 가능하게 한다.

네 번째 단계는 지속적인 추적 조사를 통해 설정된 인재상의 예측 정확도를 검증하고 개선하는 과정이다.

3. ATOM 기반 채용원칙 실행 체계와 관리 방안

(1) 채용원칙의 문서화와 표준화

ATOM 기반 채용원칙의 효과적 실행을 위해서는 체계적인 문서화가 필수적이다. 채용원칙 확인 시트를 통해 면접 전 공통된 인식을 가지고 채용 업무를 실시할 수 있게 된다. 이 시트에는 지원자에게 설명할 자사의 강점, 성장 기회, 복리후생 등 매력요소가 정리되어야 하며, 동시에 자사의 약점과 개선을 위해 실시하고 있는 내용도 포함되어야 한다.

채용의 목적과 채용 분야에 대한 구체적인 직무내용, 그리고 직무를 수행하기 위한 지식, 기술, 태도에 대한 명확한 정의가 문서화되어야 한다. 또한 지원자에 대한 개인정보 확인과 지원서상 미완성된 정보를 질문을 통해 확인할 사항들이 체계적으로 정리되어야 한다.

채용 공고 및 채용 프로세스에 대한 상세한 정보와 지원자의 적합성을 제대로 평가할 수 있는 명확한 측정지표 및 평가 레벨이 문서화되어야 한다. 특히 ATOM 4개 차원별 적합성을 확인할 수 있는 과학적인 면접질문과 평가 기준을 기반으로 한 구조화된 면접 평가표가 준비되어야 한다.

(2) 면접관 교육과 역량 개발

채용원칙의 성공적 실행을 위해서는 면접관들에 대한 체계적인 교육이 필요하다. 채용 담당자들에게 채용원칙을 전파함으로써 채용해야만 하는 인재가 명확해진다. 여러 면접관이 채용을 실시하는 경우에는 서로 모의 면접을 실시함으로써 면접기술 향상을 도모할 수 있다. 특히 모의 면접에서 지원자 입장이 되어보는 경험을 통해 지원자의 마음을 이해할 수 있고 실제 면접에서 활용할 수 있다.

면접관 교육에서는 ATOM 4개 차원에 대한 깊이 있는 이해가 우선되어야 한다. 각 차원별 평가 요소와 판단 기준, 그리고 차원 간의 상호연관성에 대한 체계적인 교육이 필요하다. 또한 개인적 편견이나 선호도가 평가에 미치는 영향을 최소화할 수 있는 객관적 평가 기법에 대한 훈련도 포함되어야 한다.

면접관 간의 역할분담도 명확히 정의되어야 한다. 예를 들어, 1차 면접에서는 Technical Fit과 Motivation Fit을 중심으로 평가하고, 2차 면접에서는 Attitude Fit과 Organization Fit에 중점을 두는 방식으로 역할을 분담할 수 있다. 이를 통해 각 면접에서 확인할 포인트를 명확히 하고 중복 평가를 방지할 수 있다.

(3) 채용원칙의 지속적 개선과 업데이트

ATOM 기반 채용원칙은 고정 불변의 원칙이 아니라 조직의 변화와 외부 환경의 변화에 따라 지속적으로 개선되어야 하는 살아있는 시스템이다. 이전 채용 결과에 대한 체계적인 분석을 통해 원칙의 효과성을 검증하고 개선점을 도출해야 한다. 특히 채용된 인재의 실제 성과와 조직 적응도를 추적 조사하여 채용원칙의 예측 정확도를 지속적으로 모니터링해야 한다.

채용시장의 변화와 지원자들의 특성 변화도 원칙 개선에 반영되어야 한다. 예를 들어, MZ세대의 직업 가치관 변화나 원격근무 확산에 따른 새로운 역량 요구사항 등이 채용원칙에 반영되어야 한다. SNS 등을 통한 지원자들의 온라인 기업평가 및 채용 프로세스 평가도 원칙 개선에 중요한 피드백을 제공한다.

채용 관련 법률이나 지침의 변화, 동종 또는 유사 기업의 채용 동향과 특이사항도 원칙 업데이트에 고려되어야 한다. 또한 조직 내부의 전략 변화나 새로운 사업 영역 진출, 조직문화의 변화 등도 채용원칙에 반영되어 조직의 현재 상황과 미래 방향성에 부합하는 인재를 선발할 수 있도록 해야 한다.

(4) 채용원칙 실행의 품질 관리

채용원칙의 일관된 실행을 위해서는 체계적인 품질 관리 시스템이 구축되어야 한다. 채용 여부의 판단에 대해 불안한 경우, 다른 면접관에게 의견을 구하는 절차가 마련되어야 하며, 면접관 간의 평가 일치도를 정기적으로 점검해야 한다. 평가 결과에 현저한 차이가 있을 경우에는 그 원인을 분석하고 추가적인 교육이나 원칙 보완이 이루어져야 한다.

비대면 면접이 확산되는 상황에서는 면접 솔루션 사용방법과 비대면 면접 매너에 대한 가이드라인도 채용원칙에 포함되어야 한다. 대면 면접과는 다른 환경적 특성을 고려한 평가 방법과 기준이 개발되어야 하며, 기술적 문제로 인한 평가 오차를 최소화할 수 있는 대안책도 마련되어야 한다.

마지막으로, 채용원칙 실행 과정에서 발생하는 다양한 상황들에 대한 사례집을 구축하여 향후 유사한 상황에서 일관된 판단을 할 수 있도록 해야 한다. 이를 통해 채용원칙이 실무에서 효과적으로 작동할 수 있는 실용적 가이드라인으로 발전할 수 있다.

제 3 절

채용을 위한 직무 분석 및 평가 기준 설정

ATOM 기반 채용 전형 설계를 실시하기 전에 반드시 해당 직무에 대한 체계적인 분석이 선행되어야 한다. 직무 분석 과정에서는 핵심 업무 내용, 필요 역량, 조직 내 역할, 성과 기준 등을 명확히 정의한다. 이를 바탕으로 ATOM 모델의 4차원별 평가 기준을 구체적으로 설정한다.

1. 직무분석의 본질과 중요성

직무분석은 특정 직무의 내용, 책임, 필요 역량, 수행 환경 등을 체계적으로 파악하고 문서화하는 과정으로 정의된다. Person-Job Fit 이론에 따르면, 개인의 능력과 직무 요구사항 간의 적합성이 높을수록 직무 성과와 만족도가 향상되며, 이는 조직 전체의 생산성 향상으로 이어진다. ATOM 모델은 이러한 전통적 직무분석 접근법을 확장하여, 단순한 기술적 요구사항을 넘어 태도, 조직 적합성, 동기 차원까지 포괄하는 통합적 분석 프레임워크를 제공한다.

직무분석의 핵심은 '무엇을 하는가'에서 '어떻게, 왜 하는가'로 관점을 확장하는 데 있다. ATOM 모델은 이러한 다차원적 접근을 통해 직무의 표면적 요구사항뿐만 아니라 숨겨진 성공 요인들까지 파악할 수 있게 한다. 특히 조직 특유의 문화적 맥락과 업무 수행 방식을 고려함으로써, 동일한 직무라도 조직별로 차별화된 인재 요건을 도출할 수 있다는 점이 중요하다.

2. ATOM 모델의 4차원 분석 프레임워크

ATOM 모델은 직무분석을 Attitude(태도), Technical(직무), Organization(조직), Motivation(동기)의 4개 차원으로 구조화한다. 각 차원은 독립적이면서도 상호 연관성을 가지며, 이들의 통합적 분석을 통해 직무 수행에 필요한 총체적 역량 프로필을 구성할 수 있다.

Attitude 차원에서는 해당 조직과 직무 수행에 필요한 태도적 특성을 분석한다. 이는 단순히 긍정적이거나 부정적인 태도를 구분하는 것이 아니라, 특정 업무 환경과 조직 문화에서 요구되는 구체적인 태도 요소들을 파악하는 것이다. 예를 들어, 스타트업 환경에서는 변화 수용성과 주도성이 중요한 반면, 전통적인 대기업에서는 절차 준수와 협조성이 더 중요할 수 있다.

Technical 차원은 직무 수행에 필요한 전문 지식, 기술, 경험을 포괄한다. 여기서 중요한 것은 현재 보유한 역량뿐만 아니라 학습 능력과 성장 잠재력도 함께 고려한다는 점이다. 급변하는 기술 환경에서는 특정 시점의 기술 보유 여부보다 새로운 기술을 빠르게 습득할 수 있는 능력이 더 중요할 수 있기 때문이다.

Organization 차원에서는 조직의 고유한 가치관, 업무 방식, 의사결정 구조 등과 개인의 적합성을 분석한다. Person-Organization Fit 이론에 기반한 이 차원은 단기적 성과를 넘어 장기적 재직과 성장 가능성을 예측하는 핵심 요소가 된다. 조직 문화와 개인 가치관의 일치도가 높을수록 조직 몰입도와 만족도가 향상되며, 이는 낮은 이직률과 높은 성과로 이어진다.

Motivation 차원은 자기결정 이론(Self-Determination Theory)을 바탕으로 내재적 동기와 외재적 동기의 균형을 분석한다. 직무에 대한 진정한 관심과 열정, 성장 욕구, 그리고 현실적인 보상 기대 간의 조화를 평가함으로써 장기적인 동기 유지 가능성을 예측한다.

3. 체계적 직무분석 프로세스

(1) 1단계: 직무 정보 수집 및 분석

직무분석의 첫 단계는 해당 직무에 대한 포괄적이고 정확한 정보를 수집하는 것이다. 이를 위해 다각적 접근법을 활용하여 직무의 전체적인 그림을 그려 나간다. 문서 분석을 통해 기존 직무기술서, 조직도, 업무 매뉴얼 등을 검토하고, 현직자 인터뷰를 통해 실제 업무 수행 과정과 도전 과제를 파악한다. 관리자 면담에서는 직무의 전략적 중요성과 미래 방향성을, 이해관계자 조사를 통해서는 해당 직무가 다른 부서나 외부 고객과 어떻게 상호작용하는지를 이해한다.

특히 중요한 것은 공식적인 직무 요구사항과 실제 업무 수행 간의 간극을 파악하는 것이다. 많은 경우 문서화되지 않은 암묵적 지식이나 비공식적 네트워크가 직무 성공의 핵심 요인이 될 수 있다. 예를 들어, 영업 직무의 경우 제품 지식과 판매 기술뿐만 아니라 내부 조율 능력과 관계 구축 역량이 실제 성과를 좌우하는 경우가 많다.

(2) 2단계: ATOM 4차원별 요구사항 도출

수집된 정보를 바탕으로 ATOM 모델의 4차원별 구체적 요구사항을 도출한다. 이 과정에서는 각 차원의 요소들을 세분화하고 우선순위를 설정하는 것이 중요하다.

Attitude 차원에서는 업무 스타일, 스트레스 대처 방식, 팀워크 접근법, 변화 대응 태도 등을 구체화한다. 예를 들어, 고객 서비스 직무의 경우 인내심, 공감 능력, 긍정적 태도가 핵심 요소가 되며, 연구개발 직무에서는 호기심, 실험 정신, 실패에 대한 건설적 태도가 중요하다.

Technical 차원은 필수 지식과 기술을 Hard Skills와 Soft Skills로 구분하여 정의한다. Hard Skills는 직무 수행에 직접적으로 필요한 전문 지식과 기술을 의미하며, Soft Skills는 의사소통, 문제해결, 리더십 등 범용적 역량을 포함한다. 또한 각 기술의 숙련도 수준을 초급, 중급, 고급으로 구분하여 명확한 기준을 제시한다.

Organization 차원에서는 조직의 핵심 가치, 의사결정 방식, 커뮤니케이션 문화, 성과 평가 기준 등과의 적합성을 평가할 수 있는 요소들을 도출한다. 이는 조직문화 진단 결과와 연계하여 구체화되어야 하며, 특히 조직이 추구하는 미래 방향성도 함께 고려해야 한다.

Motivation 차원은 직무의 도전성, 성장 기회, 자율성 수준, 인정과 보상 체계 등을 분석하여 어떤 동기 유형을 가진 인재가 적합한지를 정의한다. 내재적 동기 요소로는 업무의 의미성, 성취감, 자기실현 가능성을, 외재적 동기 요소로는 급여, 승진 기회, 복리후생 등을 구체적으로 명시한다.

(3) 3단계: 핵심 성과 지표(KPI) 설정

직무분석의 결과는 구체적이고 측정 가능한 성과 지표로 연결되어야 한다. ATOM 모델은 단순한 업무 실적뿐만 아니라 4차원별 성과 지표를 통합적으로 설정한다.

정량적 성과 지표는 매출, 생산성, 품질 지표 등 객관적으로 측정 가능한 요소들을 포함한다. 정성적 성과 지표는 팀 기여도, 혁신성, 고객 만족도 등 주관적이지만 중요한 요소들을 다룬다. 특히 중요한 것은 단기 성과와 장기 성과의 균형을 맞추는 것이다. 즉각적인 업무 성과뿐만 아니라 조직 적응도, 성장 속도, 문화 기여도 등 장기적 관점의 지표도 포함해야 한다.

제 4 절

ATOM 기반 채용 전형

1. 채용 광고를 준비하는 것이 아니라 사내 시스템을 정비한다

여기서부터의 내용은 경험을 바탕으로 한 노하우(knowhow) 이야기가 많아진다. 노하우란 많은 기업이 실패를 통해서 얻은 것이어서 당신의 회사가 실패로부터 멀어지기 위한 비법이기도 하다. 채용에 실패한 회사의 손실액은 1장에서 다루었듯이 매우 크다. 그 엄청난 비용을 들여가며 당신의 회사가 채용 실패를 경험할 이유는 없다. 또 그들이 범한 잘못과 같은 길을 걸을 필요도 없다. 왜냐하면 당신은 이 책을 손에 넣었으니까.

사람을 채용하고자 하는 대부분의 회사가 최초로 하는 것은 구인광고를 내는 것이다. 그러나 안타깝게도 여기서부터 채용에 실패하는 길로 들어선 것이다. 사람을 채용하고 싶다고 생각했을 때 종소리를 들으면 반사적으로 침을 흘리는 파블로프의 개의 실험처럼 반사적으로 행동을 하여 구인광고를 내선 안 된다. 사외에 구인광고를 내는 것은 마지막 단계이다.

적합하고 우수한 인재를 채용하고 싶다면, 먼저 사내 인사시스템을 정비해야 한다. 대단한 일 같지만 그렇게 힘들거나 많은 일이 아닐뿐더러, 이것이 바로 채용에 실패하지 않기 위한 최단 경로이다. 사내 인사시스템을 정비를 하지 않고 우연히 훌륭한 구인광고를 만들어 지원자가 쇄도했다고 가정해 보자. 그래서 자사에 맞는 좋은 인재를 채용할 수 있었고 훌륭한 인재를 영입했으니 당연히 입사 후 높은 성과를 낼 것이라고 기대했다. 그러나 결과는 유감스럽게도 그 인재는 기대만큼의 높은 성과를 내지 못하며 오래 근무하지도 않는다. 훌륭한 인재일수록 시스템이 정비되지 않은 회사는 더욱 빨리 떠나버린다. 이런 현상은 중소기업일수록 더욱 심화된다. 구인광고를 다시 낸다고 해도 한두 번은 운이 좋을 수 있지만 계속해서 좋은 인재가 모이는 것은 아니기 때문에 다음번에는 채용 실패로 이어질 가능성이 크다. 그러므로 구인광고를 내는 일보다 사내 인사시스템을 정비하는 것이 더 우선되는 일인 것이다.

2. 채용 프로세스를 검증한다

채용 업무는 구인 전략 구축에서 시작되어 지원자가 입사해서 배치 후 정착하기까지라고 생각한다. 채용 담당자 중에는 면접에서 합격·불합격을 판단하는 것이 채용 업무라 생각하는 사람이 있는데 채용한 인재가 전력이 되기까지가 채용 업무인 것이다. 지원자는 채용 담당자를 통해 기업의 좋고 나쁨을 판단한다. 입사를 결심한다는 건 채용 담당자를 신뢰한다는 증거이다. 입사 후에는 배치부서에게 맡기면 된다는 식의 태도는, 모처럼 입사한 신입사원을 낙담하게 할 뿐이다.

채용 프로세스의 흐름 중에서 채용선발은 특히 중요한 과정인데, 당연하듯 이루어지는 채용선발에 대해 사실은 지원자가 불신감을 품고 있을 가능성이 있다.

"구인광고에는 3차 면접까지라고 쓰여 있었는데 단 한 번의 면접으로 합격 통보를 받았다."라고 상담을 해오는 경우가 있다. 기업 입장에서 보면 빨리 내정을 내린 것이 무엇이 문제냐고 생각할 수 있지만, 지원자는 정말로 자신을 충분히 이해한 뒤에 채용에 대한 판단을 내린 건지 불안해한다. 누구든 상관없이 합격을 시킨 것은 아닌지 하는 우려를 갖게 되는 것이다.

한편, 지원에서 최종 전형이 끝나기까지 수개월이 걸리는 기업도 있다. 특히 경력채용의 경우, 생활이 걸려있어 이직 중인 지원자에게 수개월간 기다려야 하는 상황은 가혹한 것이다. 합격·불합격에 대한 연락이 오지 않으면 기업에 직접 확인하면 되겠지만, 이를 확인함으로써 채용 여부에 영향을 주는 건 아닌지 지원자는 고민하게 된다.

임원 면접까지 몇 번이고 면접을 실시하는 기업이 있는데 매번 지원동기나 자기 PR이라는 똑같은 질문을 반복하는 형식적인 면접을 실시해서는 구직자의 입사 의욕도 떨어지게 된다. 형식적인 면접을 반복하는 기업은 일단 다음 면접으로 돌리자는 마음가짐으로 면접을 실시하기 때문에 뻔한 질문만으로는 지원자의 본질을 파악할 수 없는 면접이 계속 반복된다. 지원자의 입장을 생각하면 신입사원 채용일지라도 입사지원에서부터 합격 내정까지 약 2~3주 이내에 결과를 내야 한다. 경력채용에서는 1주에서 2주 사이에 채용 결과를 내리기 바란다. 면접 횟수도 최대 2번으로 고정하고, 각각의 면접에서 확인할 포인트를 명확히 해 두어야 한다. 질질 끌게 된다면 타사가 먼저 합격 통보를 하여 지원자의 마음이 바뀌게 될 가능성이 있다.

3. 채용 기준과 연동한 전형 프로세스를 수립한다

채용을 할 때 우선 자사의 채용 기준을 만들고 그것과 연동한 전형 프로세스를 만든다. 채용의 올바른 순서는 다음과 같다.

(1) 채용하고 싶은 인재의 명확화

(2) 채용하고 싶은 인재 & 채용하고 싶지 않은 인재 정의(반드시 문서화한다.)

(3) 채용 기준과 연동한 전형 프로세스의 도입 및 면접관 교육

(4) 채용하고 싶은 인재에게 영향을 주는 구인 방법의 도입

당신의 회사 채용 기준과 연동되지 않는 전형, 예를 들면 최신 유행하고 있는 역량면접이 그럴듯하니까, 또는 타사가 PT면접이나 그룹면접을 타사가 하고 있으니까 우리도 따라 해 보자는 식의 면접은 의미가 없다. 면접이라고 하는 것은 적당히 좋은 사람을 채용하는 것이 아니라 자사에 맞는 사람을 선택하는 것이 목적이다. 채용하고 싶은 인재상을 명확하게 가지고 있으면 전형 프로세스에서는 그것을 간파하는 것에만 집중하면 된다. 뭐든지 할 수 있는 사람이 반드시 좋은 것은 아니며 필요한 스킬도 직종에 따라서 다르므로 직종마다 채용 기준을 만들어 전형 프로세스와 연동시켜 준다. 좋은 사람을 선별하기 위해서는 어떤 전형 프로세스가 최선인지를 생각할 필요가 있다. 저자가 추천하는 일반적인 중소기업의 전형 프로세스로는 서류전형 1회, 전화면접 1회, 면접전형 2회이다. 면접 전형을 최소 2회 이상 실시하여, 지원자가 실제 회사를 방문하며 잠시나마 회사를 체험할 수 있도록 하는 것이다. 그리고 마지막으로 회사와 지원자의 양쪽 모두가 납득하는 입사일을 합의하는 것이다. 전화면접, 면접전형 등 2~3회의 면접을 통해 지원자가 회사를 미리 경험하고, 회사 또한 지원자를 평가할 수 있어 채용의 미스매치를 최소화할 수 있다.

[표5-1] 전형 프로세스 수립 시 단계별 고려 사항 및 주요 활동

채용절차	단계별 고려 사항	단계별 주요 활동
분석단계	• 조직의 전략 및 예산을 고려한 채용 방향과 일정 등 수립	• 신규 충원 인원 파악 • 채용 수요 조사 • 채용 인원 산정 • 채용 계획 수립 • 채용 계획 확정
설계단계	• 효과적·효율적인 채용 활동을 위한 구체적인 실행 계획 수립 • 평가 절차 및 요소에 대한 정의	• 채용 전형 설계 • 태도, 직무, 조직, 동기 중심 평가 준거 확인 • 확인된 평가 준거 및 역량을 확인할 수 있는 선발 기법 확정 • 채용원칙 수립 및 채용단계별 평정기준 결정
개발단계	• 효율적인 채용 전형별 운영 방안의 수립 • 공정하고 수용성 높은 전형별 평가 절차 마련 • 지원자 확보를 위한 구체적 방안 수립	• 적합인재를 유인할 수 있는 채용공고문 개발 • 선발도구로서의 입사지원서 및 서류전형 개발 • 지원자의 태도 및 직무전문성을 파악할 수 있는 필기전형 개발 • 서류전형에서 평가한 전반적 자질과 적합성을 음성 커뮤니케이션을 통해 심층 검증할 수 있는 전화면접 전형 개발 • 지원자의 태도, 직무, 조직, 동기 적합성을 파악할 수 있는 대면 면접 및 시뮬레이션 면접 전형 개발
실행단계	• 효과적인 채용 전형별 운영 • 탈락수용성을 감안한 전형 실시	• 대량 지원에 대응 가능한 서류전형 실시 • 인성, 적성, 논술, 전공, 인문학적 소양 관련 필기전형 실시 • 서류상 확인된 요건의 진정성을 검증하고 대면 면접 대상자를 효율적으로 선별하는 전화면접 실시 • 투명성, 공정성을 확보한 면접전형 실시 • 탈락수용성을 감안한 전형별 합격자 발표
평가단계	• 채용 프로세스에 대한 과정 및 성과에 대한 ROI평가	채용 프로세스 ROI 평가 요소 • 프로세스 효율성 지표 • 비용 관련 지표 • 채용 품질 지표 • 생산성 영향 지표 • 조직 영향 지표 • 브랜드 가치 지표 • 재무적 영향 지표

4. 전형 프로세스 수립의 4단계

채용 계획 수립 단계에서는 네 단계의 절차를 준용하여 채용 인원을 산정하고, 평가 방식, 기준, 시기, 비용 등과 관련한 계획을 수립하여 이후 단계에 활용한다.

[표5-2] 전형 프로세스 수립의 4단계

단계	담당자	주요 활동	주요 고려 사항
단계 1 채용 수요 조사	• 인사·채용 담당자 • 각 요청 부서	• 기업 내부 자연 결원 조사 • 채용이 필요한 직무와 인원에 대한 '채용 의뢰서' 취합	• 요청 직무 • 필요 사유 • 필요 인원 • 자격 요건 • 임금형태 등
단계 2 채용 인원 산정	• 인사, 각 부서장 등	• 관련자(인사, 부서장 등) 회의를 통해 채용 요청의 적절성 검토 • 부서별 채용 인원 배정 및 총 채용 인원 산정	• 신규 사업 • 신설 부서(팀) • 기업 내부 충원 요청 직무·인원 • 총액 인건비 • 인사, 채용 관련 규정 등
단계 3 채용 계획 수립	• 인사·채용 담당자	• 확정된 직무 및 규모에 대한 전형 절차, 시기, 비용 등 세부 계획 수립	• 전형 절차 • 적합성 평가 기준 • 전형별 시기 • 장소 • 비용 등
단계 4 채용 계획 확정	• 대표 또는 인사 책임자	• 대표 또는 인사위원회를 통해 수립된 계획을 검토·승인	• 기업 운영 방안 • 대내외 위협 요인 등

5. 채용 계획 수립

경영진 결정으로 확정된 채용 대상과 채용 규모를 고려하여 실질적인 채용 업무를 진행하기 위한 계획을 수립하고, 최종보고 및 확정한다.

[표5-3] 채용 계획 수립 검토사항

<table>
<tr><td>채용 계획
수립 시 검토사항</td><td>• 채용 관련 법률·지침 점검
• 이전 채용 시 특이사항 점검: 진행 과정에서의 문제점, 지원자 특이사항·채용 절차 개선 사항 도출
• 채용 시 외부 전문 업체와의 협조 협력 활용 여부: 인·적성 검사 회사, 외부 면접위원, 채용 전문 컨설팅사 등
• 동종 또는 유사 기업 채용 일정 및 특이사항</td></tr>
<tr><td colspan="2">채용 계획 수립에 포함되어야 하는 사항들</td></tr>
<tr><td colspan="2">• 전체 채용 규모 및 목적(채용 사유), 직무·부서별 세부 채용 규모
• 전체 채용 전형
• 전형별 프로세스, 선발기법 선정 및 적용단계 결정
• 채용 프로세스별 선발기준 설정
• 채용 공고문, 입사지원서, 직무 능력 평가, 경력기술서, 필기 문항, 면접 문항
• 채용 담당자 및 면접관 교육 프로그램
• 경쟁률 및 합격 인원, 일정, 장소, 소요 비용 등
• 이전 채용과의 차별 사항 또는 개선 예정 사항</td></tr>
<tr><td colspan="2">채용 계획 수립 보고 전 점검사항</td></tr>
<tr><td colspan="2">• 지난 채용 계획 또는 채용 결과 분석 시 개선사항
• SNS 등 지원자들의 온라인 기업평가 및 채용 프로세스 평가
• 채용 관련 대내외 이슈 및 주요 의사결정 사항
• 향후 기업 운영 방향과의 연계성</td></tr>
</table>

6. 채용 프로세스의 이해

[표5-4] 채용 프로세스 이해

구분	목적	단계	내용
모집 (Recruitment)	해당 직무에 적합한 지원자들의 지원을 촉진하고 적합하지 않은 지원자들의 지원을 예방함	모집공고	• 회사와 직무에 대한 정보 제공을 통해 적합한 지원자들의 지원을 유도함 • 평가요소, 평가방법에 대한 정보 제공을 통해 탈락 수용성을 높임
		↓ 입사지원서 작성·제출	• 지원서 작성과정을 통한 직무 이해도를 높임 • 이력서는 지원자의 직무 적합성에 대한 다양한 정보들을 수집함 • 자기소개서는 지원자의 태도, 조직, 동기 적합성에 대한 정보를 수집함
선발 (Selection)	다양한 평가를 통해 지원자들 중 해당 직무에 적합한 후보자들을 선별함	↓ 서류전형	• 지원자의 전반적인 자질과 적합성을 평가함 • 태도, 전문성, 경력·경험, 자격, 조직 및 동기 적합성을 평가함
		↓ 필기전형	• 직무 적합성 평가를 위한 직무수행능력 테스트 및 전공시험 및 직무 적합성 평가 • 태도, 조직, 동기 적합성 평가를 위한 인성, 적성 검사
		↓ 전화면접	• 서류상 확인된 요건의 진정성을 검증하고 대면 면접 대상자를 효율적으로 선별 • 서류전형에서 평가한 전반적 자질과 적합성을 음성 커뮤니케이션을 통해 심층 검증
		↓ 면접전형	• 태도 적합성 평가 • 직무 적합성 평가 • 조직 적합성 평가 • 동기 적합성 평가

제 5 절

ATOM 기반 평가 영역 및 측정지표

1. 과학적인 평가지표

ATOM 기반 인재 채용 모델의 평가 영역 및 측정지표 체계는 오랜 기간 다수의 기업의 채용 컨설팅 경험과 학술적 연구가 융합되어 만들어진 과학적 평가 도구로서, 인재의 다차원적 적합성을 체계적으로 측정하는 혁신적 프레임워크이다. 4개 차원, 12개 평가 영역, 36개 측정지표로 구성된 이 체계는 각각이 독립적이면서도 상호 연관성을 가지도록 설계되어 통합적 평가가 가능하다.

특히 주목할 점은 각 지표가 단순히 현재의 상태를 측정하는 것이 아니라, 미래의 성과와 적응 가능성을 예측하는 선행지표로 설계되었다는 것이다.

ATOM 모델의 지표 체계는 변화하는 세대별 특성, 새로운 직무 요구사항, 조직 문화의 변화를 반영하였고, AI와 빅데이터 기술을 활용한 평가에서도 활용할 수 있도록 개발되었다.

[표5-5] ATOM 기반 평가 영역 및 측정지표

ATOM 평가 영역	측정지표	하위 측정지표
1. Attitude Fit(태도 적합성)의 평가체계 지원자의 태도적 특성이 조직의 특정 문화와 업무 환경에서 요구되는 태도와 얼마나 부합하는지를 평가하는 차원이다.	1.1 코칭수용(Feedback Receptiveness) 지원자가 자기 성장을 위해 피드백을 얼마나 효과적으로 수용하고 활용할 수 있는지를 측정한다.	1.1.1. 자기인식
		1.1.2. 자기개선
		1.1.3. 평가수용
	1.2 긍정적 사고(Positive Thinking) 지원자가 과거 경험을 어떻게 해석하고 평가하는지를 통해 미래 조직에서의 태도를 예측한다.	1.2.1. 조직평가
		1.2.2. 상사평가
		1.2.3. 감사인정
	1.3 적응능력(Adaptability) 변화하는 환경과 새로운 상황에 대한 유연성을 평가한다.	1.3.1. 조직 적응성
		1.3.2. 변화 수용성
		1.3.3. 인내와 지속성
2. Technical Fit(직무 적합성)의 평가체계 직무 수행에 필요한 전문성과 역량을 종합적으로 평가하는 차원으로, 현재의 역량뿐만 아니라 학습 능력과 성장 잠재력도 함께 고려한다.	2.1 직무전문(Professional Knowledge) 해당 직무를 수행하는 데 필요한 지식과 기술의 깊이를 평가한다.	2.1.1. 전문지식
		2.1.2. 기술적 숙련도
		2.1.3. 전공자격
	2.2 직무경험(Practical Experience) 실제 업무 수행 경험의 양과 질을 종합적으로 평가한다.	2.2.1. 양적 경험
		2.2.2. 질적 경험
		2.2.3 성과 및 성취
	2.3 학습역량(Learning Ability) 급변하는 환경에서 지속적으로 성장할 수 있는 능력을 평가한다.	2.3.1. 자기주도 학습
		2.3.2. 지식 전이 능력
		2.3.3. 디지털 학습 역량

ATOM 평가 영역	측정지표	하위 측정지표
3. Organizational Fit (조직 적합성)의 평가체계 지원자의 가치관과 조직 문화의 일치도를 평가하며, 특히 조직에 대한 깊이 있는 이해와 준비성을 중시한다.	3.1 조직이해(Organizational Understanding) 지원자가 조직의 전반적인 맥락을 얼마나 잘 파악하고 있는지를 평가한다.	3.1.1. 사업 이해
		3.1.2. 조직문화 적합
		3.1.3. 고객이해
	3.2 의사소통(Communication Skills) 조직 내에서 효과적으로 소통할 수 있는 능력을 평가한다.	3.2.1. 소통 간결성
		3.2.2. 정보 전달력
		3.2.3. 문서적 의사소통
	3.3 협업능력(Collaborative Skills) 팀워크와 협력적 업무 수행 능력을 평가한다.	3.3.1. 관계구축 및 유지
		3.3.2. 상호지원 및 개발
		3.3.3. 감정조절
4. Motivational Fit(동기 적합성)의 평가체계 내재적·외재적 동기의 균형과 지원 동기의 구체성을 평가하여 장기적 몰입 가능성을 예측한다.	4.1 지원동기(Motivation for Application) 해당 조직과 직무에 대한 지원자의 준비성과 진정성을 평가한다.	4.1.1. 리서치 충실도
		4.1.2. 지원 일관성
		4.1.3. 지원동기의 구체성
	4.2 동기부여 적합(Suitable for Motivation) 지원자의 동기 구조가 조직이 제공할 수 있는 보상 체계와 얼마나 부합하는지를 평가한다.	4.2.1. 외적동기
		4.2.2. 내적동기
		4.2.3. 동기균형
	4.3 성취동기(Motivation for Achievement) 높은 성과를 추구하고 달성하려는 내재적 동력을 평가한다.	4.3.1. 목표 지향성
		4.3.2. 과제 지속성
		4.3.3. 자기 동기부여

제 6 절

실무자를 위한 간단명료한 ATOM 기초자료 수집 가이드

ATOM 모델의 4개 영역(태도, 직무, 조직, 동기)별 기초자료를 수집하는 방법은 복잡할 필요가 없다. 조직 내 누구나 쉽게 따라 할 수 있는 실용적인 방법들을 소개한다. 특별한 분석 도구나 전문 지식 없이도 충분히 양질의 기초자료를 수집할 수 있다.

1. 자료 수집 시 주의사항

- **과도한 자료 수집은 금물:** 완벽한 자료보다 핵심만 담은 실용적 자료가 낫다.
- **현실적이어야 함:** 이상적인 모습보다 실제 모습을 담아야 한다.
- **주기적 업데이트:** 6개월~1년마다 간단히 검토하고 수정한다.
- **팀원 참여:** 혼자 하지 말고 팀원들과 함께 만든다.

2. 자료 활용 방법

- **채용 공고 작성:** 수집한 자료를 바탕으로 현실적인 채용 공고를 작성한다.
- **면접 질문 개발:** 각 영역별로 2~3개의 핵심 질문을 만든다.
- **평가 기준 설정:** 무엇을 중점적으로 볼지 명확히 한다.
- **온보딩 자료:** 신입사원 교육 자료로도 활용한다.

3. 자료 수집 시 활용 가능한 간단한 체크리스트

각 영역별로 최소한 다음 자료는 준비한다.

[표5-6] ATOM 영역별 기초자료 수집 준비자료

영역	준비자료
태도 적합성	□ 꼭 필요한 태도 3가지 □ 팀에 부족한 태도 유형 □ 주요 업무 상황 5가지와 바람직한 대응 □ 함께 일하고 싶은 사람의 특징
직무 적합성	□ A4 1장 분량의 직무기술서 □ 필수 역량 3~5개 □ 하루 일과 예시 □ 사용 도구/프로그램 목록
조직 적합성	□ 핵심가치 3~5개와 구체적 행동 예시 □ 우리 회사만의 독특한 문화 3가지 □ 성공한 직원의 특징 3가지 □ 실패한 직원의 특징 3가지
동기 적합성	□ 제공 가능한 것 리스트(현실적으로) □ 제공 불가능한 것 리스트(솔직하게) □ 현직자가 만족하는 점 Top 3 □ 퇴사 주요 사유 Top 3

[표5-7] ATOM 영역별 기초자료 수집 방법

영역	수집영역	수집방법
태도 적합성 (Attitude Fit)	우수 직원의 태도 특성 파악	• 성과가 좋은 직원 3~5명을 떠올리고 공통점을 찾는다. • 일하는 자세: 꼼꼼한지, 속도를 중시하는지 • 문제 대응: 혼자 해결하려 하는지, 도움을 구하는지 • 스트레스 관리: 어떻게 스트레스를 푸는지 • 동료 관계: 친하게 지내는지, 업무적 관계를 유지하는지

영역	수집영역	수집방법
태도 적합성 (Attitude Fit)	팀에 필요한 태도 정의	• 현재 팀 상황을 보고 필요한 태도를 정한다. • 팀 분위기: 활발한지, 조용한지 • 부족한 역할: 아이디어맨, 실행가, 조정자 중 누가 필요한지 • 기존 멤버와의 조화: 너무 비슷하면 안 되고, 너무 달라도 안 됨
	업무 상황별 바람직한 태도	• 자주 발생하는 상황에서 어떤 태도가 필요한지 정리한다. • 마감 임박 상황: 침착함 vs 긴장감 • 고객 클레임: 공감 vs 논리적 대응 • 팀 의견 충돌: 중재 vs 명확한 입장 표명 • 새로운 업무: 도전정신 vs 신중함
	실패 사례에서 배우기	• 잘 안 맞아서 퇴사한 직원들의 공통점을 찾는다. • 어떤 부분에서 힘들어했나? • 기대와 현실의 차이는 무엇이었나? • 팀원들과 어떤 마찰이 있었나?
직무 적합성 (Technical Fit)	직무기술서 작성하기	• 가장 기본적인 자료는 직무기술서다. 복잡하게 생각하지 말고, 다음 질문에 답하는 방식으로 작성한다. • 이 일을 하려면 무엇을 할 줄 알아야 하나? • 하루 일과는 어떻게 되나? • 어떤 도구나 프로그램을 사용하나? • 누구와 주로 협업하나?
	채용직무기술서 만들기	• 일반 직무기술서를 채용용으로 변환할 때는 다음 사항을 추가한다. • 꼭 필요한 것 vs 있으면 좋은 것 구분 • 경력 몇 년이 적당한가? • 입사 후 3개월, 6개월, 1년 후 기대 모습
	직무전문가 인터뷰	• 현재 그 일을 잘하고 있는 직원 2~3명과 30분씩 대화한다. • "이 일을 처음 시작했을 때 가장 어려웠던 점은?" • "이 일을 잘하려면 뭐가 가장 중요한가요?" • "신입이 가장 많이 실수하는 부분은?" • "우리 팀/회사만의 특별한 업무 방식이 있나요?"
	직무 상황 수집	• 실제 업무에서 일어나는 구체적인 상황들을 모은다. • 최근 성공한 프로젝트 사례 • 실패했거나 어려웠던 업무 상황 • 자주 발생하는 문제와 해결 방법 • 바쁜 시기와 여유로운 시기의 업무량 차이

영역	수집영역	수집방법
조직 적합성 (Organization Fit)	조직 가치와 미션 정리	• 회사 홈페이지나 내부 자료에서 찾을 수 있는 기본 정보를 모은다. • 회사 미션과 비전 • 핵심 가치(보통 3~5개) • 창업 스토리나 회사 역사 • CEO 메시지나 경영 철학
	실제 조직문화 파악	• 공식 자료보다 중요한 것은 실제 문화다. 다음 방법으로 파악한다. • 회식 문화: 자주 하는지, 강제인지, 분위기는 어떤지 • 의사소통 방식: 수평적인지, 직급을 중시하는지 • 복장: 자유로운지, 정장 필수인지 • 야근: 일상적인지, 필요시에만 하는지 • 실수에 대한 태도: 혼나는지, 배움의 기회로 보는지
	인재상 구체화	• 추상적인 인재상을 구체적인 행동으로 바꾼다. • "창의적 인재" → 새로운 아이디어를 자주 제안하는 사람 • "책임감 있는 인재" → 맡은 일을 끝까지 완수하는 사람 • "협업하는 인재" → 다른 팀과도 잘 소통하는 사람
	성공한 직원들의 공통점 찾기	• 1년 이상 근무하며 좋은 평가를 받는 직원들의 특징을 정리한다. • 어떤 성격이나 스타일인가? • 입사 초기에 어떻게 적응했나? • 우리 회사를 좋아하는 이유는?
동기 적합성 (Motivation Fit)	직무가 줄 수 있는 것 정리	• 이 직무가 제공할 수 있는 것들을 솔직하게 나열한다. • 연봉 수준과 인상률 • 승진 가능성과 시기 • 배울 수 있는 것들 • 경력개발 기회 • 워라밸 수준 • 자율성 정도
	현직자 만족 요인 조사	• 현재 직원들에게 간단히 물어본다. • "우리 회사/팀의 가장 좋은 점은?" • "어떤 점 때문에 계속 다니시나요?" • "입사 전 기대와 가장 달랐던 점은?" • "어떤 사람이 우리 회사에 잘 맞을까요?"

영역	수집영역	수집방법
동기 적합성 (Motivation Fit)	경력 단계별 동기 파악	• 신입, 경력 3~5년, 경력 7년 이상으로 나눠 각각 중시하는 것을 정리한다. • 신입: 배움, 성장, 멘토링 • 중간 경력: 전문성 인정, 프로젝트 주도권 • 시니어: 영향력, 후배 양성, 워라밸
	장기근속자 인터뷰	• 5년 이상 근무한 직원들의 이야기를 듣는다. • "처음 입사할 때 목표가 뭐였나요?" • "그 목표가 이뤄졌나요?" • "중간에 그만두고 싶었던 적은?" • "그런데도 계속 다니는 이유는?"
	퇴사자 인터뷰 정리	• 최근 1~2년 내 퇴사자들의 퇴사 사유를 정리한다. • 표면적 이유 vs 실제 이유 • 입사 후 얼마 만에 퇴사했는지 • 어떤 기대가 충족되지 않았는지

ATOM 기반 인재 채용의 성공은 복잡한 분석이나 고급 도구가 아니라, 우리 조직과 직무를 잘 이해하고 이를 명료하게 정리하는 데서 시작된다. 위에서 제시한 방법들은 특별한 전문 지식 없이도 누구나 할 수 있는 일들이다.

중요한 것은 완벽함이 아니라 시작하는 것이다. 처음에는 간단하게 시작하고, 채용을 진행하면서 조금씩 보완해 나가면 된다. 이렇게 축적된 기초자료는 더 나은 채용의 밑거름이 될 뿐만 아니라, 조직 구성원들이 우리 조직을 더 잘 이해하는 계기가 될 것이다.

제 7 절

ATOM 기반 채용 프로세스: 4단계 전형 시스템 설계

1. 4단계 ATOM 기반 채용 프로세스의 설계 철학

ATOM 기반 채용 프로세스 설계의 핵심 철학은 "채용하고 싶은 인재의 명확화"에서 시작된다. 기존의 채용 프로세스가 "좋은 사람"이라는 추상적 기준에 의존했다면, ATOM 모델은 조직의 특성과 직무 요구사항에 맞는 구체적인 인재상을 4개 차원으로 정의하고, 이를 측정 가능한 평가지표로 변환한다. 이는 단순히 역량이 뛰어난 인재가 아닌, 해당 조직에서 최고의 성과를 발휘할 수 있는 "적합한 인재"를 선별하는 것을 목표로 한다.

현대 채용 환경의 급속한 변화와 디지털 전환의 가속화에 따라, ATOM 기반 채용 프로세스는 보다 정교하고 다층적인 평가 체계를 요구하게 되었다. ATOM 모델을 기반으로, 서류전형, 필기전형, 전화면접, 면접전형의 4단계로 구성된 혁신적 채용 프로세스는 각 단계별로 ATOM 4개 차원의 평가 요소를 전략적으로 배치하여 최적의 인재 선별 효과를 달성한다.

2. 전형 단계별 ATOM 평가 요소 배치 전략

4단계 ATOM 기반 채용 프로세스는 단계별 평가의 정밀도를 높이고, 각 전형 간의 연계성을 강화하여 종합적이고 체계적인 인재 평가를 실현한다. 전화면접 단계의 추가는 현대 채용 환경의 특성을 반영한 전략적 설계로, 비대면 커뮤니케이션 능력과 즉시성 있는 판단력을 평가할 수 있는 중요한 접점을 제공한다. 이는 특히 원격 근무가 확산된 업무 환경에서 지원자의 디지털 커뮤니케이션 역량과 실시간 대응 능력을 사전에 검증할 수 있는 효과적인 도구로 작용한다.

각 단계별로 ATOM 4개 차원의 평가 비중과 깊이를 차별화하여, 점진적이고 심화된 평가가 이루어지도록 설계한다. 초기 단계에서는 기본적인 자격 요건과 적합성을 스크리닝하고, 후반 단계로 갈수록 보다 정교하고 종합적인 평가를 통해 최종 선발의 정확도를 높인다. 이러한 단계별 차별화는 채용 비용의 효율성을 확보하면서도 평가의 정밀도를 극대화하는 최적의 접근법이다.

(1) 1단계: 서류전형 - 기초 적합성 평가와 스크리닝

서류전형 단계에서는 주로 직무 적합성(Technical Fit)과 기본적인 동기 적합성(Motivation Fit)을 중심으로 평가한다. 입사지원서와 자기소개서, 경력기술서를 통해 지원자의 전문지식 수준, 기술적 숙련도, 전공자격 등을 1차 검토하고, 관련 직무 종사 기간과 프로젝트 참여 경험을 통해 양적 및 질적 경험을 평가한다. 이 단계에서는 최소한의 자격 조건을 갖추지 못한 지원자를 효율적으로 배제하여 후속 전형의 비용 효율성을 확보한다.

동기 적합성 측면에서는 지원동기의 구체성을 평가한다. 자기소개서를 통해 지원자가 조직과 직무에 대한 정보를 어떻게 획득했는지, 다른 기회가 아닌 이 조직을 선택한 구체적 이유가 무엇인지를 분석한다. 또한 지원서 작성의 성실성과 완성도를 통해 지원자의 준비성과 조직에 대한 관심도를 간접적으로 평가한다. 서류전형에서는 비용이 낮고 단위 시간당 많은 지원자를 평가할 수 있는 장점을 활용하되, 평가의 정교성이 제한적이므로 기본적인 자격 검증과 명백한 부적합자 배제에 중점을 둔다.

(2) 2단계: 필기전형 - 역량의 객관적 검증

필기전형 단계에서는 직무 적합성의 심화 평가와 태도 적합성(Attitude Fit)의 기초 평가가 이루어진다. 직무 수행 능력 테스트와 전공시험을 통해 지원자의 전문지식과 기술적 문제 해결 능력을 객관적으로 측정한다. 이는 서류전형에서 확인하기 어려운 실제 역량 수준을 정밀하게 검증하는 중요한 단계이다. 특히 업계 표준 및 모범 사례 이해도, 최신 트렌드 파악 수준, 기술 적용의 정확성과 효율성을 종합적으로 평가한다.

태도 적합성 평가를 위해 인성 및 적성 검사를 실시한다. 이를 통해 지원자의 성격, 흥미, 가치관, 동기 등에 대한 포괄적 정보를 수집하고, 조직 문화와의 기본적 적합성을 판단한다. 특히 코칭 수용성 측면에서 자기인식과 자기개선 능력을 평가하여, 조직에서 요구하는 학습문화와 성장 마인드에 부합하는지를 확인한다. 필기전형은 중간 수준의 비용으로 높은 타당도를 확보할 수 있어, 객관적이고 표준화된 평가가 가능한 장점이 있다.

(3) 3단계: 전화면접 - 커뮤니케이션 역량과 빠른 상황 판단력 평가

전화면접 단계는 ATOM 4단계 프로세스의 핵심 혁신 요소로, 조직 적합성(Organization Fit)과 태도 적합성의 특정 측면을 중점 평가한다. 비대면 환경에서의 커뮤니케이션 능력, 즉석에서의 논리적 사고와 표현력, 예상하지 못한 질문에 대한 대응 능력을 평가한다. 이는 현대 업무 환경에서 점차 중요해지는 원격 협업 역량과 디지털 커뮤니케이션 스킬을 사전에 검증하는 효과적인 방법이다.

전화면접에서는 지원자의 조직 이해도를 심화 평가한다. 기업 정보 숙지도, 경영진과 조직문화에 대한 이해 수준, 사업 분야 및 비전에 대한 공감대를 음성 커뮤니케이션을 통해 확인한다. 또한 지원동기의 진정성과 구체성을 실시간 대화를 통해 검증하고, 예상 질문에 대한 준비된 답변이 아닌 즉석에서의 솔직한 반응을 통해 지원자의 진정한 관심도와 준비성을 평가한다.

전화면접의 또 다른 중요한 기능은 면접 스케줄링과 실무적 확인사항을 처리하는 것이다. 지원자의 입사 가능 시기, 근무 조건에 대한 기대사항, 기타 실무적 요구사항을 사전에 확인하여 최종 면접의 효율성을 높인다. 전화면접은 상대적으로 낮은 비용으로 실시할 수 있으면서도, 서류와 필기시험만으로는 파악하기 어려운 지원자의 커뮤니케이션 역량과 빠른 대응 능력을 효과적으로 평가할 수 있다.

(4) 4단계: 면접전형 - ATOM 4개 차원의 통합적 최종 평가

면접전형 단계는 ATOM 4개 차원을 통합적으로 평가하는 최종 의사결정 단계이다. 1차 면접과 2차 면접으로 구분하여 실시하되, 각각의 면접에서 평가 중점을 차별화한다. 1차 면접에서는 조직 적합성과 동기 적합성을 심화 평가하고, 2차 면접에서는 태도 적합성과 직무 적합성의 최종 검증을 실시한다.

1차 면접에서는 구조화된 면접을 통해 지원자의 과거 경험과 행동 패턴을 분석한다.

직무 적합성에서는 실무 사례를 활용한 문제 해결 능력, 기술적 역량의 실제 적용 가능성, 업무 프로세스에 대한 이해도를 최종적으로 확인한다. 동기 적합성에서는 외적동기와 내적동기의 균형, 직무 자체에 대한 관심과 열정 수준, 장기적 몰입 의지를 종합적으로 판단한다.

2차 면접에서는 태도 적합성의 고도화된 평가와 조직 적합성의 최종 검증을 실시한다. 태도 적합성에서는 변화 수용성과 적응력, 고객 지향성과 서비스 마인드, 리더십 잠재력과 성장 가능성을 평가한다. 조직 적합성 측면에서는 팀워크 및 협업 능력, 조직 내 소통 방식에 대한 이해도, 갈등 상황에서의 대처 능력을 평가한다.

면접은 시간이 많이 소요되므로, 앞선 3단계를 통해 충분히 검증된 최종 후보자들을 대상으로 실시한다. 각 면접관의 역할과 평가 영역을 명확히 구분하고, 사전에 개발된 표준화된 질문과 평가 기준을 활용하여 평가의 객관성과 일관성을 확보한다.

3. 4단계 프로세스의 통합적 운영과 최적화

ATOM 기반 4단계 채용 프로세스의 핵심은 첫째, 각 단계별 평가 결과를 통합적으로 분석하여 최종 의사결정에 활용하는 것이다. 각 단계에서 수집된 ATOM 4개 차원별 평가 데이터를 종합하여 지원자의 전체적 적합성을 다면적으로 판단한다. 특히 단계별로 나타나는 평가 결과의 일관성과 변화 패턴을 분석하여 지원자의 진정성과 안정성을 확인한다.

둘째, 각 단계별 역할의 명확화이다. 4단계 각각에서 평가해야 할 ATOM 차원과 세부 지표를 명확히 구분하고, 중복 평가를 방지하면서도 상호 보완적인 평가가 이루어지도록 설계한다. 전화면접에서는 조직 적합성과 커뮤니케이션 역량에 집중하고, 최종 면접에서는 보다 심화된 역량 평가에 중점을 둔다.

셋째, 면접관 교육과 표준화이다. ATOM 모델의 효과적 활용을 위해서는 모든 면접관이 4개 차원의 평가 기준과 방법을 정확히 이해해야 한다. 특히 전화면접을 담당하는 면접관에 대해서는 비대면 면접 기법과 음성 커뮤니케이션을 통한 평가 방법에 대한 전문 교육이 필요하다.

4. 전형 프로세스별 평가 도구의 최적화

ATOM 기반 채용 프로세스에서는 각 전형 단계별로 비용 효율성과 평가 정확성을 동시에 고려한 최적의 평가 도구를 선정한다. 서류전형의 경우 비용이 낮고 단위 시간당 많은 지원자를 평가할 수 있지만 평가의 정교성이 제한적이므로, 기본적인 자격 요건과 지원 의지를 확인하는 스크리닝 역할에 중점을 둔다. 필기전형에서는 중간 수준의 비용으로 높은 타당도를 확보할 수 있는 인성검사, 적성검사, 지식검사를 적절히 조합하여 활용한다.

면접전형은 높은 타당도와 정교성을 제공하지만 비용이 상대적으로 높고 단위 시간당 평가 가능한 지원자 수가 제한되므로, 최종 단계에서 활용하되 구조화된 역량 면접 기법을 통해 평가의 객관성과 일관성을 확보한다. 특히 ATOM 각 차원별로 사전에 개발된 표준화된 질문과 평가 기준을 활용하여 면접관 간 평가 편차를 최소화한다.

조직의 특성과 직군에 따라 전형 요소의 가중치와 배치 순서를 조정할 수 있다. 기술직의 경우 직무 적합성에 높은 가중치를 부여하고 작업 표본 평가를 추가할 수 있으며, 영업직의 경우 태도 적합성과 의사소통 능력을 중점적으로 평가한다. 관리직 채용에서는 조직 적합성과 리더십 역량을 강화하여 평가하는 등 직무 특성에 맞는 맞춤형 프로세스를 설계한다.

5. 채용 프로세스 운영의 실무적 고려사항

ATOM 기반 채용 프로세스의 성공적 운영을 위해서는 몇 가지 핵심적인 실무 요소를 고려해야 한다. 첫째, 채용 일정의 최적화이다. 지원자의 관점에서 신규 채용의 경우 채용 시험에서 최종 결과까지 2~3주 이내, 경력 채용의 경우 1~2주 이내에 결과를 제공해야 한다. 과도하게 긴 채용 기간은 우수한 지원자의 이탈을 초래하고, 너무 짧은 기간은 충분한 평가를 어렵게 만든다.

둘째, 면접 횟수와 역할의 명확화이다. 일반적으로 2~3회의 면접이 적절하며, 각 면접별로 평가 목적과 중점 영역을 명확히 구분해야 한다. 1차 면접에서는 기본 적합성과 지원 의지를 확인하고, 2차 면접에서는 직무 역량과 조직 적합성을 심화 평가하며, 최종 면접에서는 의사결정권자가 전략적 적합성과 장기적 발전 가능성을 종합 판단한다.

셋째, 면접관 교육과 표준화이다. ATOM 모델의 효과적 활용을 위해서는 모든 면접관이 4개 차원의 평가 기준과 방법을 정확히 이해해야 한다. 사전 면접관 교육을 통해 각 차원별 평가 포인트와 질문 기법을 숙지시키고, 모의 면접을 통해 실제 적용 능력을 향상시킨다. 또한 면접 전 확인 시트를 활용하여 면접관 간 공통된 인식을 확보한다.

6. 채용 프로세스의 지속적 개선과 검증

ATOM 기반 채용 프로세스는 완성된 고정 시스템이 아닌, 지속적으로 진화하고 개선되는 살아있는 프레임워크이다. 매 채용 주기마다 프로세스의 효과성을 검증하고 개선점을 도출하기 위한 체계적 추적 조사를 실시한다. 채용된 인재의 1년 후 성과, 조직 적응도, 재직률 등을 분석하여 각 전형 단계의 예측 정확도를 측정하고, 이를 바탕으로 평가 기준과 방법을 개선한다.

또한 지원자의 피드백을 수집하여 채용 프로세스의 지원자 경험을 향상시킨다. 채용 과정에서의 조직 브랜드 경험은 향후 인재 유치에 중요한 영향을 미치므로, 공정성, 투명성, 전문성을 바탕으로 한 긍정적 채용 경험을 제공해야 한다. 이를 위해 각 전형 단계별로 명확한 평가 기준과 일정을 사전에 공지하고, 평가 결과에 대한 구체적 피드백을 제공한다.

특히 전화면접 단계의 도입이 전체 프로세스에 미치는 영향을 지속적으로 모니터링한다. 전화면접에서 평가된 커뮤니케이션 능력과 조직 이해도가 실제 업무 성과와 어떤 상관관계를 보이는지 분석하여, 평가 기준의 타당성을 검증하고 개선한다.

결론적으로, 서류전형, 필기전형, 전화면접, 면접전형의 4단계로 구성된 ATOM 기반 채용 프로세스 설계는 현대 채용 환경의 요구사항을 충족하는 혁신적 솔루션이다. 각 단계별로 전략적으로 배치된 ATOM 4개 차원의 평가 요소들이 시너지 효과를 창출하여, 조직의 전략적 목표와 일치하는 최적의 인재를 체계적이고 과학적으로 선별할 수 있다. 특히 전화면접의 추가는 디지털 시대의 새로운 업무 환경에 대한 적응력을 사전에 검증하고, 채용 프로세스의 효율성과 정확성을 동시에 향상시키는 핵심 요소로 작용한다. 이는 "사람을 최고의 자산으로 만드는" 철학을 실현하는 실질적 방법론으로, 조직과 인재가 함께 성장할 수 있는 상생의 기반을 마련한다.

더불어 변화하는 외부 환경과 조직 내부 요구사항을 반영하여 프로세스를 지속적으로 업데이트한다. MZ세대의 직업 가치관 변화, 디지털 전환, 원격 근무 확산 등 새로운 트렌드를 ATOM 평가 체계에 반영하고, AI와 빅데이터 기술을 활용한 평가 도구의 고도화를 추진한다. 이러한 지속적 혁신을 통해 ATOM 기반 채용 프로세스는 조직의 미래 경쟁력을 좌우하는 전략적 인재 확보의 핵심 도구로 발전한다.

[표5-8] 전형별 평가도구

평가 영역/측정지표 영역	측정지표	측정지표 확인 요소 (평가도구)	서류전형	인성검사	필기시험	전화면접	1차면접	2차면접	비중
태도 적합	코칭수용	지원자가 자기 성장을 위해 피드백을 얼마나 효과적으로 수용하고 활용할 수 있는지를 측정한다.		●				●	%
	긍정사고	지원자가 과거 경험을 어떻게 해석하고 평가하는지를 통해 미래 조직에서의 태도를 예측한다.		●				●	%
	적응노력	변화하는 환경과 새로운 상황에 대한 유연성을 평가한다.		●				●	%
직무 적합	직무전문	해당 직무를 수행하는 데 필요한 지식과 기술의 깊이를 평가한다.	●		●	●	●		%
	직무경험	실제 업무 수행 경험의 양과 질을 종합적으로 평가한다.	●			●	●		%
	학습역량	급변하는 환경에서 지속적으로 성장할 수 있는 능력을 평가한다.				●	●		%
조직 적합	조직이해	지원자가 조직의 전반적인 맥락을 얼마나 잘 파악하고 있는지를 평가한다.	●	●		●		●	%
	의사소통	조직 내에서 효과적으로 소통할 수 있는 능력을 평가한다.	●	●		●		●	%
	협력능력	팀워크와 협력적 업무 수행 능력을 평가한다.		●				●	%
동기 적합	지원동기	해당 조직과 직무에 대한 지원자의 준비성과 진정성을 평가한다.	●			●	●		%
	동기적합	지원자의 동기 구조가 조직이 제공할 수 있는 보상 체계와 얼마나 부합하는지를 평가한다.	●			●	●		%
	성취동기	높은 성과를 추구하고 달성하려는 내재적 동력을 평가한다.					●		%

[표5-9] 전형 및 평가 요소 선정 매트릭스

측정지표 \ 전형단계			서류전형			필기전형		전화면접	면접전형	
			이력서	자기소개서	경력기술서	전공	인·적성		1차 기법( )	2차 기법( )
활용 여부			O/X	O/X	O/X	O/X	O/X	O/X	O/X	O/X
시행 순서			1	2	2		3	4	5	6
실시 일정										
대상 인원										
영역	측정지표	하위측정지표[1)]								
태도 적합	코칭수용	자기인식			●		●			●
		자기개선					●			●
		평가수용			●		●			●
	긍정사고	조직평가			●					●
		상사평가			●					●
		감사인정			●					●
	적응노력	조적적응			●		●			●
		변화수용			●		●			●
		인내/지속					●			●
직무 적합	직무전문	전문지식	●		●	●		●	●	
		기술숙련도	●		●	●		●	●	
		전공자격	●		●	●		●	●	
	직무경험	양적경험	●		●			●	●	
		질적경험			●				●	
		성과/성취	●		●			●	●	
	학습역량	자기주도			●				●	
		지식전이			●				●	
		디지털역량	●		●				●	

측정지표 \ 전형단계			서류전형			필기전형		전화면접	면접전형	
			이력서	자기소개서	경력기술서	전공	인·적성		1차 기법( )	2차 기법( )
조직적합	조직이해	사업이해		●				●		●
		문화적합		●				●		●
		고객이해		●				●		●
	의사소통	정보정리력		●	●			●		●
		정보전달력		●	●			●		●
		문서의사소통		●	●					●
	협력능력	관계구축		●	●					●
		상호지원			●					●
		감정조절								●
동기적합	지원동기	리서치능력		●				●	●	
		지원일관성		●				●	●	
		동기구체성		●					●	
	동기적합	외적동기	●		●			●	●	
		내적동기		●	●				●	
		동기균형			●				●	
	성취동기	목표지향성	●	●	●			●	●	
		과제지속성						●	●	
		자기동기부여							●	

1) ATOM 모델의 측정지표는 고정으로 적용하되, 하위 측정지표는 기업별 특징에 맞게 조정하여 적용함.

제 8 절

ATOM 평가 영역의 타당성 및 신뢰성 검증

높은 수준의 예측 정확도를 달성하는 ATOM 평가영역의 우수성은 직무 관련성, 평가 용이성, 지표 간 변별력의 3가지 핵심 측정 요소를 통해 체계적으로 검증되고 지속적으로 최적화되고 있다. 이러한 과학적 접근법은 ATOM 모델이 단순한 채용 도구를 넘어서 조직과 인재의 상호 성장을 실현하는 전략적 솔루션임을 입증한다.

1. 직무 관련성 측정을 통한 ATOM 평가영역의 실무 타당성 확보

직무 관련성은 면접 평가지표가 실제 직무 수행에 필요한 역량을 얼마나 정확히 반영하는지를 나타내는 핵심 지표로, ATOM 평가 영역의 근본적 가치를 결정한다. 태도 적합성(Attitude Fit) 영역의 코칭 수용성 평가는 현대 지식기반 업무 환경에서 필수적인 학습 능력과 적응력을 정확히 반영한다. 자기인식 측정지표인 "자신의 역량과 한계를 객관적으로 파악하는 능력"과 "타인의 피드백을 통해 자기인식을 높이는 능력"은 실제 업무에서 요구되는 메타인지 역량과 직접적으로 연결되어 입사 후 1년간의 성과 향상도와 85% 이상의 높은 상관관계를 보여준다.

직무 적합성(Technical Fit) 영역의 직무 전문성 측정지표는 실제 업무 현장에서의 전문성 발휘도와 밀접한 관련성을 갖는다. "직무 관련 이론적 지식 수준", "업계 표준 및 모범 사례 이해도", "기술적 문제 해결 능력"은 입사 후 6개월 내 업무 적응도와 90% 이상의 예측 정확도를 보여 직무관련성이 실증적으로 검증되었다. 특히 "기술 적용의 정확성과 효율성" 측정지표는 실제 프로젝트 성과와 높은 상관관계(r=0.82)를 보여 기술 역량 평가의 실무적 타당성을 확인했다.

조직 적합성(Organization Fit) 영역의 조직 이해도 측정지표는 입사 후 조직 몰입도와 재직 의도에 미치는 영향이 크다. "기업 정보 숙지도"와 "사업 분야 및 비전에 대한 공감대"는 2년 후 재직률과 88% 이상의 예측 정확도를 보이며, 조직 적응 과정에서의 스트레스 수준과 역상관관계(r=-0.76)를 나타낸다.

동기 적합성(Motivation Fit) 영역의 지원동기 구체성은 장기적 성과 지속성의 핵심 예측 요인으로, "내적동기" 측정지표는 입사 1년 후 성과 평가와 높은 상관관계(r=0.79)를 보여 동기 평가의 직무 관련성을 입증한다.

2. 평가 용이성 측정을 통한 실무 적용성 및 일관성 확보

평가 용이성은 면접관이 해당 지표를 얼마나 쉽고 명확하게 평가할 수 있는지를 의미하며, ATOM 모델의 실무 활용도를 결정하는 중요한 요소이다.

태도 적합성의 "평가수용" 측정지표는 초기 개발 단계에서 면접관들이 평가의 어려움을 제기했으나, 구체적인 행동 지표로 세분화하여 평가 용이성을 크게 향상시켰다. "지원자가 다양한 출처로부터 피드백을 받아들이는 정도", "받은 피드백을 토대로 실제 행동을 변화시키는 실행력", "불편하거나 도전적인 피드백도 수용하는 능력"으로 구체화하여 면접관 간 평가 일치도를 73%에서 89%로 향상시켰다.

직무 적합성 영역의 "기술적 숙련도" 측정지표는 표준화된 평가 프로토콜을 통해 평가 용이성을 확보한다. 각 기술 영역별로 구체적인 질문 세트와 평가 루브릭을 제공하여 비전문가 면접관도 12분 이내에 정확한 평가가 가능하도록 설계했다. 평가 정확성 검증 결과, 전문가와 비전문가 면접관 간의 평가 일치도가 84%로 나타나 높은 평가 용이성을 확인했다.

조직 적합성의 "업무 적응성" 측정지표는 명확한 조작적 정의를 통해 평가 용이성을 확보한다. "새로운 업무 환경과 프로세스에 대한 이해력과 수용력을 보이는 정도"로 구체적으로 정의하고, 상황별 평가 시나리오를 제공하여 면접관들이 일관된 기준으로 평가할 수 있도록 지원한다.

동기 적합성의 "동기부여 적합" 측정지표는 구조화된 질문 기법과 평가 매트릭스를 활용하여 8분 이내에 정확한 평가가 가능하도록 최적화되었으며, 면접관 교육 후 평가 일치도가 91%에 달하는 높은 수준을 보여준다.

3. 평가지표 간 변별력 측정을 통한 독립적 평가 체계 구축

지표 간 변별력은 서로 다른 역량을 측정하는 지표들이 얼마나 독립적으로 기능하는지를 나타내며, ATOM 평가영역의 구조적 타당성을 보장하는 핵심 요소이다. ATOM 4개 영역 간의 상관관계 분석 결과, 태도 적합성과 조직 적합성 간의 상관계수는 0.34로 나타나 적절한 관련성을 유지하면서도 독립적인 평가 영역임을 확인했다. 직무 적합성은 다른 3개 영역과 0.28~0.41 범위의 상관관계를 보여 전문성 평가의 독립성이 통계적으로 입증되었다.

동기 적합성 영역은 다른 영역들과 상대적으로 낮은 상관관계(0.19~0.35)를 보여 독립적인 평가 차원임이 확인되었다. 특히 동기 적합성 내에서 "외적동기"와 "내적동기" 측정지표 간의 상관계수는 0.18로 나타나 서로 다른 동기 유형을 효과적으로 구분하여 측정하고 있음이 검증되었다. 요인분석 결과에서도 ATOM 4개 영역이 독립적인 요인으로 명확히 구분되며, 각 측정지표의 요인 적재값이 0.71~0.87 범위로 나타나 높은 수렴 타당도를 보여준다.

판별 타당도 검증에서는 모든 영역 간 판별 타당도 계수가 0.78~0.86 범위로 나타나 각 영역이 고유한 역량을 측정하는 차별화된 평가 체계임이 확인되었다. 응답 분포 분석에서는 모든 측정지표가 정규분포에 가까운 패턴을 보여 적절한 변별력을 확보했으며, 특히 태도 적합성의 "자기개선" 지표는 표준편차 1.26으로 우수한 변별력을 보여 고성과자와 일반 지원자를 명확히 구분하는 핵심 지표로 확인되었다. 이러한 통계적 검증을 통해 ATOM 평가 영역이 인재의 다면적 특성을 균형 있게 평가할 수 있는 체계적 프레임워크임이 과학적으로 입증되었다.

4. 종합적 지표 개선 프로세스를 통한 지속적 최적화

ATOM 평가 영역의 지속적 발전을 위한 종합적 개선 프로세스는 지표 최적화, 정기적 검증 체계 구축, 평가자 지원 시스템 개발의 3개 축으로 구성된다. 지표 최적화 과정에서는 예측 정확도와 실무 유용성을 기준으로 측정지표를 지속적으로 개선한다. 직무 적합성에 새롭게 추가된 "디지털 역량" 측정지표는 디지털 전환 시대의 새로운 요구사항을 반영하여 개발되었으며, 6개월간의 파일럿 테스트를 통해 높은 예측력(r=0.76)을 확인한 후 정식 도입되었다.

태도 적합성 영역에는 "변화 수용성" 측정지표가 추가되어 급변하는 업무 환경에서의 적응력을 보다 정밀하게 측정한다. 조직 적합성에 도입된 "원격 협업 능력" 측정지표는 포스트 코로나 시대의 새로운 업무 방식에 대한 적합성을 평가하며, 3개월간의 검증 과정을 통해 원격 근무 성과와 높은 상관관계(r=0.81)를 보여 정식 적용되었다.

정기적 검증 체계는 월별 기초 통계 분석, 분기별 예측 정확도 검토, 연간 종합 타당성 검증의 3단계로 구성된다. 외부 전문가 자문단이 참여하는 연간 검증 위원회를 통해 조직심리학, 인사관리학, 통계학 전문가들이 ATOM 모델의 학술적 타당성과 실무적 유용성을 종합적으로 평가한다. 2024년 검증 결과, 전체 모델의 예측 정확도가 91.3%로 향상되어 지속적인 개선 효과가 확인되었다.

평가자 지원 시스템은 종합적인 교육 프로그램과 실시간 지원 도구로 구성된다. 각 측정지표별 상세한 평가 가이드라인, 표준화된 질문 세트, 평가 사례집을 포함하는 통합 매뉴얼을 제공하며, 온라인 교육 플랫폼을 통해 면접관들이 언제든지 ATOM 평가 방법을 학습할 수 있는 환경을 구축했다. AI 기반 평가 보조 도구를 도입하여 면접관의 주관적 편향을 최소화하고 객관적 평가를 지원하며, 정기적인 캘리브레이션 세션을 통해 평가의 일관성을 지속적으로 향상시킨다.

지속적 개선을 위한 피드백 루프 시스템을 통해 면접관, 지원자, 채용된 인재, 현업 관리자로부터 다각적인 피드백을 수집하고 분석한다. 이러한 종합적 개선 프로세스를 통해 ATOM 모델은 변화하는 업무 환경과 조직 요구사항에 신속히 대응하면서도 높은 예측 정확도를 유지하는 살아있는 평가 체계로 발전하고 있다.

결론적으로, ATOM 평가 영역의 네 가지 핵심 측정 요소는 과학적 엄밀성과 실무적 유용성을 동시에 확보하는 체계적 접근법을 제공한다. 직무 관련성을 통해 실제 업무 성과와의 연관성을 확보하고, 평가 용이성을 통해 실무 적용 가능성을 보장하며, 지표 간 변별력을 통해 평가 체계의 독립성을 확보하고, 종합적 개선 프로세스를 통해 지속적 최적화를 실현한다.

[표5-10] ATOM 평가영역의 타당성 및 신뢰성

평가영역			타당성 및 신뢰성 지표		
영역	측정지표	하위 측정지표	직무 관련성	평가 용이성	지표간 변별력
태도 적합	코칭수용	지원자가 자기 성장을 위해 피드백을 얼마나 효과적으로 수용하고 활용할 수 있는지를 측정한다. ☑ 자기인식, 자기개선, 평가수용	●	◕	●
	긍정사고	지원자가 과거 경험을 어떻게 해석하고 평가하는지를 통해 미래 조직에서의 태도를 예측한다. ☑ 조직평가, 상사평가, 감사인정	●	◕	●
	적응노력	변화하는 환경과 새로운 상황에 대한 유연성을 평가한다. ☑ 조직적응성, 변화수용성, 인내와 지속성	●	◕	●
직무 적합	직무전문	해당 직무를 수행하는 데 필요한 지식과 기술의 깊이를 평가한다. ☑ 전문지식, 기술역량, 전공자격	●	●	●
	직무경험	실제 업무 수행 경험의 양과 질을 종합적으로 평가한다. ☑ 양적경험, 질적경험, 성과 및 성취	●	●	●
	학습역량	급변하는 환경에서 지속적으로 성장할 수 있는 능력을 평가한다. ☑ 자기주도, 지식전이, 디지털 학습	●	●	●
조직 적합	조직이해	지원자가 조직의 전반적인 맥락을 얼마나 잘 파악하고 있는지를 평가한다. ☑ 사업이해, 조직(가치)문화 적합, 고객이해	●	●	●
	의사소통	조직 내에서 효과적으로 소통할 수 있는 능력을 평가한다. ☑ 소통 간결성, 정보 전달력, 문서적 의사소통	●	●	●
	협력능력	지원자가 팀워크와 협력적 업무 수행 능력을 평가한다. ☑ 관계구축 및 유지, 상호지원, 감정조절	●	◕	●
동기 적합	지원동기	해당 조직과 직무에 대한 지원자의 준비성과 진정성을 평가한다. ☑ 리서치 충실도, 지원 일관성, 동기의 구체성	●	●	●
	동기적합	지원자의 동기 구조가 조직이 제공할 수 있는 보상 체계와 얼마나 부합하는지를 평가한다. ☑ 외적동기, 내적동기, 동기균형	●	◕	●
	성취동기	높은 성과를 추구하고 달성하려는 내재적 동력을 평가한다. ☑ 목표 지향성, 과제 지속성, 자기 동기부여	●	●	●

범례: ● Excellent - ◕ Good - ◑ Fair - ◔ Poor - ○ Very Poor

제 6 장

ATOM 기반 서류전형: 과학적 인재 선발의 출발점

제 1 절

ATOM 기반 서류전형의 개념과 의의

1. ATOM 모델의 서류전형 적용 배경

ATOM 기반 인재 채용 모델에서 서류전형은 과학적 인재 선발의 첫 번째 관문이다. 서류전형은 단순한 스크리닝 과정이 아닌, 지원자의 전반적인 자질과 적합성을 체계적으로 평가하는 핵심 전형 단계로 자리 잡고 있다.

전통적인 서류전형이 학력, 경력, 자격증 중심의 일차원적 평가에 머물렀다면, ATOM 기반 서류전형은 Attitude(태도), Technical(직무), Organization(조직), Motivation(동기) 네 차원을 통해 지원자의 다면적 적합성을 종합적으로 평가한다. 이는 단순히 "좋은 스펙"을 가진 지원자가 아닌, "조직에 적합한" 지원자를 선별하는 패러다임의 전환을 의미한다.

2. 서류전형의 전략적 의미와 중요성

우수한 인재를 채용하고 싶다면 반드시 서류전형 기준을 수립해야 한다. 명확한 기준 없이 서류전형을 실시하는 것은 채용 비용을 무시하는 행동이다. 서류전형을 제대로 실시하지 않고 면접을 실시하면 다음과 같은 손실이 발생한다.

면접 시간 × 면접관 인원수 × 면접관 급여 × 기회비용 × 업무 지연비용

ATOM 기반 서류전형을 통해 조직은 다음과 같은 핵심 가치를 실현할 수 있다. 첫째, 비용 효율성 극대화로서 대량의 지원자 중에서 적합한 후보자를 효과적으로 선별함으로써 후속 전형에 소요되는 비용을 최적화할 수 있다. 둘째, 예측 정확도의 향상으로 ATOM 모델의 과학적 평가 기준을 통해 채용 성공률을 높일 수 있다. 셋째, 브랜드 가치 제고로 체계적이고 공정한 서류전형 프로세스를 통해 조직의 인재 경영 브랜드를 강화할 수 있다.

3. ATOM 기반 서류전형의 이론적 기반

조직심리학적 토대: Person-Environment Fit 이론

ATOM 기반 서류전형은 조직심리학의 Person-Environment Fit 이론을 실무에 적용한 대표적 사례다. 이 이론은 개인과 환경 간의 적합성이 개인의 성과, 만족도, 조직 몰입도에 결정적 영향을 미친다는 것을 전제로 한다. ATOM 모델은 이러한 이론적 기반을 네 개의 구체적 차원으로 구현했다.

Person-Job Fit 관점에서 Technical Fit은 개인의 지식, 기술, 능력(KSA: Knowledge, Skill, Ability)과 직무 요구사항 간의 일치도를 평가한다. Person-Organization Fit 관점에서 Organization Fit은 개인의 가치관, 신념과 조직 문화, 가치체계 간의 조화를 측정한다. Person-Team Fit 관점에서 Attitude Fit은 개인의 성격, 태도와 팀 환경, 업무 스타일 간의 적합성을 판단한다. Person-Vocation Fit 관점에서 Motivation Fit은 개인의 직업적 흥미, 동기와 직무 특성 간의 일치도를 평가한다.

제 2 절

ATOM 기반 서류전형 프로세스 개발

1. 매트릭스 기반 종합평가 시스템

ATOM 모델과 서류전형 평가도구 간의 체계적 매트릭스를 제시한다. 본 매트릭스는 서류전형의 3가지 기본 도구인 입사지원서, 자기소개서, 경력기술서가 ATOM 4개 영역의 12개 핵심 평가 요소에서 어떤 평가 기능을 수행하는지 과학적으로 분석하여, 서류전형의 정밀도를 높이고 채용 예측 정확도를 향상시킬 수 있도록 개발한 실무적 도구이다.

(1) 평가 정밀도 향상 방안

ATOM 기반 서류전형 평가도구 매트릭스는 직무 특성과 조직 요구사항에 따라 각 영역별 가중치를 다르게 적용할 수 있는 유연성을 제공한다. 기술직의 경우 Technical Fit에 높은 가중치를 부여하고, 영업직의 경우 Attitude Fit과 Motivation Fit을 중시하며, 관리직의 경우 Organization Fit의 비중을 높이는 방식으로 맞춤형 평가가 가능하다.

각 서류별로 주요 평가도구(●), 보조 평가도구(○), 참조 정보(△)로 구분하여 평가의 정밀도를 높이고, 평가자 간 일관성을 확보할 수 있도록 체계화하였다. 이는 주관적 판단의 개입을 최소화하고 객관적 기준에 따른 공정한 평가를 가능하게 한다.

(2) 통합적 적합성 판단 모델

매트릭스를 활용한 평가는 단순히 개별 영역의 점수 합산 방식이 아닌, 영역 간 상호작용과 시너지 효과를 고려한 통합적 접근을 취한다. 예를 들어, Technical Fit에서 높은 점수를 받았더라도 Attitude Fit에서 최소 기준을 충족하지 못하는 경우 종합 평가에서 부적합 판정을 받을 수 있도록 설계되었다.

이러한 통합적 평가 모델은 30년간의 채용 컨설팅 경험을 통해 발견한 핵심 인사이트를 반영한 것으로, 단일 영역의 우수성보다는 전체적 균형과 조화를 중시하는 조직의 요구사항을 충족한다.

(3) 실무 적용 효과 및 검증 결과

ATOM 기반 서류전형 매트릭스를 적용한 조직들은 채용 예측 정확도가 기존 대비 40% 이상 향상되었으며, 특히 신입사원의 1년 후 조직 적응도와 성과 예측에서 높은 수준의 정확도를 보였다. 이는 면접 단계에서 정밀한 평가를 위한 기초 자료를 제공함과 동시에, 부적합한 지원자를 조기에 선별함으로써 채용 비용을 크게 절감하는 효과를 가져왔다.

특히 주목할 만한 점은 매트릭스를 활용한 체계적인 서류전형이 조직 전체의 인재 관리 수준 향상에 기여한다는 것이다. 명확한 평가 기준의 확립은 채용 과정의 투명성과 공정성을 높이며, 이는 조직의 브랜드 가치 향상과 우수 인재 유치로 이어지는 선순환 효과를 가져온다.

[표6-1] ATOM 기반 서류전형 평가 매트릭스

평가영역 및 중점 확인사항			서류전형		
영역	측정지표	중점 확인 사항(하위 측정지표)	입사 지원서	자기 소개서	경력 기술서
태도 적합	코칭수용	지원자가 자기 성장을 위해 피드백을 얼마나 효과적으로 수용하고 활용할 수 있는지를 측정한다. ☑ 자기인식, 자기개선, 평가수용	△	●	●
	긍정사고	지원자가 과거 경험을 어떻게 해석하고 평가하는지를 통해 미래 조직에서의 태도를 예측한다. ☑ 조직평가, 상사평가, 감사인정	○	●	○
	적응노력	변화하는 환경과 새로운 상황에 대한 유연성을 평가한다. ☑ 조직적응성, 변화수용성, 인내와 지속성	○	●	●

평가영역 및 중점 확인사항			서류전형		
영역	측정지표	중점 확인 사항(하위 측정지표)	입사 지원서	자기 소개서	경력 기술서
직무 적합	직무전문	해당 직무를 수행하는 데 필요한 지식과 기술의 깊이를 평가한다. ☑ 전문지식, 기술역량, 전공자격	●	○	●
	직무경험	실제 업무 수행 경험의 양과 질을 종합적으로 평가한다. ☑ 양적경험, 질적경험, 성과 및 성취	●	○	●
	학습역량	급변하는 환경에서 지속적으로 성장할 수 있는 능력을 평가한다. ☑ 자기주도, 지식전이, 디지털 학습	●	●	●
조직 적합	조직이해	지원자가 조직의 전반적인 맥락을 얼마나 잘 파악하고 있는지를 평가한다. ☑ 사업이해, 조직(가치)문화 적합, 고객이해	△	●	△
	의사소통	조직 내에서 효과적으로 소통할 수 있는 능력을 평가한다. ☑ 소통 간결성, 정보 전달력, 문서적 의사소통	○	●	●
	협력능력	지원자의 팀워크와 협력적 업무 수행 능력을 평가한다. ☑ 관계구축 및 유지, 상호지원, 감정조절	△	●	●
동기 적합	지원동기	해당 조직과 직무에 대한 지원자의 준비성과 진정성을 평가한다. ☑ 리서치 충실도, 지원 일관성, 동기의 구체성	○	●	△
	동기적합	지원자의 동기 구조가 조직이 제공할 수 있는 보상 체계와 얼마나 부합하는지를 평가한다. ☑ 외적동기, 내적동기, 동기균형	△	●	○
	성취동기	높은 성과를 추구하고 달성하려는 지원자의 내적 동기를 평가한다. ☑ 목표 지향성, 과제 지속성, 자기 동기부여	△	●	●

범례

기호	평가 수준	설명
●	주요평가 도구	해당 요소를 직접적이고 구체적으로 평가할 수 있는 핵심 도구
○	보조 평가도구	간접적 평가가 가능하며 다른 도구와 연계하여 활용
△	참조 정보	제한적 정보 제공, 추가 검증이나 면접에서 심화 확인 필요

제 3 절

ATOM 기반 지원서류 개발 및 평가

1. 입사지원서 구성요소 개발 및 평가

ATOM 기반 인재 채용 모델의 관점에서 입사지원서 구성요소를 분석한 결과, 각 항목이 단순한 정보 수집을 넘어 인재의 다차원적 적합성을 예측할 수 있는 과학적 지표로 활용될 수 있음을 확인했다. 본 책에서는 입사지원서의 각 항목이 ATOM 모델의 네 가지 영역과 어떻게 연계되어 체계적인 인재평가 도구로 기능할 수 있는지 입사지원서 항목별 ATOM 영역을 분석하였다.

특히 경력사항과 교육사항은 ATOM 모델의 모든 영역에 걸쳐 중요한 평가지표로 활용되며, 기본정보와 자격사항은 특정 영역에서 핵심적 역할을 수행한다.

이러한 분석 결과는 오랜 기간 축적한 채용 컨설팅 경험과 검증된 실증 데이터를 바탕으로 도출된 것으로, 단순한 서류 심사를 넘어 인재의 장기적 성공 가능성을 예측하는 과학적 채용 시스템 구축에 핵심적 기여를 할 것으로 예상한다.

(1) 기본정보 영역에서의 ATOM 적용

모집분야와 희망연봉은 Technical Fit과 Motivation Fit의 핵심 지표로 기능한다. 지원분야의 구분은 지원자의 명확한 직업적 목표 의식과 자기이해 수준을 평가할 수 있으며, 희망연봉은 현실적 기대치와 시장 가치에 대한 인식 정도를 파악하는 데 활용된다. 이는 조직과 개인 간의 기대치 일치 정도를 사전에 예측할 수 있는 중요한 지표가 된다.

개인식별 정보인 성명, 사진, 생년월일, 성별은 Organization Fit과 Motivation Fit 평가의 보조 요소로 활용된다. 특히 사진을 통해 지원자의 준비 자세, 입사의욕, 입사 동기를 파악할 수 있다. 성별과 연령 정보는 조직의 다양성 관리 정책과의 연계성을 고려할 때 의미 있는 데이터가 된다.

(2) 접근성 및 연락처에서의 ATOM 적용

현 거주지는 Motivation Fit과 Organization Fit 양 영역에 걸쳐 영향을 미친다. 회사와의 물리적 거리는 업무 몰입도, 출근 안정성, 야근 가능성 등 실질적 업무 수행 능력에 직접적 영향을 미치며, 이는 장기적 근속 가능성을 예측하는 중요한 변수가 된다.

연락처와 이메일은 Organization Fit 평가의 보조 지표로 활용된다. 연락처의 형태, 이메일 주소의 전문성 등을 통해 지원자의 소통 준비도와 디지털 리터러시를 간접적으로 평가할 수 있으며, 이는 조직 내 의사소통 문화와의 적합성을 판단하는 데 참고가 된다.

(3) 사회적 배경에서의 ATOM 적용

보훈 여부, 장애 여부, 기초생활보장 여부는 Organization Fit의 관점에서 조직의 사회적 책임 이행과 다양성 관리 정책과의 연계성을 평가하는 데 활용된다. 이러한 정보는 단순한 우대 기준을 넘어 조직 문화의 포용성과 지원자의 사회적 경험이 어떻게 조화를 이룰 수 있는지를 판단하는 중요한 요소가 된다.

병역사항은 Attitude Fit과 Technical Fit에 모두 영향을 미친다. 병역 경험을 통한에서 나타나는 조직 적응력, 규율성, 리더십 경험 등은 태도적 적합성을 평가하는 데 활용되며, 특히 군 복무 중 습득한 전문 기술이나 실무 경험은 Technical Fit 평가에 직접적으로 반영될 수 있다.

(4) 역량개발 이력에서의 ATOM 적용

학력사항은 Technical Fit과 Organization Fit의 교차점에서 평가된다. 최종 학력은 기본적인 학습 능력과 지적 역량을 나타내며, 직무 관련 전공 여부는 Technical Fit의 핵심 지표가 된다. 또한 학교의 특성, 전공 선택의 일관성 등을 통해 지원자의 가치관과 목표 의식을 파악할 수 있어 Organization Fit 평가에도 중요한 정보를 제공한다.

경력사항은 ATOM 모델의 모든 영역에 걸쳐 가장 중요한 평가 요소로 기능한다. Technical Fit 관점에서는 직무 관련 경력의 깊이와 폭을 평가할 수 있으며, Attitude Fit 관점에서는 이직 패턴, 재직 기간, 성과 등을 통해 근무 태도와 조직 적응력을 분석할 수 있다. Organization Fit 측면에서는 이전 직장의 규모, 문화, 업종 등을 통해 조직 적응 패턴을 파악할 수 있고, Motivation Fit 관점에서는 경력 발전의 일관성과 목표 의식을 평가할 수 있다.

(5) 전문성 증명에서의 ATOM 적용

자격사항은 Technical Fit의 직접적 지표로 활용되며, 동시에 Attitude Fit 평가에도 중요한 정보를 제공한다. 직무 관련 자격증은 전문성의 객관적 증명이 되며, 자격증 취득 시기와 종류를 통해 지원자의 자기개발 의지와 학습 능력을 평가할 수 있다. 특히 최신 자격증이나 고난이도 자격증의 경우 지속적 학습 태도와 도전 정신을 나타내는 Attitude Fit 지표로 기능한다.

어학자격은 Technical Fit과 Organization Fit에 모두 영향을 미친다. 외국어 능력은 글로벌 업무 수행 능력의 직접적 지표가 되며, 조직의 국제화 수준과 지원자의 역량이 얼마나 부합하는지를 평가하는 데 활용된다. 또한 어학 학습에 대한 지속적 투자는 자기개발 의지를 나타내는 태도적 지표로도 해석된다.

OA 능력은 Technical Fit의 기본적 요구사항으로 평가되며, 현대 업무 환경에서의 생산성과 직결된다. OA 프로그램 활용 능력의 수준과 범위를 통해 업무 효율성과 디지털 적응력을 평가할 수 있으며, 이는 조직의 디지털 전환 수준과의 적합성을 판단하는 중요한 기준이 된다.

(6) 성장의지에서의 ATOM 적용

교육사항은 Attitude Fit과 Motivation Fit의 핵심 지표로 기능한다. 직무 관련 교육 이수 내역은 전문성 향상을 위한 지속적 노력을 나타내며, 자기개발에 대한 적극적 태도를 보여준다. 교육의 종류, 빈도, 최신성 등을 통해 학습 동기와 성장 의지를 평가할 수 있으며, 이는 조직 내에서의 장기적 성장 가능성을 예측하는 중요한 지표가 된다.

[표6-2] 입사지원서 구성요소

구분	항목	사유	ATOM 평가			
			A	T	O	M
입사지원서	모집분야	지원자의 명확한 직업적 목표 의식과 자기 이해		●	△	○
	희망연봉	현실적 기대치와 시장 가치에 대한 인식 정도	△		○	●
	성명	지원자 식별(한글, 한자, 영문)			○	
	사진	준비자세, 입사의욕, 동기부여, 태도 파악	○		●	●
	생년월일	지원자 식별			●	
	성별	소수 성별 우대			○	
	현 거주지	회사와의 물리적 거리, 출퇴근 안정성	○		●	●
	국적	외국인 전형		●	○	
	연락처	채용 관련 각종 공지			○	
	e-amil	채용 관련 각종 공지			○	
	SNS	관심이나 지향성 확인		○	●	●
	보훈 여부	보훈 우대 및 ESG 경영			●	
	장애 여부	장애인 우대 및 ESG 경영			●	
	기초생활보장	기초생활보장 수급자 우대 및 ESG 경영			●	
	병역사항	군 경험을 통한 조직 적응력, 규율성, 습득기술	△	●	○	△
	학력사항	학습역량과 지적역량 및 직무관련 전공 여부 확인	△	●	●	○
	경력사항	직무관련 경력, 성취, 이직 패턴, 이전 직장 규모	●	●	●	●
	자격사항	자기개발 의지와 학습 및 직무관련 자격 사항 확인	●	●	○	△
	어학자격	국제화 수준 및 외국어 능력 확인	△	●	●	○
	OA 능력	응시 자격 및 OA 프로그램 활용 능력 확인	△	●	△	○
	교육사항	직무관련 교육 및 자기개발 사항 확인	●	●	△	○

범례

기호	평가 수준	설명
●	주요평가 도구	해당 요소를 직접적이고 구체적으로 평가할 수 있는 핵심 도구
○	보조 평가도구	간접적 평가가 가능하며 다른 도구와 연계하여 활용
△	참조 정보	제한적 정보 제공, 추가 검증이나 면접에서 심화 확인 필요

2. 자기소개서 구성요소 개발 및 평가

자기소개서는 ATOM 4개 영역을 균형 있게 측정할 수 있도록 구성되어야 하며, 각 영역별로 지원자의 경험과 역량을 구체적으로 확인할 수 있는 질문으로 설계되어야 한다. 일반적으로 4~6개의 핵심 질문으로 구성하되, 각 질문이 복수의 ATOM 요소를 동시에 측정할 수 있도록 통합적 접근을 취한다.

(1) 태도적 특성 발견(Attitude Fit)

자기소개서에서는 지원자가 사용하는 언어의 패턴, 문제 해결 접근 방식, 가치관 표현 등을 분석한다. 구체적인 평가지표로는 첫째, 자기 주도성 표현 빈도와 구체성을 측정한다. 둘째, 팀워크와 협업에 대한 인식과 경험을 평가한다. 셋째, 도전과 실패에 대한 학습 지향적 접근을 분석한다. 넷째, 조직과 업무에 대한 이해도와 준비성을 평가한다.

(2) 직무 적합성 평가(Technical Fit)

자기소개서를 통한 직무 적합성 평가는 지원자의 전문지식, 실무경험, 학습능력을 종합적으로 분석한다. 지원자가 전문 용어를 정확히 사용하며 개념을 체계적으로 설명하는지, 프로젝트 경험과 성과를 구체적으로 기술하는지 확인한다.

특히 중요한 것은 실무 적용 가능성을 판단하는 것이다. 단순한 지식 나열이 아닌 실제 업무에서의 문제 해결 과정과 창의적 아이디어 제시 능력을 보이는지, 자기 주도적 학습 경험과 실패에서의 학습 능력을 통해 지속적 성장 가능성을 보여주는지 확인한다. 이러한 요소들이 해당 직무에 즉시 투입 가능한 역량과 장기적 발전 잠재력을 예측하는 핵심 지표가 된다.

(3) 조직 특화 준비성 평가(Organization Fit)

자기소개서 분석을 통해 조직에 대한 이해도와 준비성을 평가한다. 지원자가 조직의 비전과 가치에 대해 얼마나 구체적으로 언급하는지, 조직의 사업 영역과 경쟁 환경에 대한 이해를 보이는지 확인한다.

특히 중요한 것은 자사만을 위한 자기소개서인지 확인하는 것이다. 취업이 어렵다 보니 취업난이 심해지면서 지원자들은 여러 곳에 수백여 통의 자기소개서를 발송한다. 제출하고 있다. 만일 자기소개서에 자사만을 위한 내용이 없다면 그 지원자를 면접 보는 것은 시간 낭비일 수 있다. 자사만을 위한 독창적인 자기소개서는 그만큼 지원자의 입사 의지를 엿볼 수 있는 중요한 지표다.

(4) 동기의 진정성과 구체성 평가(Motivation Fit)

지원 동기의 진정성 평가에서는 단순한 외재적 동기(급여, 복리후생, 위치 등)를 넘어 내재적 동기(성장, 기여, 자아실현 등)의 존재와 균형을 평가한다. 지원자가 제시하는 동기의 논리적 일관성과 개인 경험과의 연결성을 분석한다.

지원 동기의 구체성 평가에서는 막연한 동기 표현이 아닌 구체적인 목표와 계획의 존재를 확인한다. 조직에서 달성하고자 하는 목표, 기여하고자 하는 영역, 성장하고자 하는 방향의 명확성을 평가한다.

[표6-3] 자기소개서 개발 기준

영역	상세 내용
개발기준	• **명확성:** 지원자가 질문의 의도를 쉽고 명확하게 파악할 수 있어야 함 • **보편성:** 모든 지원자가 충분히 기술할 수 있는 내용이어야 함 • **검증 가능성:** 거짓 기술을 최소화하고 면접에서 검증 가능해야 함 • **평가 용이성:** 동일한 기준으로 신속하게 평가할 수 있어야 함 • **행동 중심 평가:** 구체적인 사례에 기반하여, 경험 중심으로 기술할 수 있어야 함 • **최소 기준 적용:** 각 영역별 최소 점수 미달 시 종합점수와 무관하게 부적합으로 판정함
문항 수 결정 기준	• 4문항: 대규모 공개채용, 신입사원 채용 • 5문항: 일반적인 경력사원 채용 • 6문항: 핵심 직무, 중간관리자 채용 • 8문항: 임원급, 전문직, 핵심인재 채용
영역별 균형	• A(20%) + T(25%) + O(25%) + M(30%) = 100%
평가단 구성	• 현업 관리자: Technical Fit, Motivation Fit 중점 평가 • 임원/경영진: Organization Fit, Attitude Fit 중점 평가
평가 프로세스	1. 1차 스크리닝: 기본 요건 충족 여부 확인 2. 개별 평가: 평가자별 독립적 평가 실시 3. 교차 검증: 평가 결과 편차 분석 및 조정 4. 종합 평가: ATOM 4개 영역 종합 점수 산출 5. 최종 선발: 직무별 가중치 적용 후 선발

영역	상세 내용
작성분량	• 자기소개서 내용을 제대로(정보 정리력과 정보 전달력) 평가하기 위해 문항당 답변을 300-400자(즉 A4 기준으로 5~6줄을 넘기지 않도록 안내) 이내로 안내
질문모형	• 다중질문모형: 종합적 사고력과 통합적 역량 평가 시 • 일반모형: 각 영역별 역량을 명확히 구분하여 평가 시

[표6-4] 자기소개서 구성요소(4문항 다중질문형 모델)

평가요소	자기소개서 질문 및 출제의도	A	T	O	M
코칭수용 (Feedback Re-ceptiveness)	지원한 분야에 대해 부족한 점이 있다면 무엇입니까? (자기인식 수준 평가)	●	○		△
	그렇게 평가를 내린 이유나 근거는 구체적으로 무엇입니까? (논리적 사고력 평가)	●	○		△
	부족한 부분을 보완하기 위해 어떤 노력을 해 왔는지 구체적으로 작성해 주시겠습니까? (자기개선 및 자기개발 의지 평가)	●	○		△
학습역량 (Learning Ability)	지원 직무와 관련하여 귀하가 보유한 전문 지식이나 기술은 무엇입니까? (전문 지식 보유 수준)	△	●		○
	급변하는 업무 환경에서 새로운 지식과 기술을 습득하기 위해 어떤 체계적인 노력을 기울여 왔습니까? 구체적인 학습 방법과 성과를 예시와 함께 설명해 주십시오. (체계적 학습 능력)	△	●		○
	위 내용과 관련하여 가장 최근에 학습한 내용은 무엇입니까? (최신 학습 실제 사례 및 내용의 직무 적합성)	△	●		○
조직이해 (Organizational Understanding)	우리 회사가 속한 산업의 최신 이슈는 무엇입니까? (산업 동향 이해도)	△		●	○
	우리 회사의 사업 내용 중 가장 경쟁력이 있다고 생각하는 영역은 무엇입니까? (회사 이해도와 경쟁력 분석)	△		●	○
	위 정보를 찾기 위해 활용한 매체 및 정보의 출처를 모두 작성해 주시겠습니까? (정보 수집 능력과 신뢰성)	△		●	○

평가요소	자기소개서 질문 및 출제의도	A	T	O	M
지원동기 (Motivation for Application)	우리 회사 또는 직무에 지원하기 위해 어떤 준비를 했습니까? (우리 회사만을 위한 지원 준비 및 지원 준비의 체계성)		○	△	●
	다른 지원자들과 차별화된 준비는 무엇입니까? (차별화된 경쟁력)		○	△	●
	위와 반대로 다른 지원자들과 달리 준비가 부족한 점은 무엇입니까? (자기 인식과 성장(성취) 의지)		○	△	●

범례

기호	평가 수준	설명
●	주요평가 도구	해당 요소를 직접적이고 구체적으로 평가할 수 있는 핵심 도구
○	보조 평가도구	간접적 평가가 가능하며 다른 도구와 연계하여 활용
△	참조 정보	제한적 정보 제공, 추가 검증이나 면접에서 심화 확인 필요

3. 경력(경험)기술서 구성요소 개발 및 평가

경력기술서 평가의 가장 중요한 목적은 지원자의 주관적 서술이 아닌 객관적이고 검증 가능한 실증 데이터를 통해 인재의 실제 역량을 파악하는 것이다. 저자가 오랜 기간 기업의 채용 컨설팅 경험에서 도출된 핵심 인사이트는 과거의 행동과 성과가 미래의 성과를 예측하는 가장 강력한 지표라는 것이다.

자기소개서나 면접에서는 지원자의 의도나 계획을 파악할 수 있지만, 경력기술서를 통해서는 실제로 무엇을 해왔고, 어떤 성과를 창출했으며, 어떤 관계를 형성해 왔는지를 확인할 수 있다. 이는 ATOM 모델의 90% 이상 예측 정확도를 뒷받침하는 핵심 요소가 된다.

(1) 조직 적합성 예측을 통한 리스크 최소화

경력기술서는 지원자가 다양한 조직에서 어떻게 적응하고 성과를 냈는지를 보여주는 "조직 적응 시뮬레이션"의 역할을 한다. 이전 직장에서의 근무기간, 퇴직사유, 조직에 대한 평가, 상사와의 관계 등을 종합적으로 분석함으로써 새로운 조직에서의 적응 가능성을 과학적으로 예측할 수 있다.

특히 채용 실패의 주요 원인이 역량 부족이 아닌 조직 부적응임을 고려할 때, 경력기술서를 통한 Organization Fit 평가는 채용 리스크를 최소화하는 가장 효과적인 방법이다. 이는 단순히 적합한 인재를 선별하는 것을 넘어, 조직에 해를 끼칠 수 있는 부적합 인재를 사전에 배제하는 예방적 기능을 수행한다.

(2) 경력 연속성과 발전성 분석

경력의 일관성과 발전성을 통해 지원자의 전문성 축적 과정과 성장 잠재력을 평가한다. 직무 연관성, 역할의 확장, 책임 범위의 증가, 성과의 향상 등을 종합적으로 분석하여 향후 성장 가능성을 예측한다.

(3) 레퍼런스 체크의 전략적 활용

경력기술서에 포함된 추천인 정보는 지원자가 제공한 모든 정보를 객관적으로 검증할 수 있는 가장 신뢰할 만한 수단이다. 추천인과의 인터뷰를 통해 지원자의 실제 업무 수행 능력, 협업 방식, 성과 창출 과정 등을 구체적으로 확인할 수 있으며, 이는 경력기술서의 내용을 보완하고 검증하는 중요한 역할을 한다.

(4) 장기적 성과 창출 가능성 평가

경력기술서는 지원자의 성장 궤적과 성과 창출 패턴을 파악할 수 있게 해 주며, 단기적인 업무 수행 능력뿐만 아니라 장기적인 성장 잠재력까지 평가할 수 있도록 한다. 업무상 성취 내용, 직급 상승 패턴, 연봉 상승 추이, 학습과 자기개발 노력 등을 통해 지속적인 성과 창출 능력과 자기계발 의지를 측정할 수 있다.

이는 단순히 현재 역량을 평가하는 것을 넘어 미래 가치 창출 가능성을 예측함으로써 전략적 인재 투자의 근거를 제공한다.

(5) 채용 정확도 향상을 통한 조직 경쟁력 강화

경력사원 채용에서 경력기술서의 정확한 평가는 즉시 전력화가 가능한 인재를 선별할 수 있게 하여, 교육훈련 비용을 절감하고, 빠른 성과 창출을 가능하게 한다. 이는 급변하는 비즈니스 환경에서 조직의 민첩성과 적응력을 크게 향상시키는 핵심 요소가 된다.

(6) 채용 비용 최적화와 ROI 극대화

체계적인 경력기술서 평가를 통해 부적합한 후보자를 서류전형 단계에서 효과적으로 선별할 수 있어, 면접과 최종 선발 과정에서 비용을 대폭 절감할 수 있다. 30년간의 컨설팅 경험에 따르면, 정밀한 경력기술서 평가를 통해 면접 대상자의 질적 수준이 크게 향상되어 전체 채용 프로세스의 효율성이 개선된다.

또한 적합한 인재를 선발함으로써 이직률 감소, 재교육 비용 절감, 생산성 향상 등의 간접적 효과까지 고려하면, 경력기술서 평가에 대한 투자는 매우 높은 ROI를 창출한다. 이는 운영적 차원에서 전략적 차원으로의 패러다임 전환을 실현하는 구체적 성과라 할 수 있다.

(7) 조직 브랜드 가치 향상과 인재 유치력 강화

공정하고 과학적인 경력기술서 평가 시스템은 조직의 전문성과 신뢰성을 보여주는 중요한 지표가 된다. 지원자들은 체계적이고 투명한 평가 과정을 통해 조직의 수준과 문화를 간접적으로 경험하게 되며, 이는 조직에 대한 긍정적 인식과 입사 의지를 높이는 효과를 가져온다.

특히 우수한 경력 인재들은 자신의 경험과 성과를 정당하게 평가받을 수 있는 조직을 선호하는 경향이 강하며, ATOM 기반의 체계적 평가 시스템은 이러한 우수 인재들을 유치하는 데 있어 중요한 경쟁 우위를 제공한다.

(8) 면접 효율성 극대화를 위한 전략적 도구

경력기술서 평가를 통해 지원자의 강점과 약점, 검증이 필요한 부분을 사전에 파악할 수 있어 면접의 효율성과 정확성을 크게 향상시킬 수 있다. 면접관은 경력기술서 분석 결과를 바탕으로 핵심 질문을 준비하고, 제한된 면접 시간 내에서 가장 중요한 부분을 집중적으로 확인할 수 있다.

또한 경력기술서의 내용과 면접 답변의 일관성을 확인함으로써 지원자의 정직성과 신뢰성을 검증할 수 있으며, 이는 최종 선발 결정의 정확성을 크게 높이는 요소가 된다.

특히 ATOM 모델의 Attitude Fit 영역은 직접 관찰하기 어려운 특성이 많은데, 레퍼런스 체크를 통해 지원자의 실제 태도와 행동 패턴을 가장 정확하게 파악할 수 있다.

(9) 데이터 기반 채용 의사결정의 실현

경력기술서 평가를 통해 수집된 정량적, 정성적 데이터는 채용 의사결정을 직관이나 추측이 아닌 객관적 근거에 기반하여 내릴 수 있게 한다. ATOM 4개 영역의 점수화와 가중치 적용을 통해 지원자 간의 비교 평가가 용이해지며, 선발 기준의 일관성과 공정성을 확보할 수 있다.

또한 축적된 평가 데이터는 조직의 인재상과 성과 창출 패턴을 분석하는 데 활용될 수 있어, 지속적인 채용 시스템 개선과 조직 역량 강화에 기여한다.

경력기술서 평가는 단순한 서류 심사를 넘어 조직의 미래를 결정하는 전략적 의사결정 도구이다. ATOM 모델을 기반으로 한 체계적 평가를 통해 조직은 가장 적합한 인재를 선별할 수 있을 뿐만 아니라, 장기적 성장과 경쟁력 강화를 위한 인재 포트폴리오를 구축할 수 있다.

[표6-5] 경력기술서 구성요소 선택

구분	항목	사유	A	T	O	M
기본 정보 영역	회사명	지원자의 경력 브랜드와 조직 규모 파악		●	●	○
	업종	관련 산업 경험과 도메인 지식 확인		●	●	○
	회사위치	근무 환경과 지역적 적응성 평가	○		●	●
	근무부서	조직 내 역할과 협업 경험 확인		●	●	○
	직급	책임 수준과 리더십 경험 측정		●		●
	근무기간	직무 지속성과 조직 적응력	●			●
보상 성과 영역	최종연봉	시장 가치와 성과 수준 확인		●		●
	주요 직무 내용	실무 역량과 전문성 검증		●	●	
	업무상 성취 내용	성과 창출 능력과 기여도 평가		●		●
조직 평가 영역	회사의 좋은 점	가치관 일치도와 조직 이해도 측정			●	●
	회사의 싫은 점	비판적 사고와 개선 의지 확인	●		●	
	직무의 좋은 점	직무 이해도와 만족도 평가		●	○	●
	직무의 싫은 점	현실 인식과 개선 의지 측정	●	●	○	
관계 영역	퇴직사유	이직 동기와 의사결정 능력 평가	●		●	
	내가 평가하는 상사	객관적인 판단력과 리더십 기준 확인	●		●	○
	상사가 평가하는 나	자기 객관화와 피드백 수용성 측정	●		○	●
평판 조회	추천인	신뢰할 만한 추천인 확보와 관계성 확인	●		●	
	추천인 연락처	레퍼런스 체크 실행 가능성과 투명성 측정	●	●	●	○

[표6-6] 입사지원서 개발 예시

시너지컨설팅 입사지원서

1. 인적사항

사진	지원분야		희망연봉	
	성명		생년월일	
	주소			
	휴대폰		비상 연락처	
	e-mail		SNS 계정	
	병역사항	군별 계급 전역	우대사항	보훈, 장애, 기초생활

2. 학력사항

① 복수전공일 경우 모두 기재합니다.
② 졸업 여부는 졸업, 졸업 예정, 중퇴, 휴학으로 구분하여 기재합니다.
③ 소재지는 도시(지역)명을 기재합니다.

재학 기간	학교명	①전공	②졸업여부	③소재지
년 월 ~ 년 월	고등학교			
년 월 ~ 년 월	대학교			
년 월 ~ 년 월	대학원			

3. 경력사항

① 채용 공고의 지원분야 또는 직무기술서를 읽고 이와 관련된 경력사항을 기재하여 주십시오.
② 지원분야와 유관하지 않은 경력도 기술할 수 있습니다.
③ 담당업무와 퇴직사유를 상세히 기재합니다.

근무기간	회사명	부서명/담당업무	퇴직사유
년 월 ~ 년 월			
년 월 ~ 년 월			
년 월 ~ 년 월			

4. 자격사항

① 채용 공고의 지원분야 또는 직무기술서를 읽고 이와 관련된 자격사항을 기재하여 주십시오.
② 자격사항 유형은 국가 기술자격, 국가자격, 국가공인민간자격, 기타로 구분합니다.
③ 기타 자격은 본인의 다른 역량을 증명할 수 있는 IT, 언어능력, 자격 기술 등을 기재합니다.

구분	취득일자	자격증명	발급기관
	년 월 ~ 년 월		
	년 월 ~ 년 월		
	년 월 ~ 년 월		

5. 보유기술			
① 채용 공고의 지원분야 또는 직무기술서를 읽고 이와 관련된 보유기술을 기재하여 주십시오. ② OA에는 워드, 엑셀, 파워포인트, 엑셀, 더존, 기타 등 상세한 보유기술을 기재하여 주십시오. ③ 보유 능력은 전문가-상-중상-중-중하-하로 구분합니다.			
어학	보유 능력	OA	보유 능력
	전문가-상-중상-중-중하-하		전문가-상-중상-중-중하-하
	전문가-상-중상-중-중하-하		전문가-상-중상-중-중하-하
	전문가-상-중상-중-중하-하		전문가-상-중상-중-중하-하

6. 교육사항		
① 채용 공고의 지원분야 또는 직무기술서를 읽고 이와 관련된 교육과정(전공, 자기개발 등)을 이수한 경우 기재하여 주십시오. ② 교육과정은 정규과정 또는 비정규 과정 모두를 기재할 수 있습니다.		
기간	교육과정(과목)명	교육내용
년 월~ 년 월		
년 월~ 년 월		
년 월~ 년 월		

7. 기타사항	
① 위 항목에는 해당하지 않으나, 업종, 직무와 관련 있는 능력이나 어필 포인트가 있을 경우 기재합니다. ② 구분은 수상실적, 특허, 연구, 기술, 상품, 서비스, 창업, 창작, 특기, 취미, 기타 등으로 기재합니다. ③ 자신의 지원 직무와 관련된 능력 또는 역량을 증명할 수 있는 사항을 기재합니다.	
구분	능력 또는 역량 어필 포인트

개인정보 수집 및 이용에 관한 동의

1. 수집하는 개인정보 항목

성명, 국적, 주소, 보훈 및 장애인 대상여부, 전화번호, 휴대전화번호, 이메일, 학력, 성적, 병역, 경력, 해외 체류경험 및 연수활동, 사회활동, 교육이수, 어학 및 기타자격, 수상

경력, 취미, 특기, 자기소개 등

2. 수집 및 이용 목적

채용 전형의 진행, 진행단계별 결과 등 채용정보 안내 및 취업추천을 위한 인재풀 구성

고객사(제3자)에게 제공 : 채용심사 및 근로계약 체결 등 업무 수행

3. 개인정보의 보유 및 이용 기간

지원서상에 작성하신 개인정보는 회사의 채용과 관련된 질의에 활용될 예정이므로 최대 5년까지 보유 및 이용됩니다. 단, 지원자께서 삭제를 요청하실 경우 해당정보를 삭제합니다.

본인은 상기 ㈜시너지컨설팅의 개인정보 수집 및 이용 방침에 동의하며, 동의 의사표시는 별도의 서명 날인 없이 전자우편을 통한 귀사의 입사지원서 제출로 갈음합니다.

2026년 월 일 지원자 : (서명)

[표6-7] 자기소개서 개발 예시

시너지컨설팅 자기소개서
• 질문에 대해 본인의 과거 행동 사례를 중심으로 작성해 주시기 바랍니다. • 평가자가 그 당시 상황이 그려질 수 있도록 작성해 주시기 바랍니다. • 평가자가 공정한 평가를 하기 쉽게, 간결하면서도 자신을 충분히 표현할 수 있도록 작성해 주시기 바랍니다. • 많은 내용을 입력하는 것보다는 잘 정리하여 입력하는 것이 중요합니다.(입력제한: 항목당 400자 이내)
1. 지원한 분야에 대해 부족한 점이 있다면 무엇입니까?
평가 샘플 4점(S): • 직무와 직접 연관된 구체적이고 객관적인 부족함을 정확히 파악 • 현실적이고 솔직한 자기 평가를 바탕으로 한 명확한 개선 지점 제시 • 부족함을 인정하되 이를 성장 기회로 인식하는 긍정적 태도 3점(A): • 직무 관련성이 있는 부족한 점을 적절히 인식 • 자기 평가가 대체로 객관적이며 개선 의지 표현 • 부족함에 대한 솔직한 인정과 건설적 접근 2점(B): • 일반적인 수준의 부족함을 인식하나 구체성이 부족 • 자기 평가가 다소 모호하거나 피상적 • 개선 의지는 있으나 구체성이 떨어짐 1점(C): • 부족한 점을 회피하거나 직무와 무관한 내용 • 자기 평가가 비현실적이거나 지나치게 방어적 • 개선 의지 부족 또는 책임 회피
1-1. 그렇게 평가를 내린 이유나 근거는 구체적으로 무엇입니까?
1-2. 부족한 부분을 보완하기 위해 어떤 노력을 해 왔는지 구체적으로 작성해 주십시오.
2. 지원 직무와 관련하여 귀하가 보유한 전문 지식이나 기술은 무엇입니까?
2-1. 급변하는 업무 환경에서 새로운 지식과 기술을 습득하기 위해 어떤 체계적인 노력을 기울여 왔습니까? 구체적인 학습 방법과 성과를 예시와 함께 설명해 주십시오.

2-2. 위 내용과 관련하여 가장 최근에 학습한 내용은 무엇입니까?
3. 우리 회사가 속한 산업의 최신 이슈는 무엇입니까?
3-1. 우리 회사의 사업 내용 중 가장 경쟁력이 있다고 생각하는 영역은 무엇입니까?
3-2. 위 정보를 찾기 위해 활용한 매체 및 정보의 출처를 모두 작성해 주시겠습니까?
4. 우리 회사 또는 직무에 지원하기 위해 어떤 준비를 했습니까?
4-1. 다른 지원자들과 차별화된 준비는 무엇입니까?
4-2. 위와 반대로 다른 지원자들과 달리 준비가 부족한 점은 무엇입니까?

범례(종합 평가 척도)

급	점수	평가 기준	특징
S(Superior)	4점	적극채용	기대 수준을 크게 상회하는 탁월한 역량과 적합성
A(Above Average)	3점	채용	기대 수준을 상회하는 우수한 역량과 적합성
B(Below Average)	2점	보류	기본 요구사항에 다소 미달하나 개발 가능성 있음
C(Critical)	1점	불합격	기본 요구사항에 현저히 미달

[표6-8] 경력기술서 개발 예시

시너지컨설팅 경력기술서			
입사지원서에 기술한 직무 관련 경력사항 및 직무 관련 활동 사항과 관련하여 상세히 기술해 주시기 바랍니다. 구체적으로 담당업무, 본인의 역할 및 구체적 행동, 주요 성과에 대해 작성해 주시기 바랍니다.			
회사명		업종	
회사위치		재직기간	
소속부서		직급	
최종연봉	원천징수 기준	근무형태	정규직·계약직·파견직·인턴·기타(　　)

<table>
<tr><td>주요직무내용</td><td colspan="4"></td></tr>
<tr><td rowspan="4">업무성취내용
(대표적 성과
3가지)</td><td>기간</td><td colspan="2">주요성취내용(성과를 창출한 사례)</td><td>역할</td></tr>
<tr><td></td><td colspan="2"></td><td></td></tr>
<tr><td></td><td colspan="2"></td><td></td></tr>
<tr><td></td><td colspan="2"></td><td></td></tr>
<tr><td>회사의 좋은 점</td><td colspan="4"></td></tr>
<tr><td>회사의 싫은 점</td><td colspan="4"></td></tr>
<tr><td>직무의 좋은 점</td><td colspan="4"></td></tr>
<tr><td>직무의 싫은 점</td><td colspan="4"></td></tr>
<tr><td>퇴직 사유</td><td colspan="4">그 당시 있었던 일 중심으로 상세히 작성</td></tr>
<tr><td rowspan="2">내가 평가하는
상사</td><td>강점</td><td colspan="3"></td></tr>
<tr><td>약점</td><td colspan="3"></td></tr>
<tr><td rowspan="2">상사가
평가하는 나</td><td>강점</td><td colspan="3"></td></tr>
<tr><td>약점</td><td colspan="3"></td></tr>
<tr><td rowspan="4">추천인</td><td colspan="4">귀하를 추천할 수 있는 상사, 동료, 교수님, 선생님 등 2명을 기입해 주십시오.
※ 추천인이란 귀하를 자신 있게 추천해 줄 수 있는 분들을 말하며, 1차 면접 합격 시 평판조회를 위해 실제 연락이 가능한 분들을 기재해 주시기 바랍니다.</td></tr>
<tr><td>추천인 성명</td><td>관계</td><td>귀하가 생각하는 추천이유</td><td>연락처</td></tr>
<tr><td></td><td></td><td></td><td></td></tr>
<tr><td></td><td></td><td></td><td></td></tr>
</table>

제 4 절

ATOM 기반 지원서류 확인 포인트

1. 입사지원서 확인 포인트

입사지원서는 지원자의 기본적인 정보와 경력을 파악하는 첫 관문으로서, ATOM 모델의 네 가지 차원을 균형 있게 평가할 수 있는 기초 자료를 제공한다. 특히 객관적 사실과 주관적 표현의 조화를 통해 지원자의 다면적 특성을 파악할 수 있다.

[표6-9] ATOM 기반 입사지원서 확인 포인트

확인 항목	Attitude Fit (태도 적합성)	Technical Fit (직무 적합성)	Organization Fit (조직 적합성)	Motivation Fit (동기 적합성)
사진이 증명사진이 아니거나 흐리다	○ (준비성과 성실성 부족)		○ (조직 규범에 대한 이해 부족)	○ (입사 의지 미흡)
주소란에 일부 정보가 생략되어 있다	○ (꼼꼼함 부족)		○ (정보 제공 태도 미흡)	
출퇴근 거리가 먼 곳에서 지원했다	○ (현실성 부족)	○ (실무 수행 제약)	○ (장기근속 어려움)	○ (동기 의문)
희망 근무지역이 지나치게 제한적이다	○ (유연성 부족)		○ (조직 우선순위 인식 부족)	○ (성장 의지 제한적)
연봉이나 처우에 대해 협상의 여지가 없다	○ (유연성 부족)	○ (시장 가치 인식 부족)		○ (기대 불일치)
이메일 주소의 영문표현이 비전문적이거나 장난스럽다	○ (전문성인식부족)		○ (비즈니스 매너 부족)	

확인 항목	Attitude Fit (태도 적합성)	Technical Fit (직무 적합성)	Organization Fit (조직 적합성)	Motivation Fit (동기 적합성)
비상 연락망이 기재되어 있지 않다	○ (정보 제공 태도 미흡)		○ (의사소통 채널 제한)	○ (접근성 제한)
SNS/포트폴리오 링크가 없거나 관리되지 않았다	○ (자기 브랜딩 의식 부족)	○ (디지털 역량 부족)		○ (적극성 부족)
병역사항이 제대로 작성되어 있지 않다	○ (투명성 부족)			○ (설명 책임 의식 부족)
출신 학교명이나 기업명이 정식 명칭으로 기재되어 있지 않다	○ (정확성 부족)	○ (전문성 표현 미흡)	○ (조직에 대한 존중 부족)	
입학, 졸업 연도가 잘못 기재되어 있다		○ (꼼꼼함 부족)		○ (동기부족)
직무와 전공과의 관련성이 없다	○ (직무 준비성 부족)	○ (기초 역량 부족)		
전공 및 동아리 활동이 불분명하다	○ (적극성 부족)	○ (전문성 부족)		
자격증이 없거나 지원한 직무와 무관하다	○ (자기개발 부족)	○ (전문성 부족)		○ (목표 불일치)
언어별 활용 수준이 구체적이지 않다		○ (글로벌 역량 불명확)	○ (국제화 준비도 부족)	
교육이수 내역에 자기개발 흔적이 없다		○ (학습 의지 부족)		○ (성장 동기 부족)
6개월 이상의 불명확한 공백 기간이 있다				○ (경력 안정성 우려)
많은 여러 분야의 자격증을 취득하고 있다				○ (목표 불명확)

2. 자기소개서 확인 포인트

자기소개서는 지원자의 내면적 특성과 조직 적합성을 심층적으로 평가할 수 있는 핵심 도구로서, ATOM 모델의 네 차원을 가장 종합적으로 측정할 수 있다. 특히 지원자의 가치관, 동기, 태도가 조직과 얼마나 일치하는지를 파악하는 데 중요한 역할을 한다.

[표6-10] ATOM 기반 자기소개서 확인 포인트

확인 항목	Attitude Fit (태도 적합성)	Technical Fit (직무 적합성)	Organization Fit (조직 적합성)	Motivation Fit (동기 적합성)
자사에 대한 지원동기가 아니다	○ (준비성 부족)	○ (직무 이해 부족)		○ (동기 부적합)
Copy & Paste 흔적이 명백하다	○ (성실성 부족)			○ (진정성 부족)
기승전결, 서론, 본론, 결론 등 구조화된 서술이 없다	○ (체계성 부족)	○ (논리적 사고 부족)		
정보정리력, 정보전달력, 문장력이 부족하다	○ (표현력 부족)	○ (커뮤니케이션 역량 부족)		
최소한의 내용밖에 기재되어 있지 않다	○ (적극성 부족)	○ (성과표현능력부족)	○ (기여도 인식 부족)	
막연한 표현으로 기재되어 있다	○ (명확성 부족)	○ (구체성 부족)		
지원동기가 막연하다	○ (준비성 부족)	○ (직무 이해 부족)		○ (동기 불명확)
자기 PR이 막연하다	○ (자기 이해 부족)	○ (구체적 역량 부족)		○ (목표 불명확)
직무와 유관한 차별화된 특성이나 전문성이 없다	○ (독창성 부족)	○ (경쟁력 부족)		○ (가치 제안 부족)
실패 경험과 학습 내용이 없다	○ (성장 마인드셋 부족)		○ (위험 회피 성향)	○ (도전 정신 부족)
팀 프로젝트에서 본인 역할만 강조한다	○ (팀워크 인식 부족)		○ (조직 중심 사고 부족)	
아르바이트에서 무슨 일을 하였는지 기재되어 있지 않다		○ (업무 이해도 부족)		○ (성과 의식 부족)
대인관계에 대한 언급이 없다			○ (협업 능력 미흡)	○ (관계 중요성 인식 부족)
산업/시장 트렌드에 대한 이해가 없다		○ (비즈니스 감각 부족)	○ (전략적 사고 부족)	
경쟁사 대비 우리 회사 강점 인식이 없다	○ (분석력 부족)		○ (조직 이해도 부족)	○ (선택 근거 불명확)

확인 항목	Attitude Fit (태도 적합성)	Technical Fit (직무 적합성)	Organization Fit (조직 적합성)	Motivation Fit (동기 적합성)
디지털 전환에 대한 언급이 없다		○ (미래 지향성 부족)	○ (혁신 마인드 부족)	
고객 중심 사고가 드러나지 않는다	○ (서비스 마인드 부족)		○ (비즈니스 이해 부족)	
데이터/근거 기반 주장이 없다		○ (분석적 사고 부족)		
글로벌/다양성에 대한 인식이 없다			○ (포용성 부족)	○ (성장 잠재력 제한)
워라밸만 강조하고 성장 의지가 없다	○ (균형감 부족)			○ (기여 의식 부족)
단점에서 개선의식이 없다			○ (성장 마인드셋 부족)	○ (발전 의지 부족)
지원자가 꿈꾸는 장래희망 즉 커리어 플랜이 기재되어 있지 않다	○ (목표 의식 부족)			○ (장기 비전 부족)
입사 후 단기 목표만 있고 장기 비전이 없다	○ (전략적 사고 부족)			○ (지속 가능성 의문)

3. 경력기술서 확인 포인트

경력기술서는 지원자의 실제 업무 수행 패턴과 성과 창출 능력을 검증하는 핵심 도구로서, 특히 직무관련 경력, 성취, 이직 패턴, 새로운 업무 방식에 대한 적응력을 평가할 수 있다.

[표6-11] ATOM 기반 경력기술서 확인 포인트

확인 항목	Attitude Fit (태도 적합성)	Technical Fit (직무 적합성)	Organization Fit (조직 적합성)	Motivation Fit (동기 적합성)
추구하는 직무가 명확히 드러나 있지 않다	○ (목표 의식 부족)	○ (전문성 표현 부족)		

확인 항목	Attitude Fit (태도 적합성)	Technical Fit (직무 적합성)	Organization Fit (조직 적합성)	Motivation Fit (동기 적합성)
희망하는 직무와 지원 직무와의 공통성을 찾아볼 수 없다	○ (일관성 부족)	○ (직무 부적합)		○ (동기 불일치)
미경험 직무이고, 이전 직장과 연관성이 없다	○ (도전 정신 과다)	○ (역량 전이 가능성 낮음)		○ (현실성 부족)
이직 횟수가 많고 직무의 일관성을 찾아볼 수 없다		○ (전문성 미확립)	○ (조직 적응력 부족)	○ (목표 불안정)
첫 이직이며, 이전 직장에서 10년 이상 근무하였다				○ (변화 적응력 우려)
정량적 성과 지표가 전혀 없다	○ (결과 지향성 부족)	○ (성과 측정 능력 부족)		
경력기술서에 내용이 많다	○ (요약 능력 부족)			○ (우선순위 설정 미흡)
경력 기술이 단순 나열식이다		○ (성과 중심 사고 부족)		
서류에 오자, 탈자가 있다		○ (꼼꼼함 부족)		
복수의 기업을 경력을 구분하지 않고 함께 기재하였다		○ (체계성 부족)		○ (성의 부족)
직무별 성과/기여도가 명시되지 않았다	○ (책임감 부족)	○ (결과 지향성 부족)		
프로젝트 경험이 팀 역할 중심이 아니다	○ (협업 인식 부족)		○ (조직 기여도 인식 부족)	
평가, 실적 등이 기재되어 있지 않거나 구체적이지 않다		○ (성과 입증 부족)		
사용 툴/시스템에 대한 언급이 없다		○ (실무 역량 불명확)		
프로세스 개선 경험이 없다	○ (개선 의식 부족)	○ (혁신 역량 부족)		
부서 간 협업 경험이 없다	○ (협업 범위 제한적)		○ (조직 이해도 부족)	
타인과 함께 일한 내용이 없다	○ (협업 능력 부족)			○ (팀워크 인식 부족)

확인 항목	Attitude Fit (태도 적합성)	Technical Fit (직무 적합성)	Organization Fit (조직 적합성)	Motivation Fit (동기 적합성)
멘토링/지식 공유 경험이 없다	○ (나눔 의식 부족)		○ (조직 기여도 낮음)	
위기 대응/문제 해결 사례가 없다	○ (회복탄력성 의문)	○ (대응력 부족)		
고객/이해관계자 관리 경험이 없다	○ (관계 관리 능력 부족)		○ (비즈니스 감각 부족)	
예산 관리/비용 절감 경험이 없다	○ (책임감 부족)	○ (경영 마인드 부족)		
35세 이상 임에도 매니지먼트(관리) 경험이 없다		○ (리더십 역량 부족)		○ (성장 정체)
팀 빌딩/조직 문화에 기여한 사례가 없다			○ (조직 몰입도 낮음)	○ (리더십 잠재력 부족)
자동화/효율화에 기여한 사례가 없다		○ (생산성 의식 부족)		
대외 활동/네트워킹 경험이 없다			○ (외부 지향성 부족)	○ (성장 의지 제한적)
부정적인 표현이 많다			○ (조직 충성도 낮음)	○ (긍정성 부족)
지속적인 연봉 상승이 없다		○ (시장 가치 정체)		○ (성과 창출 능력 의문)
직급 상승이 정체되어 있다		○ (리더십 성장 부족)		○ (발전 가능성 제한)
퇴직 이유가 분명하지 않고 일신상의 이유로 기재되어 있다		○ (경력 관리 미흡)		○ (투명성 부족)
경력단절 사유가 명확하지 않다		○ (경력 관리 능력 부족)		○ (목표 의식 불명확)
다른 사람이 평가하는 자기 평가가 기재되어 있지 않다		○ (객관성 부족)	○ (관계 형성 능력 미흡)	○ (자기 객관화 부족)
추천인 정보가 없거나 부실하다			○ (네트워크 부족)	○ (신뢰 관계 형성 능력 의문)

제 5 절

ATOM 기반 서류전형 평가표

서류전형 평가표는 단순한 지원자 선별 도구를 넘어, ATOM 기반 인재 채용 모델의 실현을 위한 전략적 도구로서 그 중요성이 재조명되고 있다. 서류전형 평가표는 채용의 첫 관문에서 인재의 다차원적 적합성을 객관적으로 평가할 수 있는 핵심 메커니즘이다. 본서에서는 ATOM 모델의 관점에서 서류전형 평가표가 갖는 전략적 중요성과 그 활용 방안을 체계적으로 고찰하고자 한다.

1. ATOM 모델 관점에서의 서류전형 평가표의 위상

ATOM 모델이 추구하는 4차원 적합성 평가의 첫 번째 실행 단계가 바로 서류전형이다. 이 단계에서 체계적으로 설계된 평가표는 단순한 스크리닝 기능을 넘어, 후속 채용 프로세스 전체의 방향을 결정하는 나침반 역할을 수행한다.

서류전형 평가표의 전략적 중요성은 다음과 같은 측면에서 명확히 드러난다. 첫째, 방대한 지원자 풀에서 ATOM 모델의 네 가지 차원에 부합하는 잠재적 적합 인재를 효율적으로 식별할 수 있다. 둘째, 평가의 일관성과 공정성을 확보하여 채용 브랜드의 신뢰성을 구축할 수 있다. 셋째, 후속 면접 및 평가 단계에서 심층적으로 검증해야 할 핵심 영역을 사전에 파악할 수 있다.

2. 서류전형 평가표의 구조적 설계와 ATOM 차원의 통합

효과적인 서류전형 평가표는 ATOM 모델의 네 가지 차원을 균형 있게 반영하면서도, 서류상으로 파악 가능한 정보의 한계를 인정하고 이를 보완하는 구조를 갖추어야 한다.

Attitude Fit **평가**는 지원동기, 자기소개서, 추천서 등에 나타난 언어적 표현과 행동 사례를 통해 지원자의 태도적 특성을 추론하는 방식으로 구성된다. 특히 과거 경험에서 보여준 문제해결 접근법, 팀워크 사례, 도전과 실패에 대한 태도 등을 구조화된 평가 항목으로 전환하는 것이 핵심이다.

Technical Fit **평가**는 전통적으로 서류전형에서 가장 중시되어 온 영역이지만, ATOM 모델에서는 단순한 자격요건 충족 여부를 넘어 성장 잠재력과 학습 민첩성까지 함께 평가할 수 있도록 설계되어야 한다. 학력, 자격증, 경력사항뿐만 아니라 프로젝트 경험, 자기 주도적 학습 이력, 전문성 개발 노력 등을 종합적으로 평가하는 매트릭스가 필요하다.

Organization Fit **평가**는 서류전형 단계에서 가장 도전적인 영역이다. 지원자가 조직에 대해 얼마나 깊이 있게 이해하고 있는지, 조직의 가치관과 지원자의 가치관이 얼마나 일치하는지를 간접적으로 평가해야 한다. 이를 위해 지원동기의 구체성, 조직 연구의 깊이, 장기적 비전의 일치도 등을 평가지표로 활용한다.

Motivation Fit **평가**는 지원동기의 진정성과 지속 가능성을 평가하는 데 초점을 맞춘다. 내재적 동기와 외재적 동기의 균형, 커리어 목표와 직무의 연관성, 성장 욕구의 구체성 등을 평가함으로써 장기적 조직 몰입 가능성을 예측한다.

3. 서류전형 평가표 활용의 실무적 고려사항

다수의 기업에서 실증적 경험을 통해 확인된 서류전형 평가표 활용의 성공 요인은 다음과 같다.

(1) **평가자 교육과 캘리브레이션**이 무엇보다 중요하다. 아무리 정교하게 설계된 평가표라 하더라도 평가자의 이해도와 적용 일관성이 확보되지 않으면 그 효과는 반감된다. 정기적인 평가자 워크숍, 모의 평가 세션, 평가 결과 피드백 등을 통해 평가의 신뢰도를

지속적으로 향상시켜야 한다.

(2) **가중치 설정의 유연성**도 핵심적인 고려사항이다. ATOM 모델의 4차원의 상대적 중요도는 조직의 특성, 직무의 성격, 채용 목적에 따라 달라질 수 있다. 예를 들어, 스타트업의 경우 Motivation Fit과 Attitude Fit에 더 높은 가중치를 부여할 수 있으며, 전문 기술직의 경우 Technical Fit의 비중을 높일 수 있다.

4. 서류전형 평가표 활용의 전략적 가치

서류전형 평가표의 체계적 설계와 활용은 운영적 차원에서 전략적 차원으로, 단기적 관점에서 장기적 관점으로의 인재 채용 패러다임 전환을 가능하게 한다. 특히 MZ세대의 가치관 변화, 디지털 전환의 가속화, 그리고 팬데믹 이후 변화된 업무 환경에서 ATOM 모델 기반 서류전형 평가표의 중요성은 더욱 커지고 있다.

앞으로도 지속적인 연구개발과 실무 적용을 통해 서류전형 평가표는 더욱 정교하고 예측력 높은 도구로 진화할 것이다. 이는 단순히 기술적 발전만을 의미하는 것이 아니라, 인재와 조직이 서로를 발견하고 함께 성장할 수 있는 상생의 플랫폼으로 발전하는 것을 의미한다. 결국 서류전형 평가표의 전략적 활용은 고객의 위대한 성공을 돕는 우리의 미션을 실현하는 핵심 도구이자, 대한민국 인재 채용 시스템의 발전에 기여하는 의미 있는 혁신의 시작점이다.

[표6-12] ATOM 기반 서류전형 평가표(심화형)

<table>
<tr><td colspan="6">시너지컨설팅 서류전형 평가표</td></tr>
<tr><td colspan="6">본 평가에 있어 면접관 본인은 지원자에 대해 주관을 배제하고 객관적으로 평가하여 응시자의 평가가 공정하게 평가하였음을 확인합니다. 또한 평가자료, 평가 후 평가결과에 대해 외부로 그 내용을 절대 누설하지 않을 것을 서약합니다.</td></tr>
<tr><td>지원직무</td><td colspan="2"></td><td>지 원 자</td><td colspan="2">이름 또는 식별번호</td></tr>
<tr><td rowspan="2">평가위원</td><td>소속</td><td></td><td rowspan="2">평 가 일</td><td>시작일</td><td></td></tr>
<tr><td>성명</td><td>(서명)</td><td>완료일</td><td></td></tr>
</table>

1. 입사지원서 기본 평가			
기본자격	• 학력요건 • 경력요건 • 자격요건 • 어학요건 • 기타 필수 요건		
서류완성도	• 모든 필수 항목 기재 완료 • 정보의 정확성 및 일관성 • 진위 여부 이상 없음		
기본 평가 결과	• Pass • Fail		
2. ATOM 차원별 상세 평가-5점 척도			
	측정지표	하위 측정지표	점수
이력서 비중(%)	모집분야	지원자의 명확한 직무 이해 및 전공 연관성	5-4-3-2-1
	희망연봉	회사의 연봉 수준과 지원자의 기대치 간의 차이	5-4-3-2-1
	병역사항	군 경험을 통해 조직 적응력, 규범, 유관 습득 기술 유무	5-4-3-2-1
	학력사항	직무관련 전공 여부 확인 및 학습역량과 지적역량	5-4-3-2-1
	경력사항	직무관련 경력, 성취, 이전 직장 규모, 이직 패턴	5-4-3-2-1
	자격사항	직무관련 자격 사항 확인, 자격증 취득 난이도	5-4-3-2-1
	어학/OA	외국어 능력 확인(해당부서) 및 OA 프로그램 활용 능력	5-4-3-2-1
	교육사항	직무관련 교육 및 자기개발 사항 확인	5-4-3-2-1
	점수 소계	/40점 평균: 점	
자기소개서 비중(%)	태도적합	자기인식, 자기개선, 평가수용, 긍정적 사고, 적응능력 평가	5-4-3-2-1
	직무적합	전문지식, 기술적 숙련도, 전공자격, 양적경험, 질적경험 평가	5-4-3-2-1
	조직적합	사업이해, 조직/가치 적합, 고객이해, 의사소통, 협업 능력 평가	5-4-3-2-1
	동기적합	리서치 충실도, 지원동기 구체성, 동기부여 적합, 목표 지향 평가	5-4-3-2-1
	점수 소계	/20점 평균: 점	
경력기술서 비중(%)	회사명/업종	경력 브랜드와 조직규모 파악 및 관련 산업 경험, 도메인 지식	5-4-3-2-1
	부서/직급	조직 내 역할과 협업 경험 및 책임 수준과 리더십 경험 확인	5-4-3-2-1
	직무능력	실무 역량과 전문성 검증, 즉시 전력 가능 여부	5-4-3-2-1
	성취내용	성과 창출 능력과 기여도 평가, 정량적 성과 지표 확인	5-4-3-2-1
	긍정마인드	전 직장 및 직무의 좋은 점과 싫은 점에 대한 사고	5-4-3-2-1
	추천인	신뢰할 만한 추천인 확보와 관계성 확인	5-4-3-2-1
	점수 소계	/30점 평균: 점	

3. 지원서 기반 평가			
평가항목	평가 기준	점수	비고
문서적 의사소통	구조화, 문장력, 가독성, 정보 정리력, 정보 전달력	5-4-3-2-1	
입사의지/진정성	우리 조직만을 위한 입사지원서, 자기소개서 내용	5-4-3-2-1	
점수 소계	/10점 평균: 점		

4. 종합 평가 및 결과				
선발 도구	이력서	___점 × ___% = ___점	자기소개서	___점 × ___% = ___점
	경력기술서	___점 × ___% = ___점	지원서 기반	___점 = ___점
총점				
최종 평가 결과	• A등급(4.0점 이상): 우선 면접 대상 • B등급(3.0점-3.9점): 면접 대상 • C등급(2.0점-2.9점): 조건부 면접 대상 • D등급(2.0점 미만): 불합격			
면접 추천 여부	• 강력 추천: 탁월한 적합성, 우선 면접 실시 • 추천: 적합성 확인, 정규 면접 실시 • 조건부 추천: 특정 영역 보완 필요시 면접 • 비추천: 기본 요건 미충족 또는 부적합			

5. 평가자 종합 의견	
강점 및 가능성	
약점 및 우려사항	

6. 평가 기준 참고표	
점수 평가 기준	5점(탁월): 기대 수준을 크게 상회, 핵심 인재 가능성 매우 높음 4점(우수): 기대 수준 상회, 빠른 시간 내 조직 기여 가능 3점(보통): 기본 요구사항 충족, 적절한 지원으로 성장 가능 2점(미흡): 기본 요구사항 다소 미달, 추가 역량 개발 필요 1점(부족): 기본 요구사항 현저히 미달, 현재 직무 수행 어려움

제 7 장

ATOM 기반 전화면접

제 1 절

전화면접의 개요와 목적

1. 전화면접의 정의와 필요성

전화면접은 대면 면접에 앞서 실시하는 예비 선별 도구로서, 지원자가 해당 직책에 필요한 기본적인 자질과 요구사항을 갖추고 있는지를 효율적으로 확인하는 채용 전형이다.

전화면접의 주요 목적은 다음과 같다. 첫째, 서류전형만으로는 파악하기 어려운 지원자의 기본적 적합성을 사전에 검증한다. 둘째, 대면 면접에 투입되는 시간과 비용을 효율화한다. 셋째, ATOM 모델의 네 가지 차원(태도, 직무, 조직, 동기) 중 전화로 확인 가능한 영역을 체계적으로 평가한다. 넷째, 부적합한 지원자의 대면 면접 진출을 사전에 차단하여 전체 채용 프로세스의 품질을 향상시킨다.

2. ATOM 모델과 전화면접의 연계성

ATOM 모델은 Attitude(태도 적합성), Technical(직무 적합성), Organization(조직 적합성), Motivation(동기 적합성)의 네 가지 차원으로 인재의 종합적 적합성을 평가하는 과학적 프레임워크이다. 전화면접에서는 이 중 음성으로 확인 가능한 영역을 중점적으로 평가한다.

Attitude 차원에서는 감정조절, 상호작용, 긍정적 태도에 대한 기본자세를 확인한다. Technical 차원에서는 직무 관련 기본 지식, 경험의 구체성, 학습 의지를 파악한다. Organization 차원에서는 조직 문화에 대한 이해도, 적응 가능성, 협업 태도를 평가한다. Motivation 차원에서는 지원 동기의 진정성, 동기부여 적합성, 성장 욕구를 측정한다.

3. ATOM 기준에 따른 전화면접의 목적

(1) Attitude Fit(태도 적합성) 영역에서의 전화면접 목적

- **코칭수용 측정지표 평가:** 전화면접은 지원자의 피드백 수용 능력을 평가하는 첫 접점으로, 제한된 음성 소통 환경에서 면접관의 질문과 피드백에 대한 반응을 관찰한다. 자신의 강점과 약점을 인식하는 수준, 과거 피드백을 통한 개선 경험의 구체성, 자기개선을 위한 의지와 열정을 파악하여 성장 마인드셋의 기초를 평가한다.
- **긍정적 사고 측정지표 평가:** 과거 조직과 상사에 대한 균형 잡힌 평가, 타인의 기여를 인정하고 감사를 표현하는 태도를 통해 지원자의 건설적 사고 패턴을 파악한다. 특히 부정적 경험을 긍정적 학습으로 전환한 사례, 조직과 상사의 장단점을 객관적으로 평가하는 능력을 중점적으로 검증한다.
- **적응능력 측정지표 평가:** 변화하는 환경에서의 유연성과 조직가치 내재화 능력을 초기 단계에서 스크리닝한다. 새로운 환경 적응 경험, 불확실한 상황에서의 대처 사례, 장기 목표를 위한 인내와 지속성을 구체적으로 질문하여 변화 수용성의 기본 수준을 파악한다.

(2) Technical Fit(직무 적합성) 영역에서의 전화면접 목적

- **직무전문 측정지표 평가:** 서류상으로 파악하기 어려운 실제 전문지식 수준을 효율적으로 검증하는 첫 단계이다. 업계 표준과 모범 사례 이해도, 전문 용어 활용의 정확성, 최신 트렌드 인지 수준을 구조화된 질문으로 평가하여 후속 기술면접의 방향성을 결정한다.
- **직무경험 측정지표 평가:** 경력의 양적 측면을 넘어 질적 깊이와 관련성을 검증한다. 구체적 프로젝트 수행 경험, 책임 수준과 의사결정 참여도, 성과 창출의 구체적 사례를 통해 실제 업무 수행 능력을 예측하고 즉시 투입 가능성을 판단한다.
- **학습역량 측정지표 평가:** 급변하는 기술 환경에서의 지속적 성장 가능성을 진단한다. 자기 주도적 학습 전략과 방법론, 새로운 지식의 실무 적용 사례, 디지털 환경에서의 학습 적응력을 평가하여 미래 지향적 역량을 예측하는 기준으로 활용한다.

(3) Organizational Fit(조직 적합성) 영역에서의 전화면접 목적

- **조직이해 측정지표 평가**: 지원자의 사전 준비 충실도와 조직에 대한 진정한 관심을 평가한다. 사업 구조와 전략적 방향성 파악 수준, 조직문화와 핵심가치 이해도, 고객과 시장에 대한 인식을 검증하여 단순 정보 암기가 아닌 깊이 있는 이해를 측정한다.
- **의사소통 측정지표 평가**: 제한된 음성 소통 환경에서 명확하고 간결한 메시지 전달 능력을 평가한다. 논리적 사고의 구조화, 핵심 내용의 효과적 전달, 경청과 이해 확인 능력을 통해 조직 내 원활한 커뮤니케이션 가능성을 예측한다.
- **협업능력 측정지표 평가**: 팀워크 경험과 협력적 문제해결 사례를 통해 관계 구축 능력을 파악한다. 다양한 배경의 동료와의 협업 경험, 갈등 상황에서의 건설적 해결 방식, 상호 지원과 지식 공유 태도를 평가하여 조직 내 시너지 창출 가능성을 검증한다.

(4) Motivational Fit(동기 적합성) 영역에서의 전화면접 목적

- **지원동기 측정지표 평가**: 서류상 지원동기의 진정성과 구체성을 심층 검증한다. 조직과 직무에 대한 리서치 충실도, 경력 경로와 현 지원의 일관성, 타 기회 대비 우리 조직 선택의 구체적 이유를 확인하여 표면적 동기와 심층적 동기를 구분한다.
- **동기부여 적합 측정지표 평가**: 외적 보상과 내적 만족 간의 균형을 평가하여 지속 가능한 동기 구조를 파악한다. 급여와 복지 같은 외적 요인과 직무 자체의 의미와 성장 같은 내적 요인의 우선순위, 동기 간 충돌 시 의사결정 패턴을 분석한다.
- **성취동기 측정지표 평가**: 높은 성과를 추구하는 내재적 동력을 측정한다. 스스로 설정한 도전적 목표와 달성 과정, 장애물 극복 시의 끈기와 회복탄력성, 외부 보상 없이도 지속되는 자기 동기부여 능력을 평가하여 장기적 고성과 창출 가능성을 예측한다.

제 2 절

ATOM 모델 기반 전화면접의 특징

1. 기존 전화면접과의 차별화

기존의 전화면접이 단순한 경력 확인이나 기본 조건 점검에 그쳤다면, ATOM 기반 전화면접은 과학적이고 체계적인 평가 도구로 발전시킨 혁신적 솔루션이다. 다수의 기업에서 검증된 실무 경험과 학술적 이론을 결합하여 개발된 이 방법론은 전화면접의 예측력을 획기적으로 향상시켰다.

ATOM 기반 전화면접의 핵심 특징은 다음과 같다. 첫째, 구조화된 평가 프레임워크를 통해 일관성 있는 평가가 가능하다. 둘째, 각 차원별로 검증된 질문과 평가 기준을 제공하여 면접관의 주관적 편견을 최소화한다. 셋째, 조직의 특성과 직무 요구사항에 맞춘 맞춤형 평가가 가능하다. 넷째, 정량적 평가지표와 정성적 관찰을 균형 있게 활용한다.

2. 예측 정확도와 효율성

ATOM 기반 전화면접은 신입사원 채용에서 높은 수준의 예측 정확도를 달성하며, 이는 기존 채용 방식 대비 40% 이상 개선된 결과이다. 이러한 높은 예측력은 체계적인 평가 프레임워크와 지속적인 데이터 분석을 통한 모델 최적화의 결과이다.

효율성 측면에서도 탁월한 성과를 보인다. 평균 30분 이내의 전화면접으로 지원자의 기본 적합성을 정확히 판단할 수 있어, 대면 면접에 투입되는 시간과 비용을 크게 절감한다. 또한 부적합한 지원자의 조기 선별을 통해 전체 채용 프로세스의 품질과 효율성을 동시에 향상시킨다.

제 3 절

ATOM 기준에 따른 전화면접의 효과

1. 채용 프로세스 효율성 극대화

전화면접은 ATOM 기반 채용 프로세스 전체의 효율성을 극대화하는 중요한 효과를 창출한다. 서류전형과 필기전형을 통과한 지원자 중에서도 명백한 부적합자를 전화면접 단계에서 사전에 배제함으로써, 최종 면접의 집중도와 정확성을 높인다. 이는 면접관의 시간과 에너지를 보다 유망한 후보자들에게 집중할 수 있게 하여, 전체적인 채용 품질을 향상시킨다.

또한 전화면접을 통해 지원자와의 실무적 조율사항을 사전에 완료함으로써 최종 면접의 효율성을 높인다. 입사 가능 시기, 근무 조건에 대한 기대사항, 급여 협상 범위 등을 미리 확인하여 최종 면접에서는 역량 평가에만 집중할 수 있도록 한다. 이는 채용 프로세스의 전체적인 소요 시간을 단축하고 비용 효율성을 개선하는 효과를 가져온다.

2. 평가 정확도 및 예측력 향상

전화면접의 도입은 ATOM 모델의 핵심 강점인 높은 예측 정확도를 더욱 향상시키는 효과를 창출한다. 서류와 필기시험만으로는 파악하기 어려운 지원자의 실제 커뮤니케이션 능력과 성격적 특성을 사전에 확인함으로써, 최종 선발의 정확도를 높인다.

음성 커뮤니케이션을 통해 드러나는 지원자의 진정성, 열정, 준비성 등은 향후 조직 적응도와 성과를 예측하는 중요한 지표가 된다. 전화면접에서 보이는 태도와 반응 패턴을 통해 지원자의 실제 업무 스타일과 조직 내에서의 협업 능력을 미리 가늠할 수 있어, 채용 후 미스매치를 최소화하는 효과를 달성한다.

3. 지원자 경험 개선 및 조직 브랜딩 효과

전화면접은 지원자에게 보다 친근하고 접근하기 쉬운 채용 경험을 제공하여 조직의 브랜드 가치를 향상시키는 효과를 창출한다. 대면 면접보다 부담이 적은 전화면접을 통해 지원자들이 보다 자연스럽고 솔직한 모습을 보일 수 있도록 하며, 이는 상호 이해도를 높이는 긍정적 효과를 가져온다.

또한 전화면접 과정에서 조직의 강점과 매력 요소를 효과적으로 전달함으로써, 설령 최종 선발되지 않더라도 지원자가 해당 조직에 대해 긍정적인 인상을 갖도록 한다. 이는 장기적으로 조직의 채용 브랜드를 강화하고, 우수한 인재들의 관심을 지속적으로 유도하는 효과를 창출한다.

4. 디지털 시대 대응 역량 검증

전화면접은 현대 디지털 업무 환경에서 필수적인 원격 커뮤니케이션 역량을 사전에 검증하는 중요한 효과를 제공한다. 코로나19 이후 급속히 확산된 원격 근무와 하이브리드 업무 환경에서는 비대면 커뮤니케이션 능력이 핵심 역량으로 부상했다. 전화면접을 통해 이러한 새로운 업무 환경에 대한 적응력과 디지털 커뮤니케이션 스킬을 미리 평가할 수 있다.

특히 MZ세대의 직업 가치관 변화와 디지털 네이티브 특성을 고려할 때, 전화면접은 이들의 커뮤니케이션 스타일과 업무 접근 방식을 이해하는 효과적인 도구로 작용한다. 이는 세대별 특성을 반영한 맞춤형 평가를 가능하게 하여 ATOM 모델의 지속적 진화와 개선에 기여한다.

결론적으로, ATOM 기준에 따른 전화면접은 단순한 추가 평가 단계가 아닌, 조직과 인재 간의 최적 매칭을 실현하는 전략적 도구이다. 태도 적합성, 직무 적합성, 조직 적합성, 동기 적합성의 네 가지 차원에서 핵심적인 평가 기능을 수행하며, 채용 프로세스의 효율성과 정확성을 동시에 향상시키는 혁신적 솔루션이다. 이는 "사람을 최고의 자산으로 만드는" 철학을 실현하는 실질적 방법론으로, 조직과 인재가 함께 성장할 수 있는 상생의 기반을 마련하는 핵심 요소이다.

제 4 절

전화면접 실시 전 준비사항

1. 채용을 위한 직무 분석 및 평가 기준 설정

제5장 ATOM 기반 전형 설계에서 말했듯이 전형을 실시하기 전에 반드시 해당 직무에 대한 체계적인 분석이 선행되어야 한다. 직무 분석 과정에서는 핵심 업무 내용, 필요 역량, 조직 내 역할, 성과 기준 등을 명확히 정의한다. 이를 바탕으로 ATOM 모델의 4차원별 평가 기준을 구체적으로 설정한다.

2. 면접 환경 및 도구 준비

성공적인 전화면접을 위해서는 적절한 환경과 도구 준비가 필수적이다. 면접 장소는 외부 소음이 차단된 조용한 공간으로 선정하며, 통화 품질이 우수한 유선 전화를 사용한다. 휴대전화 사용은 통화 품질 저하와 연결 불안정성으로 인해 피해야 한다.

면접관은 지원자의 서류를 미리 숙지하고, ATOM 기반 평가 서식을 준비한다. 또한 녹음 장비를 준비하되, 사전에 지원자의 동의를 받는다. 면접 시간은 지원자의 편의를 고려하여 사전에 조율하며, 면접 목적과 예상 소요 시간을 안내한다.

면접관은 해당 직무와 조직에 대한 깊이 있는 이해를 바탕으로 전화면접에 임해야 한다. 사전에 조직의 강점, 성장 기회, 복리후생 등 매력 요소를 정리하고, 동시에 조직의 약점과 개선 노력도 파악한다. 이는 지원자의 질문에 성실하게 답변하고, 조직에 대한 정확한 정보를 제공하기 위함이다.

3. 법적 고려사항 및 컴플라이언스

전화면접도 공식적인 채용 전형의 일부이므로 관련 법규를 철저히 준수해야 한다. 성별, 연령, 학력, 출신 지역, 혼인 상태, 임신 계획 등 직무와 무관한 개인 정보에 대한 질문은 엄격히 금지된다. 면접 과정에서 수집되는 모든 정보는 업무 관련성을 기준으로 제한되어야 한다.

면접 문서와 평가 자료는 법적 증빙 자료로 취급되므로 정확하고 객관적으로 작성해야 한다. 평가 과정에서 개인적 편견이나 선입견이 개입되지 않도록 주의하며, 모든 지원자에게 동일한 기준과 절차를 적용한다.

또한 장애인 지원자의 경우 합리적 조정 범위 내에서 면접 환경을 개선하고, 필요시 대안적 평가 방법을 제공한다. 이러한 법적 고려사항에 대해 확실하지 않은 부분이 있다면 인사 담당 부서나 법무팀에 사전 확인을 요청한다.

제 5 절

ATOM 기반 전화면접 진행 절차

1. 면접 시작 단계

전화면접은 지원자와의 라포 형성으로 시작된다. 면접관은 자신을 소개하고, 조직과 직무에 대한 간략한 설명을 제공한다. 이어서 전화면접의 목적과 진행 방식, 예상 소요 시간을 안내하여 지원자가 면접에 집중할 수 있도록 돕는다.

면접 초기에는 지원자의 현재 상황과 면접 환경을 확인한다. 통화 상태가 양호한지, 면접에 집중할 수 있는 환경인지를 점검하고, 필요시 면접 시간을 조정한다. 또한 면접 내용 녹음에 대한 동의를 구하고, 개인정보 처리 방침을 간략히 설명한다.

지원자의 긴장을 완화하기 위해 가벼운 대화로 시작하되, 평가 요소와 관련된 내용은 신중하게 다룬다. 예를 들어, "면접 준비는 잘되셨나요?"와 같은 질문으로 자연스럽게 분위기를 조성할 수 있다.

2. ATOM 모델의 차원별 평가 진행

전화면접의 핵심은 ATOM 모델의 4차원을 체계적으로 평가하는 것이다. 각 차원별로 사전에 준비된 구조화된 질문을 활용하되, 지원자의 답변에 따라 유연하게 추가 질문을 진행한다.

Attitude 평가에서는 지원자의 코칭수용, 상호작용, 감정 조절 그리고 직업적 태도와 자세를 관찰한다. 과거의 행동 기반 질문을 통해 실제 태도를 파악한다.

Technical 평가에서는 직무 관련 지식과 경험의 깊이를 확인하되, 단순한 지식 암기보다는 적용 능력과 학습 의지를 중점적으로 평가한다.

Organization 평가에서는 지원자가 해당 조직에 대해 얼마나 이해하고 있는지, 조직 문화에 적응할 수 있는지를 판단한다. 과거 행동을 파악할 수 있는 질문을 통해 조직에 대한 관심도와 준비성을 평가한다.

Motivation 평가에서는 지원 동기의 진정성과 구체성, 장기적 몰입 의지를 파악한다.

3. 면접 마무리 및 후속 절차 안내

전화면접 마무리 단계에서는 지원자의 질문을 받고 성실하게 답변한다. 이 과정에서 지원자의 조직에 대한 관심도와 준비성을 추가로 파악할 수 있다. 또한 조직의 매력 요소와 성장 기회를 소개하여 우수한 지원자의 관심을 유지한다.

면접 종료 전에 향후 채용 일정과 절차를 명확히 안내한다. 결과 통보 시기, 다음 단계 전형 방식, 추가 제출 서류 등을 구체적으로 설명한다. 지원자가 추가 질문이나 확인사항이 있을 경우 연락할 수 있는 방법도 안내한다. 더불어 지원에 대한 감사 인사를 통해 기업 채용브랜드 이미지 제고에 신경 쓴다.

면접 종료 후에는 즉시 평가 내용을 기록하고, ATOM 모델의 네 가지 차원별 점수를 산정한다. 기억이 생생할 때 상세한 평가 내용을 작성하는 것이 정확한 평가를 위해 중요하다.

[표7-1] ATOM 기반 전화면접 단계별 프로세스

단계	하위 단계	확인사항
1단계 사전 준비 단계 (면접 시작 30분 전)	1.1 서류전형 결과 검토	• 지원자별 ATOM 서류평가 결과 확인 • 강점 영역과 검증 필요 영역 식별 • 서류상 불일치 또는 의문점 체크
	1.2 면접 환경 점검	• 조용하고 독립된 공간 확보 • 통화 품질 테스트(헤드셋 권장) • 녹음 장비 작동 확인 • 긴급 연락처 및 대체 통화 수단 준비

단계	하위 단계	확인사항
1단계 사전 준비 단계 (면접 시작 30분 전)	1.3 평가 도구 준비	• ATOM 전화면접 평가표 준비 • 지원자별 맞춤 질문 리스트 • 추가 탐색 질문 목록 • 메모 도구 준비
	1.4 면접관 구성	• 면접리더(팀장) • 보조 면접관 • 참관인(녹음, 공정채용, 윤리 등)
	1.5 면접관 마인드셋	• 평가자가 아닌 대화 파트너 자세 • 개방적이고 호기심 있는 태도 • 적극적 경청 준비
2단계 도입부 (3-5분)	2.1 전화 걸기	• 정해진 시간에 후보자에게 전화 걸기 정시에 전화를 걸도록 하라. 이는 회사의 신뢰성과 정중함을 보여줄 수 있는 첫 번째 기회이다
	2.2 인사 및 조건 맞추기 (1분)	• 조직 및 면접관 소개 • 필요시 조직 및 해당 직무 소개 면접관 소개시간도 회사의 수준을 후보자에게 보여줄 수 있는 또 다른 기회다. 이때는 후보자가 보여주는 집중력과 호감도를 측정해 볼 수 있는 기회가 되기도 한다. "안녕하세요, [지원자명]님. [회사명] [면접관 직책] [면접관명]입니다. 통화 상태는 괜찮으신가요? 편안한 환경에서 통화하고 계신가요?"
	2.3 면접 프로세스 안내를 통한 불안감 해소 (2분)	• 전화면접 목적 방식, 소요시간 안내 • 통화녹음, 개인정보 처리 등 간략 설명 "오늘 전화면접은 약 30분 정도 진행될 예정이며, 서류에서 확인하기 어려웠던 부분들을 좀 더 자세히 알아가는 시간입니다. 편안하게 평소 생각과 경험을 나눠주시면 됩니다." "참고로 정확하고 공정한 평가를 위해 녹음을 진행하는데 동의하시나요?"
	2.4 아이스브레이킹 (1-2분) 긍정적 피드백을 통한 자신감 부여	• 긴장완화, 라포형성, 가벼운 대화로 시작 "이번 채용에 지원해 주셔서 진심으로 감사드립니다. 서류를 검토하면서 [구체적인 강점이나 흥미로운 경력]이 정말 인상적이었습니다. 오늘 그 부분에 대해 더 자세히 들을 수 있어서 기대가 됩니다."

단계	하위 단계	확인사항
3단계 본면접 ATOM 차원별 질문 (20-25분)	3.1 Attitude Fit 평가 (5-6분)	**적응능력 검증 체크리스트 샘플:** • 감정 조절: 예상치 못한 질문이나 압박 상황에서도 침착함을 유지하는가? • 상호작용 자세: 일방적 설명이 아닌 대화형 커뮤니케이션을 하는가? **직업적 태도 검증 체크리스트 샘플:** • 성장 마인드셋: 부족한 부분을 인정하고 개선 노력을 구체적으로 설명하는가? • 협업 지향성: 팀 성과를 설명할 때 자신의 기여와 타인의 기여를 균형 있게 인정하는가?
	3.2 Technical Fit 평가 (5-6분)	**핵심 역량 검증 체크리스트 샘플:** • 전문성의 깊이: 자신이 주장한 전문 분야에 대해 심화 질문을 했을 때 구체적이고 정확한 답변을 하는가? • 실무 경험의 구체성: 프로젝트나 업무 경험을 설명할 때 자신의 역할, 사용한 방법론, 직면한 도전과 해결 과정을 상세히 설명하는가? • 최신 트렌드 이해: 해당 분야의 최근 동향이나 기술 발전에 대한 관심과 이해도가 있는가? • 학습 능력: 새로운 기술이나 지식을 습득한 구체적 사례와 방법을 제시하는가?
	3.3 Organization Fit 평가 (5-6분)	**조직 이해도 검증 체크리스트 샘플:** • 기업 연구의 깊이: 회사의 비전, 미션, 핵심 가치에 대한 이해가 피상적이지 않고 구체적인가? • 산업이해도: 업체 트렌드 이해 및 경쟁사 인지의 정확성 **문화적 적합성 검증 체크리스트 샘플:** • 일하는 방식: 선호하는 업무 스타일이 조직의 업무 문화와 일치하는가? • 경청 능력: 질문을 끝까지 듣고 답변하는가? 중간에 끊거나 성급하게 대답하지 않는가?

단계	하위 단계	확인사항
3단계 본면접 ATOM 차원별 질문 (20-25분)	3.4 Motivation Fit 평가 (5-6분)	**내재적 동기 검증 체크리스트:** • 동기부여 적합: 지원자가 이해하고 있는 직무 내용과 실제 직무내용은 일치하는가? • 지원동기 구체성: 지원동기에 대한 명확한 이유, 충분한 고민, 진정성은 어떠한가? **외재적 동기 검증 체크리스트:** • 현실적 기대: 급여, 복지, 근무 조건, 위치에 대한 기대가 현실적인가? • 경력 목표: 조직 내에서의 경력 개발 목표가 실현 가능하고 조직의 성장 경로와 일치하는가?
4단계 마무리 단계 (3-5분)	4.1 질문 기회 제공 (2-3분)	• 지원자의 질문을 받고 성실하게 답변한다. "지금까지 제가 여러 질문을 드렸는데, 혹시 우리 회사나 직무에 대해 추가로 궁금하신 점이 있으신가요?" "면접 중 준비하셨거나 이 말은 반드시 해야 하는 말씀이 있으신가요?"
	4.2 향후 일정 안내 (1-2분)	• 향후 일정 안내 "오늘 면접 결과는 [일정] 내에 안내드릴 예정이며, 합격하실 경우 [다음 전형]이 진행될 예정입니다. 혹시 향후 일정과 관련해 미리 알려주실 사항이 있으신가요?"
	4.3 감사 인사	"오늘 귀중한 시간 내주셔서 감사합니다. 좋은 결과 있기를 응원하겠습니다. 감사합니다."
5단계 사후 평가 단계 (10분)	5.1 즉시 평가 (5분)	• ATOM 평가표 작성 완료 • 핵심 인상과 특이사항 기록 • Red Flag 또는 Outstanding 포인트 표시
	5.2 종합 분석 (5분)	• ATOM 네 가지 차원 균형 분석 • 서류전형 결과와의 일치성 검토 • 다음 단계 추천 여부 결정 • 추가 검증 필요 사항 도출

단계	하위 단계	확인사항
6단계 면접과정 평가 (10분)	6.1 면접관 체크리스트 (5분)	• 구체적인 사례와 경험을 요청하기 • 충분한 대기 시간 제공(3~5초) • 적극적 경청과 공감 표현 • 개방형 질문 우선 사용 • 답변에 따른 유연한 추가 질문 • 유도 질문이나 답변 암시 피하기 • 지나치게 많은 질문 한 번에 하지 않기 • 개인적 편견이나 선입견 배제 • 면접 시간 엄수(과도한 연장 지양) • 평가나 피드백을 즉석에서 제공하지 않기
	6.2 면접 품질 자가 점검 (5분)	• ATOM 각 차원 균등하게 평가했는가? • 준비된 답변과 즉흥 답변을 구분했는가? • 충분한 follow-up 질문을 했는가? • 객관적이고 공정한 태도를 유지했는가? • 지원자가 충분히 자신을 표현할 기회를 가졌는가?

[표7-2] 특수 상황 대응 가이드

상황	대응 및 관리 방법
통화 품질 문제	대응방법: • 즉시 대안 제시(다른 번호, 메신저 통화) • 일정 재조정 제안 • 이메일로 후속 연락
극도로 긴장한 지원자	대응방법: • 가벼운 잡담으로 시작 • "긴장되시죠? 저도 그랬어요." • 쉬운 질문부터 시작 • 충분한 시간 제공
극도로 짧은 답변	대응방법: • "좀 더 구체적으로 설명해 주시겠어요?" • "예를 들어주신다면?" • 긴장을 풀거나 편안한 분위기 재조성

상황	대응 및 관리 방법
과도하게 긴 답변	대응방법: • "말씀하신 내용 중 가장 핵심적인 것은?" • "지원자 정리해 주시겠습니까?"라고 정중하게 중단하고 요약 요청
과도하게 준비된 답변	탐색 방법: • 예상치 못한 각도의 질문 • "조금 다르게 여쭤볼게요" • 구체적 사례 요구 • "왜?"를 반복해서 깊이 파기
침묵이 길어질 때	활용 방법: • 5초까지는 기다리기 • "천천히 생각하셔도 됩니다" • 질문을 다시 설명 • 힌트나 예시 제공
공격적이거나 방어적인 태도	관리 방법: • 감정적 대응 피하기 • "이해합니다. 그런데…" • 객관적 사실 확인 • 프로페셔널한 거리 유지

제 6 절

ATOM 모델 차원별 평가 기준과 질문 설계

전화면접은 서류전형과 대면 면접 사이에서 효율적인 스크리닝 기능을 수행하는 중요한 채용 단계이다. ATOM 기반 인재 채용 모델에서 전화면접은 서류전형에서 파악하기 어려운 지원자의 실제적 역량과 적합성을 초기에 검증하는 핵심 도구로 활용된다. 특히 다수의 지원자를 효율적으로 평가하면서도 ATOM 모델의 네 가지 차원의 다면적 적합성을 체계적으로 측정할 수 있다는 점에서 그 전략적 가치가 크다.

전화면접은 비대면이라는 특성상 외모나 첫인상에 의한 편견을 배제하고 순수하게 지원자의 답변 내용과 커뮤니케이션 역량에 집중할 수 있다는 장점이 있다. 또한 시간과 비용 측면에서 효율적이며, 표준화된 질문과 평가 기준을 통해 공정하고 일관된 평가가 가능하다. ATOM 모델의 관점에서 전화면접은 각 차원별 핵심 역량을 압축적으로 평가할 수 있는 최적의 도구이다.

1. ATOM 차원별 전화면접 평가 기준

(1) Attitude Fit(태도 적합성) 평가 기준

Attitude Fit은 조직의 특정 문화와 업무 환경에서 요구되는 태도적 특성을 평가하는 차원으로, 전화면접에서는 지원자의 답변 방식, 어조, 반응 속도 등을 통해 간접적으로 측정할 수 있다. 평가의 핵심은 단순히 '좋은 태도'를 가진 사람을 찾는 것이 아니라, 해당 조직과 직무에 가장 적합한 태도적 특성을 보유했는지를 판단하는 것이다.

(2) Technical Fit(직무 적합성) 평가 기준

Technical Fit은 직무 수행에 필요한 전문성과 역량을 평가하는 차원으로, 전화면접에서는 핵심 지식과 경험의 깊이를 효율적으로 검증할 수 있다. 현재 보유한 역량뿐만 아니라 학습 능력과 성장 잠재력도 함께 고려하는 것이 중요하다.

(3) Organization Fit(조직 적합성) 평가 기준

Organization Fit은 지원자의 가치관과 조직 문화의 일치도를 평가하는 차원으로, 전화면접에서는 조직에 대한 이해도와 문화적 적합성을 중점적으로 확인한다. 지원자가 조직의 미션, 비전, 핵심가치를 얼마나 깊이 이해하고 공감하는지가 핵심이다.

(4) Motivation Fit(동기 적합성) 평가 기준

Motivation Fit은 내재적·외재적 동기의 균형과 지원 동기의 구체성을 평가하여 장기적 몰입 가능성을 예측하는 차원이다. 전화면접에서는 지원자의 진정성 있는 동기와 장기적 비전을 효과적으로 파악할 수 있다.

2. 전화면접 질문 개발 프로세스

전화면접 질문 개발의 기본 원칙은 첫째, 측정 타당성으로 각 질문이 해당 차원의 핵심 요소를 정확히 측정해야 한다. 둘째, 신뢰성으로 동일한 역량을 가진 지원자가 일관된 평가를 받을 수 있어야 한다. 셋째, 실용성으로 제한된 시간 내에 효율적으로 평가할 수 있어야 한다. 넷째, 공정성으로 모든 지원자에게 동등한 기회를 제공해야 한다.

(1) 1단계: 차원별 핵심 구성요소 정의

각 ATOM 차원의 하위 측정지표를 명확히 정의하는 것이 질문 개발의 출발점이다. Attitude Fit(태도 적합성)은 특정 조직과 역할에 가장 적합한 태도 특성을 평가하는 영역으로, 개인의 업무 접근 방식과 조직 문화의 부합도를 측정한다. 코칭수용(자기인식, 자기개선, 평가수용), 긍정적 사고(조직평가, 상사평가, 감사인정), 적응능력(조직적응성, 변화수용성, 인내와 지속성)의 3개 하위영역으로 구성된다.

Technical Fit(직무 적합성)은 직무 수행에 필요한 전문성과 역량을 종합적으로 평가하며, 현재 역량과 성장 잠재력을 함께 고려한다. 직무전문(전문지식, 기술적 숙련도, 전공자격), 직무경험(양적 경험, 질적 경험, 성과 및 성취), 학습역량(자기주도 학습, 지식 전이 능력, 디지털 학습 역량)의 3개 하위영역으로 구성된다.

Organizational Fit(조직 적합성)은 지원자의 가치관과 조직 문화의 일치도를 평가하며, 조직에 대한 이해와 준비성을 중시한다. 조직이해(사업 이해, 조직문화 적합, 고객이해), 의사소통(소통 간결성, 정보 전달력, 문서적 의사소통), 협업능력(관계구축 및 유지, 상호지원 및 개발, 감정조절)의 3개 하위영역으로 구성된다.

Motivational Fit(동기 적합성)은 내재적·외재적 동기의 균형과 지원 동기의 구체성을 평가하여 장기적 몰입 가능성을 예측한다. 지원동기(리서치 충실도, 지원 일관성, 지원동기의 구체성), 동기부여 적합(외적동기, 내적동기, 동기균형), 성취동기(목표 지향성, 과제 지속성, 자기 동기부여)의 3개 하위영역으로 구성된다.

(2) 2단계: 행동지표 도출 및 질문 프레임 설계

각 측정지표별로 관찰 가능한 행동지표를 도출하고, 이를 전화면접에서 확인할 수 있는 질문으로 변환한다. 행동지표는 과거 행동 사례(Behavioral Evidence), 상황 대응 방식(Situational Response), 가치관과 신념(Values and Beliefs), 미래 계획과 목표(Future Plans)의 네 가지 카테고리로 분류하여 개발한다.

질문 프레임은 개방형 질문을 기본으로 하되, 구체적인 사례를 요구하는 STAR(Situation-Task-Action-Result) 기법을 활용한다. 예를 들어, "~한 경험을 말씀해 주세요"와 같은 경험 기반 질문, "~한 상황에서 어떻게 하시겠습니까"와 같은 상황 가정 질문, "~에 대해 어떻게 생각하시나요"와 같은 가치관 탐색 질문을 균형 있게 배치한다.

(3) 3단계: 질문의 계층화 및 연계성 구축

전화면접의 제한된 시간을 고려하여 질문을 주질문(Primary Questions)과 보조질문(Probing Questions)으로 계층화한다. 주질문은 해당 측정지표의 핵심을 직접적으로 평가하는 질문이며, 보조질문은 주질문의 답변을 심화하거나 검증하는 역할을 한다.

질문 간 연계성은 깔때기 기법(Funnel Technique)을 활용하여 일반적인 질문에서 구체적인 질문으로 좁혀가는 방식을 채택한다. 이를 통해 지원자의 표면적 답변에서 시작하여 점진적으로 깊이 있는 정보를 도출할 수 있다.

3. 질문 개발 시 고려사항

(1) 전화면접의 특수성 반영

전화면접은 비언어적 단서를 관찰할 수 없다는 한계가 있으므로, 질문 설계 시 이를 보완하는 전략이 필요하다. 첫째, 답변의 구체성을 요구하는 질문을 통해 진정성을 검증한다. 둘째, 동일한 역량을 다각도에서 측정하는 교차검증 질문을 배치한다. 셋째, 답변의 일관성을 확인할 수 있는 연관 질문을 구성한다.

음성을 통해서만 평가가 이루어지므로 답변의 내용뿐만 아니라 답변 속도, 어조, 확신도 등을 함께 평가할 수 있는 질문을 개발한다. 예를 들어, 즉각적인 답변이 가능한 사실 확인 질문과 깊은 사고를 요구하는 성찰적 질문을 적절히 배합한다.

(2) 직무별 맞춤화 전략

ATOM 기반 질문은 직무 특성에 따라 차별화되어야 한다. 기술직의 경우 Technical Fit 관련 질문의 비중과 깊이를 높이고, 구체적인 기술 역량과 문제해결 사례를 중점적으로 확인한다. 영업직의 경우 Attitude Fit과 Motivation Fit에 중점을 두고, 대인관계 능력과 성취동기를 심층적으로 평가한다. 관리직의 경우 Organization Fit을 강화하여 조직 이해도와 리더십 역량을 집중적으로 검증한다.

직무별 핵심 성공 요인(Critical Success Factors)을 사전에 분석하고, 이를 반영한 가중치를 적용하여 질문을 구성한다. 신입직과 경력직의 차이도 고려하여, 신입직은 잠재력과 학습능력에, 경력직은 즉시 적용 가능한 전문성과 경험에 초점을 맞춘다.

4. 질문의 검증과 최적화

(1) 파일럿 테스트와 신뢰도 검증

개발된 질문은 실제 적용 전 파일럿 테스트를 통해 검증한다. 평가자 간 신뢰도(Inter-rater Reliability)를 측정하여 동일한 답변에 대해 평가자들이 일관된 점수를 부여하는지 확인한다. 내적 일관성(Internal Consistency)을 분석하여 동일한 차원을 측정하는 질문들이 일관된 결과를 도출하는지 검증한다.

질문의 변별력(Discriminant Power)을 평가하여 우수한 지원자와 그렇지 않은 지원자를 효과적으로 구분할 수 있는지 확인한다. 답변 시간 분석을 통해 각 질문에 적절한 시간이 배분되는지 점검하고, 전체 면접 시간 내에 모든 차원을 균형 있게 평가할 수 있도록 조정한다.

(2) 지속적 개선 체계

질문 개발은 일회성 작업이 아닌 지속적 개선 과정이다. 면접 결과와 입사 후 성과 간의 상관관계를 분석하여 예측 타당도를 검증한다. 질문별 효과성을 정기적으로 평가하여 변별력이 낮거나 중복되는 질문은 수정 또는 제거한다.

시대 변화와 세대 특성을 반영하여 질문을 업데이트한다. MZ세대의 가치관 변화, 디지털 전환에 따른 역량 요구사항 변화, 포스트 코로나 시대의 업무 방식 변화 등을 질문에 반영한다. 산업별 트렌드와 조직별 특수성도 고려하여 질문 뱅크를 지속적으로 확장하고 정교화한다.

5. 실무 적용 가이드라인

전화면접 질문의 효과적 활용을 위해서는 체계적인 실행 프로토콜이 필요하다. 면접관 교육을 통해 각 질문의 의도와 평가 기준을 명확히 전달하고, 표준화된 질문 순서와 시간 배분을 준수하도록 한다.

평가 기준은 5점 척도를 기본으로 하되, 각 점수별 구체적인 행동 지표를 제시하여 평가의 객관성을 확보한다. 답변 내용뿐만 아니라 답변 과정에서 나타나는 사고의 논리성, 표현의 명확성, 태도의 진정성 등을 종합적으로 평가한다.

질문 활용의 유연성도 중요하다. 기본 질문 세트를 준수하되, 지원자의 답변에 따라 적절한 보조 질문을 활용하여 심층적인 정보를 도출한다. 다만, 모든 지원자에게 공정한 기회를 제공하기 위해 핵심 질문은 동일하게 적용한다.

제 7 절

전화면접 평가 서식 및 평가 방법

1. ATOM 기반 전화면접 평가표

ATOM 기반 전화면접 평가표는 체계적이고 일관성 있는 평가를 위한 핵심 도구이다. 평가표는 기본 정보 섹션, ATOM 4차원별 평가 섹션, 음성 커뮤니케이션 섹션, 종합 평가 섹션으로 구성된다.

[표7-3] ATOM 기반 전화면접 평가표

<table>
<tr><td colspan="7">시너지컨설팅 전화면접 평가표</td></tr>
<tr><td colspan="7">본 평가에 있어 면접관 본인은 지원자에 대해 주관을 배제하고 객관적으로 평가하여 응시자의 평가가 공정하게 평가하였음을 확인합니다. 또한 평가자료, 평가 후 평가 결과에 대해 외부로 그 내용을 절대 누설하지 않을 것을 서약합니다.</td></tr>
<tr><td>지원직무</td><td colspan="2"></td><td>지 원 자</td><td colspan="3">이름 또는 식별번호</td></tr>
<tr><td rowspan="2">평가위원</td><td>소속</td><td></td><td rowspan="2">면접일시</td><td>시작</td><td colspan="2"></td></tr>
<tr><td>성명</td><td>(서명)</td><td>종료</td><td colspan="2"></td></tr>
<tr><td colspan="7">1. ATOM 차원별 상세 평가-5점 척도</td></tr>
<tr><td rowspan="6">Attitude Fit
비중(%)</td><td>측정지표</td><td colspan="4">확인 사항</td><td>점수</td></tr>
<tr><td>감정 조절</td><td colspan="4">예상치 못한 질문이나 압박 상황에서도 침착함을 유지하는가?</td><td>5-4-3-2-1</td></tr>
<tr><td>상호작용 자세</td><td colspan="4">일방적 설명이 아닌 대화형 커뮤니케이션을 하는가?</td><td>5-4-3-2-1</td></tr>
<tr><td>성장 마인드셋</td><td colspan="4">자신의 부족한 부분을 인정하고 개선 노력을 구체적으로 설명하는가?</td><td>5-4-3-2-1</td></tr>
<tr><td>협업 지향성</td><td colspan="4">팀 성과를 설명할 때 자신의 기여와 타인의 기여를 균형 있게 인정하는가?</td><td>5-4-3-2-1</td></tr>
<tr><td>점수 소계</td><td colspan="5">/20점 평균: 점</td></tr>
</table>

Technical Fit 비중(%)	전문성의 깊이	자신이 주장한 전문 분야에 대해 심화 질문을 했을 때 구체적이고 정확한 답변을 하는가?	5-4-3-2-1
	실무 경험의 구체성	프로젝트나 업무 경험을 설명할 때 자신의 역할, 사용한 방법론, 직면한 도전과 해결 과정을 상세히 설명하는가?	5-4-3-2-1
	최신 트렌드 이해	해당 분야의 최근 동향이나 기술 발전에 대한 관심과 이해도가 있는가?	5-4-3-2-1
	학습 능력	새로운 기술이나 지식을 습득한 구체적 사례와 방법을 제시하는가?	5-4-3-2-1
	점수 소계	/20점 평균: 점	
Organization Fit 비중(%)	기업 연구의 깊이	회사의 비전, 미션, 핵심 가치에 대한 이해가 피상적이지 않고 구체적인가?	5-4-3-2-1
	산업이해	업체 트렌드 이해와 경쟁사를 정확히 알고 있는가?	5-4-3-2-1
	의사소통	질문을 끝까지 듣고 답변하는가? 중간에 끊거나 성급하게 대답하지 않는가?	5-4-3-2-1
	일하는 방식	선호하는 업무 스타일이 조직의 업무 문화와 일치하는가?	5-4-3-2-1
	점수 소계	/20점 평균: 점	
Motivation Fit 비중(%)	동기부여 적합성	지원자가 이해하고 있는 직무 내용과 실제 직무 내용은 일치하는가?	5-4-3-2-1
	지원동기 구체성	지원동기에 대한 명확한 이유, 충분한 고민, 진정성이 드러나는가?	5-4-3-2-1
	현실적 기대	급여, 복지, 근무 조건, 위치에 대한 기대가 현실적인가?	5-4-3-2-1
	경력 목표	조직 내에서의 경력 개발 목표가 실현 가능하고 조직의 성장 경로와 일치하는가?	5-4-3-2-1
	점수 소계	/20점 평균: 점	
2. 음성 커뮤니케이션 평가			
측정지표	확인사항		점수
음성 명료성	발음과 조음(정확성, 일관성, 자연스러움), 음성특성(음량, 음색), 속도와 리듬, 언어적 명확성		5-4-3-2-1
답변 구조화	논리적 구성(서론-본론-결론, 인과관계), 핵심 메시지 전달(주제 명확성), 스토리텔링 능력		5-4-3-2-1
시간 관리	적정 길이의 답변(1분 이내), 우선순위 판단(중요도, 선택), 페이스 조절, 전체 면접 시간 인식		5-4-3-2-1

<table>
<tr><td>경청 능력</td><td colspan="5">질문 이해도(즉각 이해, 핵심 포착), 반응적 경청, 대화 맥락 유지, 상호작용 품질, 공감적 경청</td><td>5-4-3-2-1</td></tr>
<tr><td>점수 소계</td><td colspan="6">/20점 평균: 점</td></tr>
<tr><td colspan="7">3. 종합 평가 및 결과</td></tr>
<tr><td rowspan="2">영역별 취득 점수</td><td>Attitude Fit</td><td colspan="2">__점 × __% = __점</td><td>Technical Fit</td><td colspan="2">__점 × __% = __점</td></tr>
<tr><td>Organization Fit</td><td colspan="2">__점 × __% = __점</td><td>Motivation Fit</td><td colspan="2">__점 × __% = __점</td></tr>
<tr><td>총점</td><td>ATOM</td><td>__점</td><td>음성소통</td><td>__점</td><td>합계</td><td>__점</td></tr>
<tr><td>최종 평가 결과</td><td colspan="6">• A등급(4.0점 이상): 우선 면접 대상
• B등급(3.0점-3.9점): 면접 대상
• C등급(2.0점-2.9점): 조건부 면접 대상
• D등급(2.0점 미만): 불합격</td></tr>
<tr><td>면접 추천 여부</td><td colspan="6">• 강력 추천: 탁월한 적합성, 우선 면접 실시
• 추천: 정규 면접 진행 권장
• 조건부 추천: 특정 영역 보완 시 면접
• 비추천: 부적합</td></tr>
<tr><td colspan="7">4. 평가자 종합 의견</td></tr>
<tr><td>강점 및 가능성</td><td colspan="6"></td></tr>
<tr><td>약점 및 우려사항</td><td colspan="6"></td></tr>
<tr><td rowspan="2">의견 참고</td><td colspan="3">Red Flags</td><td colspan="3">Outstanding Points</td></tr>
<tr><td colspan="3">• 일관성 없는 답변
• 과도한 과장 또는 허위 의심
• 극도의 수동성
• 부정적 태도
• 기타: ______________</td><td colspan="3">• 탁월한 사례/경험
• 뛰어난 인사이트
• 높은 성장 잠재력
• 완벽한 문화 적합성
• 기타: ______________</td></tr>
<tr><td colspan="7">평가 기준 참고표</td></tr>
<tr><td>점수 평가 기준</td><td colspan="6">5점(탁월): 기대 수준을 크게 상회, 핵심 인재 가능성 매우 높음
4점(우수): 기대 수준 상회, 빠른 시간 내 조직 기여 가능
3점(보통): 기본 요구사항 충족, 적절한 지원으로 성장 가능
2점(미흡): 기본 요구사항 다소 미달, 추가 역량 개발 필요
1점(부족): 기본 요구사항 현저히 미달, 현재 직무 수행 어려움</td></tr>
</table>

서류전형 대비 평가 변화			
영역	서류평가	전화면접	변화
Attitude Fit	점	점	↑ ↓ →
Technical Fit	점	점	↑ ↓ →
Organization Fit	점	점	↑ ↓ →
Motivation Fit	점	점	↑ ↓ →

2. 평가 기준 및 채점 가이드

각 평가 항목별 5점 척도 기준을 명확히 정의하여 면접관 간 평가 일관성을 확보한다. 탁월(5점)은 해당 영역에서 기대 수준을 크게 상회하는 경우, 우수(4점)는 기대 수준을 약간 상회하는 경우, 보통(3점)은 기대 수준을 충족하는 경우, 미흡(2점)은 기대 수준에 약간 못 미치는 경우, 부족(1점)은 기대 수준에 크게 못 미치는 경우로 정의한다.

예를 들어, 의사소통 태도 평가에서 탁월(5점)은 명확하고 논리적이며 예의 바른 의사소통으로 면접관과 원활한 상호작용이 가능한 경우이다. 우수(4점)는 대체로 명확하고 예의 바른 의사소통이 가능하나 일부 개선 여지가 있는 경우이다. 보통(3점)은 기본적인 의사소통은 가능하나 명확성이나 논리성에서 아쉬운 부분이 있는 경우이다.

각 차원별 총점은 20점 만점으로 산정하며, ATOM 전체 점수는 80점 만점으로 계산하고 음성 커뮤니케이션 평가를 20점 만점으로 계산한다. 일반적으로 80점 이상을 대면 면접 진출 기준으로 설정하되, 직무 특성과 조직 요구사항에 따라 조정할 수 있다.

3. 종합 평가 및 의사결정

(1) 다차원적 평가의 통합

전화면접 종료 후 ATOM 네 가지 차원의 평가 결과를 종합하는 과정은 단순한 점수 합산이 아닌 질적 분석 과정이다. 각 차원 간의 상호작용과 보완 가능성을 고려하여 전체적인 적합성을 판단한다. 예를 들어, Technical Fit이 다소 부족하더라도 뛰어난

Attitude Fit과 Motivation Fit이 이를 보완할 수 있는지를 평가한다.

특히 주목해야 할 것은 'Red Flag' 신호들이다. 일관성 없는 답변, 과도한 과장, 팀워크 경험의 부재, 학습 의지 부족 등은 특정 차원의 점수와 관계없이 전체 평가에 중대한 영향을 미친다.

(2) 서류전형 결과와의 비교 분석

전화면접 결과는 반드시 서류전형 평가와 비교 분석되어야 한다. 서류에서 우수했던 지원자가 전화면접에서 기대에 못 미치거나, 반대로 서류상 평범했던 지원자가 뛰어난 잠재력을 보이는 경우가 있다. 이러한 갭(Gap)은 추가 검증이 필요한 영역을 시사한다.

일관성 있는 우수성을 보이는 지원자는 다음 단계 진행이 명확하지만, 차원별 편차가 큰 지원자의 경우 추가적인 검증 방법을 고려해야 한다. 이는 대면 면접에서의 집중적으로 검증할 주요 포인트가 된다.

(3) 차기 전형을 위한 인사이트 도출

전화면접은 그 자체로 완결된 평가가 아니라 전체 채용 프로세스의 한 단계다. 따라서 대면 면접에서 추가로 확인해야 할 사항, 레퍼런스 체크 시 중점적으로 검증해야 할 영역 등을 명확히 도출해야 한다.

또한 우수 지원자의 이탈을 방지하기 위한 전략적 커뮤니케이션 포인트도 파악한다. 전화면접에서 드러난 지원자의 핵심 관심사와 우려사항을 바탕으로 맞춤형 어필 전략을 수립하는 것이다.

제 8 절

전화면접의 품질 관리와 지속적 개선

1. 면접 녹취와 품질 분석

모든 전화면접은 지원자의 동의하에 녹취되어야 하며, 이는 평가의 정확성 향상과 면접관 역량 개발의 중요한 자료가 된다. 정기적인 녹취 파일 리뷰를 통해 면접 기술의 개선점을 도출하고, 우수 사례를 공유하여 조직 전체의 면접 역량을 향상시킨다.

특히 주목할 것은 면접관의 질문 기술이다. 유도 질문, 폐쇄형 질문의 과다 사용, 경청 부족으로 인한 중요 정보 누락 등은 지속적으로 개선해야 할 영역이다. 또한 ATOM 각 차원에 대한 시간 배분의 균형도 중요한 품질 지표다.

2. 지속적인 타당도 검증

전화면접의 예측 타당도는 채용 후 성과 추적을 통해 지속적으로 검증되어야 한다. 전화면접 평가 결과와 실제 업무 성과, 조직 적응도, 이직률 등과의 상관관계를 분석하여 평가 기준과 가중치를 조정한다.

시너지컨설팅의 오랜 경험에 따르면, 전화면접의 예측 정확도는 지속적인 개선을 통해 향상될 수 있다. 이는 단순한 도구의 개선이 아닌, 면접관의 전문성 향상과 조직의 학습 능력 축적의 결과다.

제 9 절

전화면접관 가이드라인

1. 면접관의 역할과 책임

ATOM 기반 전화면접에서 면접관은 단순한 질문자가 아닌 전문적인 인재 평가자로서의 역할을 수행한다.

면접관의 주요 책임은 다음과 같다. 첫째, ATOM 모델 네 가지 차원에 대한 정확한 이해를 바탕으로 체계적인 평가를 수행한다. 둘째, 개인적 편견이나 선입견을 배제하고 객관적인 평가 기준을 적용한다. 셋째, 지원자에게 공정하고 존중하는 태도로 면접을 진행한다. 넷째, 법적 규정을 준수하며 윤리적인 면접을 실시한다.

면접관은 또한 조직의 브랜드를 대표하는 역할도 수행한다. 전화면접은 지원자가 조직을 직접 체험하는 첫 번째 접점이므로, 면접관의 태도와 전문성이 조직의 이미지에 직접적인 영향을 미친다. 따라서 전문적이면서도 친근한 태도로 면접을 진행하여 우수한 인재의 관심을 유지하는 것이 중요하다.

2. 효과적인 질문 기법

ATOM 기반 전화면접에서는 구조화된 질문과 유연한 추가 질문을 적절히 조합하여 사용한다. 기본적으로는 사전에 준비된 ATOM 차원별 표준 질문을 활용하되, 지원자의 답변에 따라 심화 질문을 진행한다.

효과적인 질문 기법의 핵심은 과거 행동 기반 질문의 활용이다. “만약 ~한다면 어떻게 하시겠습니까?"와 같은 가정적 질문보다는 "~한 경험이 있으시다면 구체적으로 어떻게 처리하셨나요?"와 같은 실제 경험 기반 질문이 더욱 정확한 평가를 가능하게 한다.

질문 시에는 명확하고 간결한 표현을 사용하며, 한 번에 하나의 질문만 제시한다. 복합적인 질문은 지원자의 혼란을 야기하고 정확한 답변을 방해할 수 있다. 또한 유도 질문이나 암시적 질문은 피하고, 지원자가 자유롭게 답변할 수 있도록 개방형 질문을 주로 사용한다.

지원자의 답변에 대해서는 적극적으로 경청하며, 필요시 명확화를 위한 추가 질문을 진행한다. "좀 더 구체적으로 설명해 주실 수 있나요?" 또는 "그 상황에서 가장 어려웠던 점은 무엇이었나요?"와 같은 심화 질문을 통해 더욱 깊이 있는 정보를 수집한다.

3. 평가 시 주의사항

ATOM 기반 전화면접에서 정확한 평가를 위해서는 여러 가지 주의사항을 숙지해야 한다. 가장 중요한 것은 개인적 편견이나 고정관념이 평가에 개입되지 않도록 하는 것이다. 지원자의 출신 지역 억양, 목소리 톤, 말하는 속도 등과 같은 요소가 평가에 부당한 영향을 미치지 않도록 주의한다.

헤일로 효과(Halo Effect)와 혼 효과(Horn Effect)를 경계해야 한다. 지원자의 한 가지 뛰어난 특징이 다른 영역의 평가에 긍정적인 영향을 미치거나, 반대로 한 가지 부족한 점이 전체 평가를 부정적으로 왜곡하는 현상을 방지해야 한다. 각 ATOM 차원을 독립적으로 평가하고, 객관적인 기준을 일관되게 적용한다.

최신 효과(Recency Effect)와 초두 효과(Primacy Effect)도 주의해야 할 요소이다. 면접 후반부의 인상이나 초기 인상이 전체 평가를 과도하게 좌우하지 않도록, 면접 전 과정을 균형 있게 고려하여 평가한다.

또한 조기 결론 도출을 피해야 한다. 면접 초기에 형성된 인상을 바탕으로 성급한 판단을 내리기보다는, 모든 ATOM 차원을 종합적으로 평가한 후 최종 결론을 도출한다. 면접 과정에서 메모를 충실히 작성하여 객관적인 평가 근거를 확보한다.

4. 면접관 교육 및 역량 개발

효과적인 ATOM 기반 전화면접을 위해서는 면접관에 대한 체계적인 교육이 필수적이다. 교육 프로그램은 ATOM 모델의 이론적 기초, 실무 적용 방법, 평가 기준 및 절차, 법적 고려사항 등을 포괄한다.

이론 교육에서는 ATOM 모델의 개발 배경과 과학적 근거, 각 차원의 정의와 측정 방법, 예측 정확도와 효과성에 대한 실증 데이터 등을 상세히 학습한다. 또한 조직심리학과 인사관리학의 관련 이론도 함께 습득하여 전문적인 이해를 도모한다.

실무 교육에서는 모의 전화면접을 통한 실습이 중심이 된다. 다양한 유형의 지원자 사례를 활용하여 실제 면접 상황을 시뮬레이션하고, 평가 결과에 대한 피드백과 토론을 진행한다. 특히 면접관 간 평가 일관성을 높이기 위해 동일한 사례에 대한 평가 결과를 비교 분석한다.

지속적인 역량 개발을 위해서는 정기적인 보수 교육과 사례 공유 세션을 운영한다. 새로운 직무나 조직 변화에 따른 평가 기준 업데이트, 법규 변경사항 반영, 우수 사례 및 개선 사항 공유 등을 통해 면접관의 전문성을 지속적으로 향상시킨다.

제 10 절

법적 고려사항 및 주의점

1. 채용 관련 법규 준수

ATOM 기반 전화면접은 정식 채용 전형의 일부이므로 관련 법규를 철저히 준수해야 한다. 근로기준법, 남녀고용평등과 일·가정 양립 지원에 관한 법률, 장애인고용촉진 및 직업재활법, 개인정보보호법 등 채용과 관련된 모든 법규의 적용을 받는다.

성별, 연령, 혼인 여부, 임신 계획, 종교, 정치적 성향, 출신 지역, 신체적 특징 등 직무 수행 능력과 직접적인 관련이 없는 개인정보에 대한 질문은 엄격히 금지된다. 이러한 정보는 지원자가 자발적으로 제공하더라도 평가 요소로 활용해서는 안 된다.

장애인 지원자의 경우 합리적 조정의 범위 내에서 면접 환경을 개선해야 한다. 예를 들어, 청각 장애가 있는 지원자라면 화상 면접이나 서면 면접 등 대안적 방법을 제공할 수 있다. 단, 이러한 조정이 해당 직무의 본질적 기능 수행에 과도한 부담을 주지 않는 선에서 이루어져야 한다.

개인정보보호법에 따라 면접 과정에서 수집된 모든 정보는 채용 목적으로만 활용되어야 하며, 법정 보관 기간 경과 후에는 안전하게 폐기해야 한다. 또한 지원자의 개인정보 처리에 대한 동의를 사전에 받고, 처리 목적과 범위를 명확히 고지해야 한다.

2. 면접 기록 관리 및 문서화

전화면접 과정과 결과는 법적 증빙 자료가 될 수 있으므로 정확하고 객관적으로 기록

해야 한다. 모든 평가 내용은 업무 관련성을 기준으로 작성하며, 개인적 감정이나 추측에 기반한 내용은 포함하지 않는다.

면접 기록은 지원자별로 개별 파일로 관리하며, 평가 서식, 면접 메모, 추가 자료 등을 체계적으로 정리한다. 기록 내용은 구체적이고 객관적인 사실에 기반하여 작성하며, "성격이 내향적인 것 같다"와 같은 주관적 판단보다는 "질문에 대한 답변이 간결했으며, 추가 설명을 요청했을 때 구체적인 예시를 제공했다"와 같은 관찰 가능한 행동 중심으로 기록한다.

면접 녹음은 지원자의 사전 동의를 받은 경우에만 실시하며, 녹음 파일은 보안이 확보된 장소에 보관한다. 녹음 내용은 평가의 정확성을 높이기 위한 참고 자료로만 활용하며, 제3자에게 공개하거나 다른 목적으로 사용하지 않는다.

면접 관련 모든 문서는 채용 프로세스 종료 후 일정 기간 보관하되, 개인정보보호법에 따른 보관 기간을 준수한다. 보관 기간 경과 후에는 복구가 불가능한 방법으로 완전히 폐기한다.

3. 분쟁 예방 및 대응 방안

공정하고 투명한 전화면접 프로세스 운영을 통해 분쟁 발생 가능성을 최소화해야 한다. 이를 위해 명확한 평가 기준과 절차를 사전에 공개하고, 모든 지원자에게 동일한 기준을 적용한다.

면접 결과에 대한 지원자의 이의 제기가 있을 경우를 대비하여 객관적이고 구체적인 평가 근거를 확보해야 한다. ATOM 기반 평가 서식과 상세한 면접 기록이 이러한 근거 자료가 될 수 있다.

불합격 통보 시에는 구체적인 평가 내용보다는 일반적인 안내 문구를 사용하는 것이 바람직하다. "전형 결과 아쉽게도 다음 단계로 진출하지 못하게 되었습니다"와 같은 표현이 적절하며, 개별 평가 점수나 부족한 부분에 대한 구체적인 언급은 피한다.

분쟁이 발생한 경우에는 인사 담당 부서와 법무팀의 협조를 받아 신속하고 적절하게 대응한다. 면접 과정의 적법성과 공정성을 입증할 수 있는 자료를 체계적으로 정리하고, 필요시 전문가의 자문을 받는다.

제 11 절

전화면접 결과 활용 방안

1. 대면 면접 설계와 연계

ATOM 기반 전화면접 결과는 대면 면접의 설계와 진행에 중요한 정보를 제공한다. 전화면접에서 확인된 지원자의 강점과 보완 필요 영역을 바탕으로 대면 면접에서 중점적으로 확인할 사항을 설정한다.

예를 들어, 전화면접에서 Technical 차원의 점수가 높았던 지원자라면 대면 면접에서는 Organization과 Motivation 차원을 더욱 깊이 있게 평가할 수 있다. 반대로 특정 차원에서 보완이 필요한 것으로 나타난 지원자라면 해당 영역에 대한 추가 확인을 통해 정확한 평가를 도모한다.

전화면접 평가 결과는 대면 면접관들과 공유되어 일관성 있는 평가가 이루어지도록 한다. 단, 전화면접 결과가 대면 면접 평가에 선입견을 주지 않도록 적절한 수준에서 정보를 공유하는 것이 중요하다.

또한 전화면접에서 나타난 지원자의 관심사나 질문 사항을 대면 면접에서 더욱 상세히 다룰 수 있도록 준비한다. 이는 지원자의 만족도를 높이고, 우수한 인재의 최종 입사 결정에 긍정적인 영향을 미칠 수 있다.

2. 인재 풀 관리 및 장기적 활용

ATOM 기반 전화면접 결과는 단순히 현재 채용 프로세스에만 활용되는 것이 아니라, 장기적인 인재 풀 관리에도 중요한 데이터가 된다. 현재 채용에서는 탈락했지만 우수한 평가를 받은 지원자들은 향후 유사한 포지션이 생겼을 때 우선적으로 연락할 수 있는 인재 풀로 관리한다.

특히 Organization과 Motivation 차원에서 높은 점수를 받았으나 현재 직무의 Technical 요구사항과 맞지 않았던 지원자들은 다른 직무 기회가 생겼을 때 재검토할 가치가 있다. 이러한 체계적인 인재 풀 관리는 채용 효율성을 높이고 우수한 인재를 놓치는 리스크를 줄일 수 있다.

전화면접 데이터는 또한 조직의 채용 트렌드 분석과 인재 시장 동향 파악에도 활용될 수 있다. 지원자들의 ATOM 차원별 평균 점수 변화, 직무별 지원자 특성 분석, 성공적인 채용 사례의 공통점 도출 등을 통해 채용 전략을 지속적으로 개선할 수 있다.

3. 채용 프로세스 개선 및 최적화

ATOM 기반 전화면접 결과는 전체 채용 프로세스의 효과성을 평가하고 개선하는 데 중요한 피드백을 제공한다. 전화면접에서 높은 점수를 받고 최종 채용된 인재들의 실제 업무 성과를 추적하여 모델의 예측 정확도를 지속적으로 검증한다.

예측 정확도가 기대에 미치지 못하는 경우, 평가 기준이나 가중치를 조정하여 모델을 최적화한다. 예를 들어, 특정 직무에서 Technical 차원보다 Attitude 차원이 실제 성과에 더 큰 영향을 미치는 것으로 나타났다면, 해당 직무의 평가 가중치를 조정할 수 있다.

또한 전화면접 과정에서 자주 발생하는 문제점이나 개선 사항을 수집하여 프로세스를 지속적으로 개선한다. 면접관들의 피드백, 지원자들의 의견, 채용 담당자의 관찰 등을 종합하여 더욱 효과적이고 효율적인 전화면접 프로세스를 구축한다.

이러한 지속적인 개선 노력은 ATOM 모델의 핵심 철학인 "살아있는 시스템"을 구현하는 것이며, 변화하는 조직 환경과 인재 시장에 능동적으로 대응할 수 있게 한다.

제 8 장

ATOM 기반 면접전형

제 1 절

면접전형의 개요와 목적

1. 면접전형의 정의와 전략적 필요성

(1) 면접전형의 본질적 정의

면접전형은 ATOM 기반 인재 채용 모델의 핵심 실행 단계로서, 지원자의 종합적인 적합성을 직접적이고 심층적으로 검증하는 가장 중요한 선발 도구이다. 서류전형과 전화면접을 통해 확인된 기본적 적합성을 토대로, 실제 대면 상황에서 지원자의 진정한 역량과 잠재력을 평가하는 과정이다.

면접전형의 학술적 기반은 Person-Environment Fit 이론, 역량 기반 선발 모델(Competency-Based Selection Model), 구조화 면접 이론(Structured Interview Theory) 등 검증된 이론적 토대 위에 구축되었다. 특히 Lewin(1935)의 장이론(Field Theory)에 따르면, 인간의 행동(B)은 개인(P)과 환경(E)의 함수[B = f(P, E)] 로 표현되며, 이는 ATOM 모델이 추구하는 다차원적 적합성 평가의 이론적 근거가 된다.

(2) 면접전형의 전략적 필요성

현대 조직 환경에서 면접전형의 필요성은 다음과 같은 다층적 차원에서 그 중요성이 부각된다.

첫째, 인지적 차원(Cognitive Dimension)의 평가 필요성이다. 서류전형과 전화면접으로는 파악하기 어려운 지원자의 실시간 사고 과정, 문제해결 접근법, 논리적 추론 능력을 직접 관찰할 수 있다. 특히 복잡한 비정형 문제에 대한 대응 능력은 면접 상황에서만 정확히 평가될 수 있다.

둘째, 정서적 차원(Affective Dimension)의 평가 필요성이다. 감정 조절 능력, 대인 민감성, 공감 능력 등 정서 지능(Emotional Intelligence)의 핵심 요소들은 대면 상황에서의 미묘한 상호작용을 통해서만 정확히 측정될 수 있다. Goleman(1995)의 연구에 따르면, 리더십 효과성의 67%가 정서 지능에 의해 설명되며, 이는 면접전형의 중요성을 더욱 강조한다.

셋째, 행동적 차원(Behavioral Dimension)의 평가 필요성이다. 비언어적 커뮤니케이션, 자세와 태도, 에너지 수준, 프레젠스(presence) 등은 직접적인 관찰을 통해서만 평가 가능하다. Mehrabian(1971)의 연구에 따르면, 대인 커뮤니케이션의 93%가 비언어적 요소에 의해 전달되며, 이는 대면 면접의 불가결성을 입증한다.

넷째, 상호작용적 차원(Interactive Dimension)의 평가 필요성이다. 실시간 피드백 처리 능력, 즉흥적 대응력, 설득력, 협상력 등은 역동적인 상호작용 과정에서만 정확히 평가될 수 있다. 이는 실제 업무 상황에서의 성과를 예측하는 가장 유효한 지표가 된다.

면접전형의 필요성은 다음과 같은 측면에서 명확히 드러난다. 첫째, 서류상으로는 파악하기 어려운 지원자의 실제 역량과 태도를 직접 관찰할 수 있다. 둘째, 상호작용을 통해 조직과 지원자 간의 적합성을 양방향으로 검증할 수 있다. 셋째, 비언어적 커뮤니케이션을 포함한 전인적 평가가 가능하다. 넷째, 조직 문화와 업무 환경에 대한 실제적 경험을 제공함으로써 상호 이해도를 높일 수 있다.

(3) 면접전형의 예측 타당도

메타 분석 연구들은 구조화된 면접이 미래 직무 성과를 예측하는 데 있어 높은 타당도(validity coefficient = 0.51)를 보인다는 것을 일관되게 보고하고 있다(Schmidt & Hunter, 1998). 특히 ATOM 기반의 다차원적 구조화 면접은 기존 방식 대비 40% 이상 향상된 예측력을 보이며, 이는 다음과 같은 요인들에 기인한다.

- **체계적 평가 구조:** 4차원 12개 평가 영역 36개 측정지표의 포괄적 평가
- **행동 기반 평가:** 과거 행동과 상황 대응을 통한 미래 행동 예측
- **다각적 검증:** 복수 평가자와 다양한 평가 기법의 교차 검증
- **맥락적 평가:** 조직 특수성과 직무 요구사항을 반영한 맞춤형 평가

2. ATOM 모델과 면접전형의 연계성

(1) ATOM 모델의 이론적 프레임워크

ATOM 모델은 조직심리학, 인사관리학, 행동경제학, 신경과학 등 다학제적 연구 성과를 통합한 혁신적인 평가 프레임워크이다. 각 차원은 독립적이면서도 상호보완적 관계를 형성하며, 인재의 총체적 적합성을 입체적으로 평가한다.

Attitude Fit의 이론적 기반은 Big Five 성격 이론, 정서 지능 이론, 회복탄력성 이론 등에 근거한다. 특히 Duckworth(2007)의 그릿(Grit) 연구는 장기적 성공에 있어 태도의 중요성을 실증적으로 입증했으며, 이는 Attitude Fit 평가의 핵심 근거가 된다.

Technical Fit의 이론적 기반은 전문성 개발 이론(Expertise Development Theory), 학습 민첩성 이론(Learning Agility Theory), 인지 부하 이론(Cognitive Load Theory) 등에 기초한다. Ericsson(1993)의 의도적 연습(Deliberate Practice) 이론은 전문성 평가와 예측의 과학적 근거를 제공한다.

Organization Fit의 이론적 기반은 조직 문화 이론, 사회 정체성 이론, 제도 이론 등에서 도출된다. Schneider(1987)의 ASA(Attraction-Selection-Attrition) 모델은 조직 적합성의 중요성과 메커니즘을 설명하는 핵심 이론이다.

Motivation Fit의 이론적 기반은 자기결정 이론(Self-Determination Theory), 기대 이론(Expectancy Theory), 목표 설정 이론(Goal Setting Theory) 등에 근거한다. Deci와 Ryan(2000)의 연구는 내재적 동기와 외재적 동기의 균형이 지속적 성과의 핵심임을 입증했다.

(2) 면접전형에서의 ATOM 통합 평가

면접전형은 ATOM 4개 차원을 가장 포괄적이고 심층적으로 평가할 수 있는 유일한 평가 도구이다. 각 차원은 면접 과정에서 다음과 같이 유기적으로 연계되어 평가된다.

- **통합적 관찰과 평가**: 하나의 질문이나 과제를 통해 여러 차원을 동시에 평가할 수 있다. 예를 들어, 팀 프로젝트 경험을 설명하는 과정에서 Attitude Fit(협업 태도), Technical Fit(전문성), Organization Fit(팀워크 가치), Motivation Fit(성취 동기)을 동시에 관찰할 수 있다.
- **역동적 상호작용 평가**: 면접관과의 상호작용 과정에서 나타나는 즉각적 반응, 적응

력, 커뮤니케이션 스타일 등을 통해 실제 업무 상황에서의 행동을 예측할 수 있다.

- **맥락적 심화 평가**: 추가 질문과 상황 제시를 통해 표면적 답변을 넘어 심층적 역량과 잠재력을 파악할 수 있다.

ATOM 모델은 Attitude(태도 적합성), Technical(직무 적합성), Organization(조직 적합성), Motivation(동기 적합성)의 4개 차원을 통해 인재의 종합적 적합성을 평가한다. 면접전형은 이 4개 차원을 가장 포괄적이고 깊이 있게 평가할 수 있는 최적의 평가 도구이다.

대면 상황에서만 가능한 심층적 관찰과 평가를 통해, ATOM 모델의 각 차원을 다각도로 검증할 수 있다. 특히 지원자의 진정성, 문화적 적합성, 대인관계 능력, 상황 대처 능력 등은 면접전형에서만 정확히 평가할 수 있는 핵심 요소들이다.

3. ATOM 기준에 따른 면접전형의 목적

(1) Attitude Fit(태도 적합성) 평가 목적

면접전형에서 Attitude Fit 평가는 지원자의 행동 패턴과 태도적 특성을 실시간으로 관찰하고 검증하는 것을 목적으로 한다. 압박 상황에서의 감정 조절 능력, 예상치 못한 질문에 대한 대처 방식, 타인과의 상호작용 태도 등을 직접 확인할 수 있다. 특히 코칭 수용성, 변화 적응력, 신뢰성과 같은 핵심 태도 요소들은 면접 과정에서의 반응과 행동을 통해 가장 정확하게 평가될 수 있다.

(2) Technical Fit(직무 적합성) 평가 목적

Technical Fit 평가는 직무 역량의 깊이와 실제 적용 능력을 검증하는 것이 면접전형에서의 Technical Fit 평가 목적이다. 단순한 지식의 암기 수준을 넘어, 복잡한 문제 상황에서의 분석력과 해결 능력을 평가한다. 프레젠테이션, 사례 분석, 기술 면접 등을 통해 전문성의 수준과 실무 적용 가능성을 심층적으로 확인한다.

(3) Organization Fit(조직 적합성) 평가 목적

Organization Fit 평가는 지원자와 조직 간의 문화적 적합성을 가장 효과적으로 평가할 수 있는 기회를 제공한다. 조직의 가치관과 지원자의 가치관이 얼마나 일치하는지,

기존 구성원들과의 협업 가능성은 어떠한지를 직접적으로 확인할 수 있다. 또한 조직에 대한 이해도와 비전 정렬 수준을 구체적인 대화를 통해 검증한다.

(4) Motivation Fit(동기 적합성) 평가 목적

Motivation Fit 평가는 지원자의 내재적 동기와 외재적 동기의 균형, 장기적 몰입 가능성을 평가하는 것이 평가 목적이다. 직접적인 대화를 통해 지원 동기의 진정성을 확인하고, 성장 욕구와 성취 동기의 수준을 파악한다. 특히 어려운 상황에서 지속 가능한 열정과 회복탄력성을 평가하는 데 중점을 둔다.

제 2 절

ATOM 모델 기반 면접전형의 특징

1. 기존 면접전형과의 차별화

(1) 패러다임 전환: 선발에서 매칭으로

ATOM 기반 면접전형은 전통적인 '선발(Selection)' 패러다임에서 '상호 매칭(Mutual Matching)' 패러다임으로의 혁명적 전환을 구현했다. 이는 단순히 조직이 일방적으로 인재를 평가하고 선택하는 것이 아니라, 조직과 인재가 상호 적합성을 확인하고 장기적 파트너십을 모색하는 양방향 프로세스로 진화했음을 의미한다.

ATOM 기반 면접전형은 기존의 단편적이고 주관적인 면접 방식을 과학적이고 체계적인 평가 시스템으로 전환시킨 혁신적 솔루션이다. 이 방법론은 면접의 예측력과 타당성을 획기적으로 향상시켰다.

핵심적인 차별화 요소는 다음과 같다. 첫째, 4차원 통합 평가 체계를 통해 인재를 다면적으로 평가한다. 둘째, 구조화된 면접 기법과 행동 기반 질문을 체계적으로 활용한다. 셋째, 평가자 간 일관성을 확보하는 표준화된 평가 프로토콜을 제공한다. 넷째, 데이터 기반의 의사결정을 가능하게 하는 정량적 평가 시스템을 구축했다.

전통적 면접의 한계

- **일방향적 평가**: 조직이 지원자를 일방적으로 평가
- **표면적 검증**: 이력서 내용의 단순 확인 수준
- **주관적 판단**: 면접관 개인의 직관과 경험에 의존
- **단기적 관점**: 즉시 활용 가능한 기술과 경험 중심
- **부정적 스크리닝**: 결격 사유 찾기에 집중

ATOM 기반 면접의 혁신

- **양방향 탐색**: 상호 기대와 가치의 일치도 확인
- **심층적 분석**: 잠재력과 성장 가능성까지 종합 평가
- **과학적 체계**: 검증된 이론과 데이터 기반 평가
- **장기적 전망**: 미래 성장과 기여 가능성 중심
- **긍정적 발견**: 강점과 가능성 발굴에 초점

(2) 방법론적 혁신: 구조화와 유연성의 최적 결합

ATOM 기반 면접전형은 구조화된 평가의 신뢰성과 비구조화 면접의 심층성을 최적으로 결합한 하이브리드 모델이다. 이는 '구조화된 유연성(Structured Flexibility)'이라는 혁신적 개념을 통해 구현된다.

다층적 구조화 시스템

매크로 구조(Macro Structure): **ATOM 4차원 프레임워크**

- 모든 면접에 일관되게 적용되는 기본 구조
- 4개 차원, 12개 평가 영역, 36개 측정지표의 체계
- 포괄성과 일관성 확보

메조 구조(Meso Structure): **직무별 맞춤형 가중치**

- 직무 특성에 따른 차원별 가중치 차별화
- 핵심 역량과 보조 역량의 구분
- 산업과 조직 특성 반영

마이크로 구조(Micro Structure): **상황적 유연성**

- 지원자 특성에 따른 질문 깊이 조절
- 답변에 따른 적응적 추가 질문
- 개인별 맞춤형 평가 시나리오

(3) 기술적 혁신: 데이터 기반 의사결정 시스템

ATOM 모델은 방대한 데이터베이스를 기반으로 지속적으로 진화하는 학습 시스템이다. 이는 다음과 같은 기술적 혁신을 통해 구현된다.

예측 분석 시스템(Predictive Analytics System)

- 과거 채용 데이터와 성과 데이터의 상관관계 분석
- 머신러닝 알고리즘을 통한 성공 프로필 도출
- 실시간 벤치마킹과 비교 분석
- 지속적 모델 최적화와 정확도 향상

통합 평가 플랫폼(Integrated Assessment Platform)

- 서류전형-전화면접-대면 면접 데이터의 통합 관리
- 다차원 평가 결과의 시각화
- 평가자 간 신뢰도 실시간 모니터링
- 자동화된 리포팅과 인사이트 생성

2. 예측 정확도와 효율성

ATOM 기반 면접전형은 90% 이상의 예측 정확도를 달성하며, 이는 기존 채용 방식 대비 40% 이상 개선된 결과이다. 이러한 높은 예측력은 체계적인 평가 프레임워크와 지속적인 데이터 분석을 통한 모델 최적화의 결과이다.

효율성 측면에서도 탁월한 성과를 보인다. 구조화된 면접 프로세스를 통해 평가 시간을 최적화하면서도 평가의 깊이는 향상시킨다. 또한 명확한 평가 기준과 가이드라인을 통해 면접관의 준비 시간을 단축하고, 일관된 평가 품질을 유지할 수 있다.

- **다차원적 평가의 포괄성:** Ones, Viswesvaran & Schmidt(2007)의 메타분석에 따르면, 다차원적 평가는 단일 차원 평가 대비 예측 타당도를 평균 35% 향상시킨다. ATOM의 4차원 통합 평가는 이러한 다차원성의 이점을 최대화한다.
- **행동 기반 평가의 타당성:** 과거 행동이 미래 행동의 최고 예측 변수라는 행동 일관성 이론(Behavioral Consistency Theory)에 기반한 ATOM 기법의 체계적 활용은 예측 정확도를 크게 향상시킨다.
- **구조화 면접의 신뢰성:** Huffcutt & Arthur(1994)의 연구에 따르면, 고도로 구조화된 면접의 타당도 계수는 0.57로, 비구조화 면접(0.20)보다 2.85배 높다. ATOM의 구조화 시스템은 이러한 이점을 충분히 활용한다.

제 3 절

ATOM 기준에 따른 면접전형의 효과

1. 채용 프로세스 효율성 극대화

ATOM 기반 면접전형은 전체 채용 프로세스의 효율성을 극대화하는 핵심 역할을 수행한다. 체계적인 평가 구조를 통해 면접 시간을 효과적으로 활용하며, 각 차원별로 필요한 정보를 빠짐없이 수집할 수 있다. 이는 추가 면접의 필요성을 줄이고, 의사결정의 속도와 정확성을 동시에 향상시킨다.

또한 표준화된 평가 프로세스는 면접관 교육 시간을 단축시키고, 신규 면접관도 빠르게 전문적인 평가를 수행할 수 있도록 지원한다. 이를 통해 조직 전체의 채용 역량이 향상되고, 채용 비용 대비 효과성이 크게 개선된다.

2. 평가 정확도 및 예측력 향상

(1) 다층적 검증 시스템

ATOM 기반 면접전형의 가장 큰 강점은 높은 평가 정확도와 예측력이다. 4차원 평가 모델을 통해 지원자의 현재 역량뿐만 아니라 미래 성장 가능성까지 정확히 예측할 수 있다. 특히 구조화된 행동 기반 질문과 상황 면접 기법을 활용하여 지원자의 실제 업무 수행 능력을 효과적으로 평가한다.

교차 검증(Cross-Validation) 메커니즘

- 서류전형 → 전화면접 → 대면 면접의 단계별 검증
- 각 단계에서 수집된 정보의 일관성 확인
- 불일치 영역에 대한 심층 탐색
- 최종 종합을 통한 입체적 프로필 구성

다원적 평가(Multi-Source Assessment)

- 복수 면접관의 독립적 평가
- 구조화 질문과 자유 대화의 병행
- 행동 관찰과 심리 측정의 결합
- 정량적 점수와 정성적 인상의 통합

예측 모델의 지속적 개선

- 채용 후 성과 데이터의 지속적 수집
- 예측 모델과 실제 성과의 갭 분석
- 머신러닝을 통한 가중치 자동 조정
- 산업별, 직무별 세분화된 모델 구축

(2) 인지적 편향의 체계적 제거

다수의 평가자가 참여하는 패널 면접 방식과 교차 검증 시스템을 통해 평가의 객관성을 확보한다. 이는 개인의 편견이나 주관적 판단이 최종 결과에 미치는 영향을 최소화하고, 보다 신뢰할 수 있는 평가 결과를 도출하게 한다.

구조적 편향 제거 장치

- 블라인드 평가 단계 도입
- 순서 효과 제거를 위한 무작위 배치
- 앵커링 효과 방지를 위한 독립 평가
- 확증 편향 방지를 위한 악마의 변호인 역할

훈련과 인식을 통한 편향 감소

- 무의식적 편향에 대한 정기 교육
- 편향 사례 분석과 토론
- 자가 모니터링 도구 제공
- 피드백을 통한 지속적 개선

3. 지원자 경험 개선 및 조직 브랜딩 효과

ATOM 기반 면접전형은 지원자에게도 긍정적인 경험을 제공한다. 체계적이고 공정한 평가 과정은 지원자들에게 전문적이고 신뢰할 수 있는 조직 이미지를 전달한다. 명확한 평가 기준과 투명한 프로세스는 결과에 대한 수용도를 높이고, 설령 불합격하더라도 조직에 대한 긍정적 인상을 유지하게 한다.

또한 면접 과정에서 조직의 가치와 문화를 효과적으로 전달함으로써, 우수한 인재들의 입사 의향을 높이는 효과를 창출한다. 이는 장기적으로 조직의 채용 브랜드를 강화하고, 인재 유치 경쟁력을 향상시키는 중요한 요소로 작용한다.

4. 디지털 시대 대응 역량 검증

현대의 급변하는 비즈니스 환경에서 ATOM 기반 면접전형은 디지털 시대가 요구하는 새로운 역량들을 효과적으로 평가할 수 있다. 디지털 리터러시, 원격 협업 능력, 변화 적응력, 지속적 학습 능력 등 미래 지향적 역량들을 체계적으로 검증한다.

특히 포스트 코로나 시대의 하이브리드 근무 환경에 적합한 인재를 선별하는 데 있어, ATOM 모델의 다차원적 평가는 큰 강점을 발휘한다. 기술적 역량뿐만 아니라 자기 주도성, 커뮤니케이션 능력, 디지털 환경에서의 협업 능력 등을 종합적으로 평가할 수 있다.

제 4 절

면접전형 실시 전 준비사항

1. 채용을 위한 직무 분석 및 평가 기준 설정

성공적인 ATOM 기반 면접전형을 위해서는 철저한 사전 준비가 필수적이다. 가장 먼저 해당 직무에 대한 체계적인 분석이 선행되어야 한다. 직무 분석 과정에서는 핵심 업무 내용, 필요 역량, 조직 내 역할, 성과 기준 등을 명확히 정의한다.

직무 분석을 바탕으로 ATOM 4차원별 평가 기준을 구체적으로 설정한다. 각 차원별로 필수 역량과 우대 역량을 구분하고, 직무 특성에 따른 가중치를 부여한다. 예를 들어, 연구개발직의 경우 Technical Fit의 비중을 높이고, 영업직의 경우 Attitude Fit과 Motivation Fit의 비중을 높이는 식으로 차별화된 평가 기준을 수립한다.

2. 면접 환경 및 도구 준비

면접 환경은 지원자가 자신의 역량을 충분히 발휘할 수 있도록 편안하면서도 전문적인 분위기로 조성해야 한다. 조용하고 프라이버시가 보장되는 면접실을 확보하고, 적절한 온도와 조명을 유지한다. 면접 테이블과 의자는 평등한 대화가 가능하도록 배치한다.

필요한 평가 도구들을 사전에 준비한다. ATOM 기반 면접 평가표, 구조화된 질문 리스트, 평가 기준표, 메모 도구 등을 면접관별로 준비한다. 프레젠테이션이나 과제 발표가 있는 경우, 필요한 기술 장비와 자료를 점검한다. 또한 예상치 못한 상황에 대비한 백업 계획도 수립한다.

3. 법적 고려사항 및 컴플라이언스

면접전형은 법적 규제가 가장 엄격하게 적용되는 채용 단계이다. 남녀고용평등법, 개인정보보호법, 장애인차별금지법 등 관련 법규를 철저히 준수해야 한다. 성별, 연령, 혼인 여부, 임신 계획, 종교, 정치적 성향 등 차별적 요소가 될 수 있는 질문은 엄격히 금지된다.

면접 과정의 기록과 평가 자료는 법적 증빙 자료로 활용될 수 있으므로, 객관적이고 업무 관련성이 있는 내용만을 기록한다. 장애인 지원자의 경우 합리적인 편의 제공 의무를 준수하며, 필요시 수화 통역사 배치, 확대 자료 제공 등의 조치를 취한다.

제 5 절

ATOM 기반 면접전형 설계

1. 면접 설계 단계

제1단계: 평가 영역 선정 및 Assessment Mix 작성

채용 예정 직무의 성공적 수행에 필요한 핵심 역량을 ATOM 4차원에 따라 분류하고, 각 차원별 세부 평가 요소를 도출한다. 직무 전문가 인터뷰를 통해 직무의 특성과 요구사항을 명확히 파악하고, 회사 비전, 조직가치, 인재상 등을 종합적으로 고려하여 평가 영역을 확정한다.

제2단계: 평가 도구 매트릭스 구성

평가 영역과 평가 도구를 매칭하는 매트릭스를 작성한다. 구술 면접과 시뮬레이션 면접 중 각 평가 영역에 가장 적합한 도구를 선택하고, 영역별로 적용할 구체적인 면접 기법을 결정한다.

제3단계: 면접 질문 및 과제 개발

직무기술서, 채용 직무기술서, 핵심 성과지표, 인재상 등의 기초 자료를 바탕으로 각 평가 영역별 구체적인 질문을 개발한다. 질문은 '상황/배경-행동-결과/성과'를 구체적으로 파악할 수 있도록 설계하며, 지원자의 실제 경험과 역량을 심층적으로 평가할 수 있도록 구성한다.

[표8-1] 면접전형 개발프로세스

단계	개발 프로세스 내용
1단계 면접평가 설계	• 목표설정 먼저 면접의 목표를 명확히 설정해야 한다. 예를 들어, 지원자의 기술과 경험을 평가하거나 문제해결 능력과 커뮤니케이션 스킬 같은 기술적 능력 평가와 조직에 어울릴 수 있는 특성 즉 문화적 적합성을 살펴보는 것과 같은 목표를 설정해야 한다. • 측정지표 선정 ① 직무기술서 또는 채용 직무기술서를 기반으로 측정지표를 선정한다.(태도, 능력, 과업, 역량, 기술, 경험, 산업 이해, 조직 이해, 동기, 동기부여 적합 등) ② 채용 예정 부문의 직무 전문가와 인터뷰를 통해 결정한다. ③ 측정지표 선정은 회사소개, 비전체계, 조직가치, 인재상, 부서목표 등의 내용을 활용하여 ATOM 모델의 영역으로 나눠 선정한다.
	▼
2단계 평가 도구 매트릭스 구성	• ASSESSMENT MIX 작성 측정지표 × 평가 도구를 확인할 수 있는 매트릭스를 작성하여 관리한다. • 측정지표별 면접형식 결정 ① 측정지표가 결정되었다면 그 영역별로 적용하기 적합한 면접유형을 결정한다. ② 주로 사용되는 면접 평가 도구로는 구술 면접과 시뮬레이션 면접이 있다. • 면접의 구조화 질문내용의 표준화, 일관된 면접 진행 프로세스, 판단기준의 표준화, 평점의 표준화, 면접관 간 측정지표 표준화, 역할 배분 등을 고려하여 구조화 면접을 준비한다.
	▼
3단계 면접질문 및 과제개발	• 측정지표 선정 직무기술서, 채용 직무기술서, 핵심 성과지표, 인재상 등 • 기초자료 수집 ① 태도 적합성: 팀 역할 및 협업태도 분석, 조직 및 직무별 상황분석, 코칭수용 모델 ② 직무 적합성: 직무내용, 직무기술서, 채용 직무기술서, 직무 전문가 인터뷰 활용 ③ 조직 적합성: 조직의 가치체계, 미션, 비전, 인재상 부합 가능성, 조직문화진단 자료 ④ 동기 적합성: 보상체계 분석, 성장경로 및 경력 개발 기회 확인, 인정시스템 확인 • 표준화 진행, 질문 내용의 표준화

<table>
<tr><th>단계</th><th>개발 프로세스 내용</th></tr>
<tr><td>3단계
면접질문 및
과제개발</td><td>• 반응 및 행동 평가
① 지원자의 반응 및 행동 패턴을 평가하기 위해 상황에 따른 질문을 포함해야 한다.
② 질문의 다양성: 각 지원자에게 물어볼 질문을 정하고, 이에 따른 평가 기준을 설정한다. 이를 통해 지원자들을 공평하게 평가할 수 있다. 다양한 유형의 질문을 포함하여 기술적인 질문, 상황에 대한 대처능력을 확인할 수 있는 질문, 예상치 못한 상황에 대한 대응력을 평가할 수 있는 질문 등을 포함시키는 것이 좋다.
③ 질문의 일관성: 동일한 질문에 대해 모든 지원자에게 동일한 기회를 제공하여 공정한 평가를 할 수 있도록 한다.

• 평가 기준 및 가중치
각 질문 또는 평가 항목의 상대적인 중요성을 결정하고 가중치를 할당해야 한다.

• 피드백 및 평가 프로세스
면접 후 후속 조치를 포함한 피드백 및 평가 프로세스를 계획해야 한다.
예시: 평가 양식 작성, 평가자 간 토론 및 일치 평가 등

• 면접질문 및 과제 검증
마지막으로 직무 전문가 및 평가 전문가 의견수렴 및 사전 모의 테스트를 통한 수정 보완을 실시한다. 사전 모의 테스트 항목으로는 타당성, 신뢰성, 정보 이해의 용이성, 과제 수행시간의 적합성, 면접 과정에서의 어려움, 제공되는 정보량의 적정성 및 추가 필요 정도 등이 있다.

이러한 사항들을 고려하여 면접전형을 설계하면 지원자를 효과적으로 평가할 수 있다.</td></tr>
</table>

제 6 절

ATOM Assessment Mix Matrix

1. Assessment Mix Matrix의 개념과 필요성

Assessment Mix Matrix는 ATOM 모델을 면접전형에 체계적으로 적용하기 위한 핵심 설계 도구로서, 수많은 기업의 채용 컨설팅 경험을 통해 개발된 혁신적인 평가 체계이다. 이는 단순히 평가 영역과 평가 도구를 나열하는 것이 아니라, 각 평가 영역에 가장 적합한 평가 도구를 과학적으로 매칭하여 면접의 예측 타당도와 신뢰도를 극대화하는 전략적 프레임워크이다.

전통적인 면접 설계가 면접관의 경험과 직관에 의존하여 비구조화된 방식으로 진행되었다면, Assessment Mix Matrix는 각 측정지표별로 최적화된 평가 도구를 체계적으로 배치함으로써 평가의 객관성과 정확성을 확보한다.

2. Assessment Mix Matrix의 구조와 구성요소

Assessment Mix Matrix는 크게 세 가지 핵심 구성요소로 이루어져 있다. 첫째는 ATOM 모델에 기반한 평가 영역 및 세부 측정지표, 둘째는 각 지표를 측정하기 위한 다양한 평가 도구, 셋째는 이들 간의 최적 매칭을 보여주는 매트릭스 구조이다.

평가 영역은 ATOM의 4대 적합성을 중심으로 구성되며, 각 영역별로 3~5개의 세부 측정지표가 배치된다. 평가 도구로는 면접 전형 단계별 태도면접, 역량면접, PT면접, 토론면접, 발표토론면접, 상황면접, 시뮬레이션 면접, 역할 연기, 서류함 기법, 비스니스 게임 면접, 임원인성면접, 등이 활용되며, 각 도구의 특성과 장단점을 고려하여 측정지표와 매칭된다. 매트릭스에서는 주된 평가 도구(●)와 보조적 평가 도구(○), 참조 정보(△)로 구분하여 표시함으로써 평가의 중점과 보완 관계를 명확히 한다.

[표8-2] ATOM Assessment Mix Matrix

평가 영역/측정지표 (평가 도구)			평가방법	1차면접(실무진)		2차(임원) 태도 면접
영역	측정지표	측정지표 확인 요소		대면 면접	발표 면접	
태도 적합	코칭수용	지원자가 자기 성장을 위해 피드백을 얼마나 효과적으로 수용하고 활용할 수 있는지를 측정한다.	질문&답변	○		●
	긍정사고	지원자가 과거 경험을 어떻게 해석하고 평가하는지를 통해 미래 조직에서의 태도를 예측한다.	질문&답변	○		●
	적응노력	변화하는 환경과 새로운 상황에 대한 유연성을 평가한다.	질문&답변	○		●
직무 적합	직무전문	해당 직무를 수행하는 데 필요한 지식과 기술의 깊이를 평가한다.	발표토론 질문&답변	○	●	△
	직무경험	실제 업무 수행 경험의 양과 질을 종합적으로 평가한다.	발표토론 질문&답변	○	●	△
	학습역량	급변하는 환경에서 지속적으로 성장할 수 있는 능력을 평가한다.	발표토론 질문&답변	○	●	△
조직 적합	조직이해	지원자가 조직의 전반적인 맥락을 얼마나 잘 파악하고 있는지를 평가한다.	질문&답변	○		●
	의사소통	조직 내에서 효과적으로 소통할 수 있는 능력을 평가한다.	질문&답변	○	○	●
	협력능력	팀워크와 협력적 업무 수행 능력을 평가한다.	질문&답변	○		●
동기 적합	지원동기	해당 조직과 직무에 대한 지원자의 준비성과 진정성을 평가한다.	질문&답변	●		○
	동기적합	지원자의 동기 구조가 조직이 제공할 수 있는 보상 체계와 얼마나 부합하는지를 평가한다.	질문&답변	●		○
	성취동기	높은 성과를 추구하고 달성하려는 내재적 동력을 평가한다.	질문&답변	●	○	○

범례

기호	평가 수준	설명
●	주요평가 도구	해당 요소를 직접적이고 구체적으로 평가할 수 있는 핵심 도구
○	보조 평가도구	간접적 평가가 가능하며 다른 도구와 연계하여 활용
△	참조 정보	제한적 정보 제공, 추가 검증이나 면접에서 심화 확인 필요

3. Assessment Mix Matrix의 실무 적용 전략

(1) 매트릭스 기반 면접 설계 프로세스

Assessment Mix Matrix를 실무에 적용하기 위해서는 체계적인 프로세스가 필요하다. 첫째, 채용 직무의 핵심 성공 요인을 분석하여 ATOM 4대 영역별 중요도와 가중치를 설정한다. 둘째, 각 측정지표별로 적합한 평가 도구를 매칭하되, 조직의 채용 자원과 시간적 제약을 고려하여 현실적인 설계를 진행한다. 셋째, 평가 도구별 구체적인 질문과 과제를 개발하고, 평가 기준과 채점 방식을 표준화한다.

(2) 평가 도구 간 시너지 창출 방안

Assessment Mix Matrix의 핵심은 단순히 여러 평가 도구를 나열하는 것이 아니라, 도구 간의 시너지를 창출하는 것이다. 예를 들어, 역량면접에서 확인한 과거 경험을 PT면접의 시나리오로 연결하여 실제 적용 능력을 검증하거나, PT면접에서 나타난 특정 행동 패턴을 임원인성면접에서 심층적으로 탐구하는 방식으로 연계성을 확보한다.

(3) 데이터 기반 지속적 개선

Assessment Mix Matrix는 고정된 도구가 아니라 지속적으로 진화하는 시스템이다. 면접 결과와 입사 후 성과 데이터를 체계적으로 수집·분석하여 각 측정지표와 평가 도구의 예측 타당도를 검증하고, 이를 바탕으로 매트릭스를 지속적으로 개선한다. 특히 디지털 전환과 AI 기술의 발전에 따라 새로운 평가 도구의 도입과 기존 도구의 고도화를 추진한다.

제 7 절

ATOM 기반 면접전형 진행 절차

1. 과학적 체계성과 인간적 통찰력의 조화

ATOM 기반 면접전형 진행 절차는 단순한 순서와 단계의 나열이 아닌, 실증 데이터가 집약된 전략적 프로세스이다. 이는 조직심리학, 인사관리학, 행동경제학 등의 학술적 이론과 실무적 노하우가 완벽하게 융합된 혁신적 시스템으로, 인재 선발의 정확성과 효율성을 동시에 극대화하는 최적화된 솔루션이다.

본 절차의 핵심은 '구조화된 유연성(Structured Flexibility)'이라는 혁신적 개념에 있다. 표준화된 프레임워크를 통해 평가의 일관성과 공정성을 확보하면서도, 각 지원자의 고유한 특성과 상황에 맞춰 유연하게 대응할 수 있는 적응적 시스템을 구현했다. 이는 기존의 경직된 면접 방식이 가진 한계를 극복하고, 지원자의 진정한 역량과 잠재력을 최대한 끌어낼 수 있는 혁신적 접근법이다.

면접 진행 절차는 크게 네 가지 핵심 단계로 구성된다. 첫째, '면접 시작 단계'는 심리적 안정감과 상호 신뢰를 구축하는 기반 조성 과정으로, 이후 진행될 심층 평가의 효과성을 좌우하는 결정적 순간이다. 둘째, 'ATOM 모델의 차원별 평가 진행'은 Attitude, Technical, Organization, Motivation의 4개 차원을 체계적으로 탐색하는 핵심 평가 과정으로, 과학적 평가 도구와 숙련된 면접 기법이 결합되어 다차원적이고 입체적인 인재 프로필을 구축한다. 셋째, '면접 마무리 및 후속 절차 안내'는 지원자 경험을 완성하고 조직 브랜드를 강화하는 전략적 마무리 과정이다. 마지막으로 넷째는 '면접 평가 단계' 로서 면접 종료 후 10분 이내 핵심 인상 기록을 통해 정확성과 공정성을 확보한다.

특히 주목할 점은 각 단계가 독립적으로 기능하는 것이 아니라, 유기적으로 연결되어 시너지 효과를 창출한다는 것이다. 면접 시작 단계에서 형성된 라포는 차원별 평가의 깊이와 진정성을 높이고, 체계적인 평가 과정은 지원자에게 전문적이고 공정한 조직 이미지를 전달하며, 긍정적인 마무리는 우수 인재 확보와 조직 브랜드 강화로 이어진다. 이러한 선순환 구조는 90% 이상의 예측 정확도와 함께 지원자 만족도 4.5/5.0이라는 탁월한 성과를 가능하게 하는 핵심 메커니즘이다.

본 절차는 또한 디지털 시대의 변화하는 채용 환경을 반영하여 지속적으로 진화하고 있다. 화상 면접, AI 기반 분석 도구, 실시간 평가 시스템 등 최신 기술을 적극 활용하면서도, 인간 중심의 가치와 면대면 상호작용의 중요성을 결코 간과하지 않는다. 이는 "사람을 최고의 자산으로 만드는" 시너지컨설팅의 철학이 면접 프로세스 전반에 구현된 결과이며, 기술과 인간성의 조화로운 융합을 통해 미래 지향적이면서도 따뜻한 채용 문화를 선도하고 있다.

[표8-3] ATOM 기반 면접전형 진행 시나리오

단계	실행 및 시간	세부 내용
면접 시작 단계	사전 준비 및 역할 분담 (50분)	1. 반드시 사전 준비모임을 갖는다. - 면접 경험이 있다 하더라도 면접 분야에 대한 사전 정보습득 및 면접관 간의 사전 협의를 위한 모임을 가질 필요가 있다. - 면접 시간보다 30분~1시간 정도 일찍 도착하여 면접 준비를 한다. 특히, 사전 면접 모임이 없었던 경우 이 시간을 이용하여 면접관들이 협의하는 것이 좋다.
		2. 회사의 ATOM 기반 차원별 요구 역량을 숙지한다. - 인터뷰는 지원자가 회사가 요구하는 역량을 어느 정도 보유하고 있는지를 측정하기 위한 것이다. 그러므로 면접위원은 회사의 ATOM 기반 요구역량에 대해 익히고 숙지하고 있어야 한다. - 응시 분야에 대한 정보를 정확히 알고 있어야 제대로 된 질문과 평가를 할 수 있다.
		3. 면접관 트레이닝 교재 내용을 숙지한다. - 교재에는 면접 전략, 질문 예제 및 평가 방법, 면접위원 유의 사항 등을 기술한 가이드로서, 평가위원들은 가이드를 참조하여 구조화된 인터뷰를 실시한다. - 면접관 트레이닝 교재는 인터뷰에서 발생할 수 있는 오류를 최소화하고 평가의 공정성 및 객관성을 확보할 수 있다.
		4. 채용원칙을 제대로 이해한다. 면접 진행 방법, ATOM 기반 구조화된 측정지표, 과학적인 면접 질문, 오류 예방을 위한 평가표 이해, 자신의 역할 및 책임 사항을 숙지한다.

<table>
<tr><td rowspan="7">면접
시작
단계</td><td rowspan="2">사전
준비
및
역할
분담
(50분)</td><td>5. 지원자에 대한 개인정보를 확인하고 질문을 통해 확인할 사항을 점검한다.
- 사전에 배부된 자료나 지원서(이력서, 자기소개서)를 검토해 자신의 의견을 정리해 놓아라. 의문점이나 확인이 필요한 부분은 메모를 해 둬야 한다.
- 자기소개서를 꼼꼼히 읽으면서 의문스러운 부분을 체크하고, 각 역량을 측정하기 위해 어떤 질문을 해야 하는지 정해야 한다.
- 지원자를 평가할 수 있는 질문과 평가 기준을 공유한다.
- 각 평가위원들이 적절하게 질문 분야를 나누고 자신이 맡은 영역에 대한 답변 레벨링을 준비한다.</td></tr>
<tr><td>6. 면접위원 간 역할 분담을 한다.
- 면접 시간이 제한적이기 때문에 평가할 내용에 대해 면접관들이 사전에 역할을 분담하여 질문하도록 한다. 특히, 시작과 끝의 역할을 정해 짜임새 있게 진행한다.</td></tr>
<tr><td rowspan="5">도입
(5분)</td><td>1. 초기 접촉 단계
환영 인사, 면접 참여에 대한 감사의 말, 긴장 완화, 라포 형성 등의 활동을 통하여 최대한 편안한 상태를 만든다.</td></tr>
<tr><td>2. 지원자 확인
지원자를 확인(이름, 수험번호(블라인드))하고 지원(응시) 부문을 확인한다.</td></tr>
<tr><td>3. 면접관 소개를 한다.</td></tr>
<tr><td>4. 긴장 완화 단계
날씨, 교통 등 중립적 주제로 시작하여 긍정적이고 개방적인 분위기를 조성한다.</td></tr>
<tr><td>5. 면접 목적과 프로세스를 소개한다.
면접 목적
1) 지원자의 적합성에 대해 자세하게 앎으로써, 그를 통해 회사와의 적합성 여부를 판단하고자 한다.
2) 지원자가 회사의 지원부서 및 직무에 대해 궁금한 사항이 있을 때 대답하기 위해 마련되었다.

면접 프로세스
1) 우리 회사는 인재를 중요시하는 기업임을 설명하고 면접 프로세스를 설명한다.
2) 각 면접위원은 지원자가 과거 경험했던 일이나 특정 상황에서 어떻게 행동했는지를 질문할 것이라는 점을 설명한다.
3) 인터뷰는 30~50분(회사 기준 수립)가량 소요되며, 인터뷰 후에는 지원자가 질문할 시간을 주겠다는 점을 설명한다.</td></tr>
</table>

<table>
<tr><td rowspan="4">면접
시작
단계</td><td rowspan="4">도입
(5분)</td><td>6. 효과적인 자기소개 유도
자기소개는 지원자의 커뮤니케이션 능력과 자기인식을 평가하는 첫 번째 기회이다.
구조화된 자기소개 가이드:
- Story: 개인적 배경과 동기
- Track: 경력 여정과 성장
- Expertise: 핵심 역량과 강점
- Purpose: 지원 동기와 목표</td></tr>
<tr><td>7. 공정한 평가가 될 수 있도록 메모나 입력을 한다고 말한다.</td></tr>
<tr><td>8. 지원자들이 시작할 준비가 되었는지 묻는다.</td></tr>
<tr><td>9. 면접 시작을 고지한다.

면접 도입(부문) 샘플 멘트
안녕하십니까? 저는 인사팀에서 채용을 맡고 있는 홍길동이라고 합니다. 이렇게 한국기업에 지원해 주셔서 감사합니다. 오시는 데 불편한 점은 없으셨습니까?

오늘 면접은 지원자의 적합성에 대해 자세하게 앎으로써, 회사와의 지원자 간의 적합성 여부를 판단하고, 지원자가 회사의 지원부서 및 직무에 대해 궁금한 사항이 있을 때 대답하기 위해 마련되었습니다.

우리 한국기업은 인재를 중요시하는 회사로서 편안한 상태에서 최대한 상호 이해하는 데 집중하는 면접을 실시하려고 합니다. 오늘 면접은 약 50분가량 소요되며, 면접 후에는 지원자께서 궁금한 사항을 해소할 수 있는 질문 시간을 제공해 드리겠습니다.

대부분의 질문은 지원자가 과거 경험했던 일이나 특정 상황에서 어떻게 행동했는지를 질문할 예정이며, 이에 대해 자신의 경험을 기반으로 답변해 주시면 됩니다.

마음을 편히 가지시고 저희들이 묻는 질문에 있는 그대로 말씀해 주시면 고맙겠습니다. 혹시 면접이 진행되는 중에 이해를 못 하겠거나 궁금한 사항이 있으면 주저하지 마시고 언제든지 말씀하여 주시기 바랍니다.

지원자 답변 준비가 되셨는지요? 최대한 긴장을 푸시고 편안한 상태로 답변해 주시기 바랍니다. 그러면 지금부터 면접을 시작하겠습니다.</td></tr>
</table>

<table>
<tr><td rowspan="7">면접
질문
단계</td><td rowspan="7">ATOM
차원별
질문
(40분)</td><td>1. 지원자별로 ATOM 모델 각 차원 대해 40분 내외로 진행한다.(태도적합, 직무적합, 조직적합, 동기적합 등)
• Attitude Fit 평가에서는 행동 기반 질문(Behavioral Questions)을 활용하여 지원자의 과거 행동 패턴과 태도적 특성을 파악한다. 코칭수용성, 변화적응력, 신뢰성 등의 핵심 지표를 실제 상황에서의 대응 사례를 통해 검증한다.
• Technical Fit 평가는 직무 관련 전문지식과 실무 능력을 심층적으로 검증하는 단계로, 단순한 지식 확인을 넘어 문제해결 능력과 학습 잠재력까지 종합적으로 평가한다. 케이스 스터디, 기술 질문, 프로젝트 경험 분석 등 다양한 방법을 활용하여 지원자의 실제 역량 수준을 정확히 파악한다.
• Organization Fit 평가에서는 지원자의 가치관과 조직 문화의 적합성을 다각도로 검증한다. 조직에 대한 이해도, 문화적 적응 가능성, 비전 정렬도 등을 구체적인 질문과 시나리오를 통해 평가하며, 장기적 성공 가능성을 예측한다.
• Motivation Fit 평가는 지원동기의 진정성과 지속 가능성을 확인하는 과정으로, 내재적 동기와 외재적 동기의 균형, 성장욕구, 직무몰입 잠재력 등을 종합적으로 분석한다. 특히 장기적 몰입과 성과 창출 가능성을 예측하는 데 중점을 둔다.</td></tr>
<tr><td>2. 면접위원 3~4명이 각 영역을 전담하여 질문하는 것이 효과적이다.</td></tr>
<tr><td>3. 지원자의 경험이나 전문성을 파악할 수 있는 질문을 한다.
- 해당 직위의 직무나 직책 수준에 적합한 경험이나 전문성 파악에 초점을 맞추고 '상황/배경-행동-결과/성과' 등을 자세히 설명할 수 있도록 질문한다.</td></tr>
<tr><td>4. 질문에 일관성을 유지한다.
- 평가는 동일한 척도로 지원자의 우열을 판단하는 것이다. 따라서 일관성 있는 질문을 통해 지원자들의 능력을 판단할 수 있도록 한다.
- 질문에 일관성이 없으면 지원자 간 비교평가가 어렵다.</td></tr>
<tr><td>5. 지원자에게 질문이 공평하게 배당될 수 있도록 사전에 구조화한다.</td></tr>
<tr><td>6. 확산형 질문을 한 후, 지원자가 최대한 구체적인 답변을 하도록 유도한다.
- 지원자들은 때로 자신이 답하기 쉬운 부분에 자신 있게 답변하는 반면, 회피하고 싶은 부분에 대해서는 평가가 곤란할 정도로 애매한 답변으로 얼버무린다.
- 이런 경우 자세한 추가 질문을 통해 평가 가능한 답변을 이끌어 내야 한다. 때로 침묵을 하면서 지원자를 응시하게 되면, 지원자는 답변이 미흡하다고 판단하여 보충 답변을 하게 된다.</td></tr>
<tr><td>7. 질문은 되도록 간단히 하고 답변을 많이 듣고 기록한다.
- 사전에 질문을 준비하여 단계별로 간략하게 질문하고 지원자의 답변을 많이 듣도록 노력한다.
- 또한, 피면접자에게 '질문을 하지는 않았지만, 꼭 하고 싶은 말이 있습니까?' 등의 기회를 제공하는 것도 바람직하다.</td></tr>
</table>

<table>
<tr><td rowspan="7">면접 질문 단계</td><td rowspan="7">ATOM 차원별 질문 (40분)</td><td>8. 실제 행동·성과를 파악하는 데 집중한다.
- 면접 과정에서 지원자는 자신의 능력이나 성과를 과장하려는 경향이 있어 지원자의 실제 행동이나 성과를 제대로 파악하지 못하면 과대평가하는 오류를 범하게 된다.
- 따라서 체계적인 질문 등을 통해 실제 행동·성과 등을 심도 있게 파악해야 한다.</td></tr>
<tr><td>9. 구체적인 상황 질문을 한다.
- 지원자의 경험·업무 수행에 바탕을 둔 상황질문을 하여 지원자가 처한 상황에서 발휘한 능력을 평가한다.</td></tr>
<tr><td>10. 평가 중 주요 발언이나 확인할 사항들은 요약한다.
다음의 표현을 사용하면 좋다.
- ○○○이 중요한 역량이라고 하셨습니다. 맞습니까?
- 여기서 잠깐 답변을 정리해 보겠습니다.
- 답변 내용이 복잡하고 새로운 내용이 많군요. 더 진행하기 전에 내용을 되짚어 보겠습니다.

답변을 유도하는 스킬
지원자가 회피하더라도 답변을 얻어 낸다. 지원자들이 특정 질문에 대해 답변하지 못하는 경우 3R(Repeat, Rephrase, Require) 면접 기술을 통해 해결한다.
- Repeat(반복하라): 지원자가 답변을 회피할 때
- Rephrase(쉽게 풀어서 질문하라): 지원자가 답변 자체를 이해하지 못할 때
- Require(결국 답변을 얻어 내라): 어떤 어려운 상황에서도 답변하도록 유도</td></tr>
<tr><td>11. 한 참석자(면접관, 지원자)의 발언이 장황하면 적절하게 개입한다.
- 발언이 길면 “○○○ 지원자 정리해 주세요~” 등</td></tr>
<tr><td>12. 지원자의 답변을 제대로 이해했다는 증거를 보여 줘라.(탈락수용성 상승)</td></tr>
<tr><td>13. 비언어적 행동 유의(이력서, 필기도구, 동작 등). 서류를 정리하거나 펜으로 책상 등을 두드리지 않는다.</td></tr>
<tr><td>14. 답변은 항시 메모 및 정리한다(주의 깊게 note taking). 지원자에게 관심을 갖고 보고 듣고, 지원자를 정확하게 평가하기 위해 관찰 내용을 기록한다.

Tips for an Effective Note-Taking
- 주의 깊게 Note-Taking을 한다.
- 키워드를 기록한다.
- 각각의 행동 사례에 대한 기술을 명확히 할 수 있는 한도 내에서, 축약형 및 시간을 줄일 수 있는 방법을 사용해도 좋다.
- 시간이 없는 경우 지원자가 말한 것을 가능하면 실제 그대로 면접 평가서에 옮기고, 면접이 끝난 후에 자신이 생각하고 있는 것을 유추하면서 다시 평가서를 작성한다.
- 평가와 선발 결과의 정당성을 입증할 수 있는 핵심 증거를 기록한다.
- 지원자가 실제로 말한 사실만을 기록한다.(평가자의 생각, 느낌 등 주관 배제)</td></tr>
</table>

면접 질문 단계	ATOM 차원별 질문 (40분)	- 면접에 방해되지 않는 범위에서 지원자 평가에 충분하도록 Note-Taking한다. - Note-Taking을 하는 것이 지원자의 반응을 변화시키는 요인이 되어서는 안 된다. - 인터뷰의 모든 부분을 문서화한다. 이것이 Note-Taking의 성공 요소이다. - 인터뷰 도중, 면접위원이 Note-Taking을 완료하기까지 침묵이 생길 수 있다. - Note-Taking은 인터뷰의 공정성 및 합법성을 증명할 수 있는 자료가 될 수 있다. - 면접을 시작할 때 공정한 평가가 될 수 있도록 기록하겠다고 알려 준다. - 공개적으로 기록하되 기록 내용은 보여 주지 않는다. - 기록을 하고 있을 때 지원자가 보지 않도록 주의한다. 특히 지원자의 사적인 사항, 불리하다고 판단되는 사항은 대화 내용이 바뀐 후에 기록한다. - 자신에게 맞는 기록 방법을 사용한다. - 평가자가 두 명 이상인 경우 역할을 나누어 각자 특정 측면에 집중하여 기록하는 것도 하나의 방법이다.
		15. 발언 및 경청 스킬 - 질문을 하는 데에만 몰두하여 지원자의 답변을 듣고 이해하는 데에 소홀하지 않도록 주의한다. - 천천히 또박또박 말을 하고, 불편한 시선이나 표정을 보이지 마라. - 작은 움직임도 상대방에게는 크게 보이기 때문에 제스처나 표정에 주의해야 한다. - 상대의 발언에 대해 추측하지 말고 질문으로 확인하라. - 장황하고 복잡한 질문은 피하라. - 상대의 "예"라는 답을 그대로 믿지 말고, 어떻게 이해하고 있는지 확인하라. - 적극적인 경청 기술을 활용하라. - 탈락수용성 행동 - 발언원칙 준수 - 이해가 필요할 때는 질문으로 확인한다.
		16. 적극적인 경청 및 관찰을 한다. 질문을 하는 데에만 몰두하여 지원자의 답변을 듣는 데에 소홀하지 않도록 한다. 적극적인 경청 적극적 경청이란 답변 내용뿐만 아니라 지원자의 특성을 나타내 주는 답변 태도에도 관심을 기울이는 것을 의미한다. - 특정 질문 영역에 대한 회피 - 질문에 대한 답변을 하는 데 있어서 적극적이지 못한 태도 - 의도적으로 질문 의도를 전환 - 질문에 대한 반응 속도 - 말 속도의 변화 - 목소리 높낮이의 변화 - 적절하지 못한 답변 - 얼버무리는 태도

<table>
<tr><td rowspan="2">면접 질문 단계</td><td rowspan="2">ATOM 차원별 질문 (40분)</td><td>17. 면접의 페이스 유지
- 면접의 페이스 유지함으로써, 다양한 분야에 대한 지원자 정보를 얻기 위해서는 면접 구조와 계획을 반드시 준수해야 한다.
- 지원자가 단답형이거나 너무 짧게 응답할 경우에는 탐침 질문이나 추가 질문을 사용해서 구체적인 정보를 얻어 내야 한다.
- 지원자가 너무 많은 이야기를 할 경우, 정중하게 이야기를 끊고, 다른 분야로 이동해야 함을 말해 주어야 한다.
- 지원자에게 항상 면접 스케줄을 지켜야 한다는 것을 인식시켜 주어야 한다.</td></tr>
<tr><td>18. 기타 면접 진행 유의 사항
- 지원자 이름을 정확하게 불러 주어라.
- 지원자의 자존심을 건드리지 말아라.
- 지원자를 존중하는 행동과 태도를 가져라.
- 지원자 응답에 대해 부정적 피드백을 하지 말아라.
- 면접관이나 지원자가 발언 중에는 끼어들지 않는다.
- 시선은 지원자 50%, 평가표, 지원서 등 50%씩 배분한다.
- 인터뷰 중 면접위원 간 이야기는 절대 금지하며, 이력서를 이리저리 넘겨 보지 않는다.
- 면접관들은 비언어적 커뮤니케이션에 주의한다.</td></tr>
<tr><td rowspan="7">면접 종료 단계</td><td rowspan="7">면접 마무리 및 후속 절차안내 (5분)</td><td>1. 질문기회제공: 지원자가 궁금한 것이 있는지 확인하며, 친절하게 답변한다.
- 궁금한 것이 없는 지원자는 회사나 직무연구를 충실히 하지 않는 지원자일 수 있다.</td></tr>
<tr><td>2. 지원자에게 최종 1분간 어필할 시간을 할애한다.
- 어필할 내용이 없는 지원자는 입사동기가 부족하거나 간절하지 않다.</td></tr>
<tr><td>3. 지원자에게 추후 진행 사항과 일정을 알려 준다.</td></tr>
<tr><td>4. 지원자에게 면접을 위해 시간을 내 준 것과 성실히 답변한 것에 대해 감사의 뜻을 표한다.
- 끝인사는 면접의 만족도를 높이고, 기업의 이미지를 높이는 데 도움이 된다.
- 그러나 지원자가 면접을 잘 봤다는 느낌을 받게 하는 표현은 쓰지 않도록 유의한다.</td></tr>
<tr><td>5. 합격 여부나 보상수준에 대해서는 언급을 하지 않는다.</td></tr>
<tr><td>6. 최종 종료 고지 및 퇴실 안내를 한다.</td></tr>
<tr><td>7. 퇴실 후 약 2~3초 이후까지 긴장하고, 응원하는 표정을 지어라.
마무리 샘플 멘트
이상으로 면접 질문을 마치겠습니다. 수고하셨습니다. 마지막으로 하고 싶은 이야기나 궁금한 점이 있으면 말씀해 주시죠. (질문에 대해 친절하게 답변한다.) 더불어 지원자가 준비했는데 우리가 질문하지 않았거나 이 말은 꼭 해야겠다고 하는 사항이 있다면 추가로 어필 시간을 드리겠습니다. (답변을 듣고) 네, 감사합니다.</td></tr>
</table>

면접 종료 단계	면접 마무리 및 후속 절차안내 (5분)	바쁜 시간 중에도 시간을 내 주시고 면접 질문에 성실히 답해 주신 데 대해 감사를 드립니다. 면접에 대한 결과는 평가에 대한 평정 회의를 거친 후 차주 ○요일에 그 결과를 알려 드릴 예정입니다. 그때 다시 연락을 드리도록 하겠습니다. 돌아가시는 길이 편안하고 안전하게 돌아가시기 바라며, 다시 한번 한국기업에 지원해 주신 것에 감사드립니다. 수고하셨습니다.
면접 평가 단계	결과 정리 및 의견 교환 (10분)	1. 면접이 끝날 때까지 기다린다. 평가 오류를 예방하기 위해 면접 중에는 평가점수를 기입하지 않는다.
		2. 평가 10분 규칙: 자신의 기록 내용을 모두 읽어 본다. 면접 종료 후 메모를 기초로 지원자를 평가한다. - 면접 종료 후 10분 이내 핵심 내용 정리 - ATOM 차원별 주요 관찰사항 정리 - 특별히 인상적이거나 우려되는 점 메모 - 추가 확인 필요사항 식별
		3. 따라서 면접 중 메모는 평가와 선발 결과의 정당성을 입증할 수 있는 핵심 증거를 기록해야 한다. 지원자의 행동을 측정하는 방법 지원자들의 답변뿐 아니라 면접에 임하는 행동 단서를 주목한다. - 얼굴 표정, 목소리 톤, 몸짓 또는 긴장한 태도 등은 질문 주제가 된다. - 지원자의 경험에 대해 스스로 어떻게 느끼는지를 보여주는 단서 혹은 지원자의 스트레스 정도 및 인터뷰 질문에 대한 이해도를 파악하는 수단이 될 수 있다. - 특정 움직임이나 태도를 통해 비언어적 단서를 해석하려고 해서는 안 되며, 지원자의 언어, 태도, 자세 등에 있어서 평상시와 다른 갑작스러운 변화를 감지해 내는 데에 초점을 둔다.
		4. 면접에 대한 종합 결과 기입 평가표에 제시되어 있는 측정지표와 수집한 정보를 비교한다. 평가척도를 참고해서, 해당 평가항목에 대해 지원자를 평가한다. 구조화된 평가표 작성 - 각 차원별 점수와 근거 - 구체적 행동 사례 기록 - 강점과 개발 필요영역 - 종합 추천 의견
		5. 팀 디브리핑: 면접위원 개별 평가 후 위원 간 대화를 통한 정보 교환 면접관들이 평가 기준을 바탕으로 평가 결과를 공유·논의하여 보다 객관적인 평가 결과를 도출하고 근거와 함께 제시하는 것이 바람직하다. 또한, 면접위원 간 평정 점수 차이가 많을 경우 반드시 근거(메모 또는 기록 내용)를 기반으로 한 협의를 통하여 편차를 조정한다.
		6. 채용 결정 매트릭스를 활용하여 최종 평정을 실시
		7. 평가표 정리 및 다음 면접 준비

2. 면접전형 프로세스별 체크리스트

ATOM 기반 인재 채용 모델이 실제 면접 현장에서 효과적으로 작동하기 위해서는 체계적이고 표준화된 프로세스별 체크리스트가 필수적이다.

프로세스별 체크리스트의 중요성은 다차원적 관점에서 이해되어야 한다. 첫째, 평가의 객관성과 일관성 확보 측면에서 체크리스트는 면접관 개인의 주관적 판단이나 편견을 최소화하고, 모든 지원자에게 동일한 기준을 적용할 수 있는 기반을 제공한다. 이는 채용의 공정성을 높이고 법적 리스크를 줄이는 동시에, 조직의 채용 브랜드 가치를 향상시키는 효과를 가져온다. 둘째, 평가의 효율성과 정확성 향상 측면에서 체크리스트는 면접관이 놓치기 쉬운 중요한 평가 요소들을 체계적으로 점검할 수 있도록 하며, 한정된 면접 시간 내에 핵심적인 정보를 효과적으로 수집할 수 있게 한다. 셋째, 데이터 기반 의사결정 지원 측면에서 체크리스트를 통해 수집된 정량적, 정성적 데이터는 채용 의사결정의 근거가 될 뿐만 아니라, 향후 채용 프로세스 개선을 위한 귀중한 자료로 활용된다.

특히 주목할 점은 ATOM 프로세스별 체크리스트가 단순한 평가 도구가 아닌 조직 학습의 도구라는 것이다. 각 채용 건별로 축적되는 평가 데이터와 입사 후 성과 추적 결과를 연계 분석함으로써, 조직은 어떤 특성을 가진 인재가 성공할 가능성이 높은지에 대한 인사이트를 지속적으로 개발할 수 있다. 이는 시너지컨설팅이 추구하는 "운영적인 것에서 전략적인 것으로"의 전환을 채용 영역에서 실현하는 핵심 메커니즘이다.

[표8-4] 면접전형 프로세스별 체크 시트

<table>
<tr><td rowspan="2">지원자 정보</td><td>지원자</td><td></td><td rowspan="2">평가자 정보</td><td>평가자</td><td></td><td rowspan="2">면접 일시</td><td>시작: 2026년 00월 00일 00시</td></tr>
<tr><td>분야</td><td></td><td>소속</td><td></td><td>종료: 2026년 00월 00일 00시</td></tr>
<tr><td>단계</td><td colspan="3">준비사항</td><td colspan="3">주요행동</td><td>체크</td></tr>
<tr><td rowspan="6">사전 준비</td><td colspan="6">• 지원자 및 면접관에게 최소 5일 전 면접 일정을 발송했는가?</td><td></td></tr>
<tr><td colspan="6">• 참가자 전원이 언제, 어디서 면접이 진행되고 자신의 역할이 무엇인지 알고 있는가?</td><td></td></tr>
<tr><td colspan="6">• 면접관이 질문할 수 있는 예상 질문에 관련된 정보를 수집했는가?</td><td></td></tr>
<tr><td colspan="6">• 해당 직무에 제시되어야 할 질문유형이 선별되었는가?</td><td></td></tr>
<tr><td colspan="6">• 필요한 최소한의 면접 시간이 확보되었는가?(최소 30분 이상)</td><td></td></tr>
<tr><td colspan="6">• 면접 시, 작성할 면접 평가표가 준비되어 있는가?</td><td></td></tr>
</table>

사전 준비	• 면접이 진행될 장소는 확보되었으며 적절한 장소인가? (면접관이나 지원자가 노출되지 않고 소음 등으로부터 방해받지 않는 장소)		
	• 면접에 필요한 정보 및 기구 등이 준비되어 있나?		
	• 지원자를 안내할 인력을 확보하고 배치하였는가?		
면접 준비	• 사전모임: 면접 분야에 대한 사전 정보 습득 및 면접관 간의 사전 협의를 위한 모임을 갖는다.	면접 시간보다 최소 30분~1시간 정도 일찍 도착하여, 사전모임을 실시한다.	
	• 정보파악: 응시 분야 및 응시자의 이력 확인을 통해 면접 시 구체적으로 확인해야 할 사항을 파악한다.	응시 분야에 대한 정보를 정확히 알고 있어야 명확한 질문과 평가가 가능하다	
	• 채용원칙: 명확한 측정지표, 과학적인 면접질문, 구조화된 면접 평가표를 이해한다.	응시자에게 확인해야 할 내용과 질문을 확인하고 사전에 타 면접관과 공유한다.	
	• 역할분담: 면접 시간이 제한적이기 때문에 평가할 내용에 대해 면접관들이 사전에 역할을 분담하여 질문 한다.	특히, 시작과 끝의 역할을 정해 짜임새 있게 진행한다.	
도입 공감 형성	• 환영인사: 우리 회사에 지원한 것과 서류전형 통과를 축하하며 긴장 완화를 유도한다.	응시자가 본연의 모습을 제대로 보일 수 있도록 분위기를 형성한다.	
	• 전형소개: 지원직무에 대한 간략한 소개와 면접전형 프로세스 및 공정채용에 대해 설명한다.	지원직무 소개를 통해 직무 및 동기 적합성을 확보한다.	
	• 자기소개: 지원자에게 자기소개를 시킨다. 긴장완화의 하나의 프로그램이다. 평가와 무관하다.	응시자가 가장 많이 준비한 것이 자기소개이므로 면접 도입을 편안히 유도한다.	

<table>
<tr><td rowspan="12">면접 질문</td><td rowspan="3">태도 적합성</td><td colspan="2">• 코칭수용: 이전 직장(인턴, 아르바이트 등) 상사는 어떤 분이었나요? 그리고 그 상사의 긍정적 영향력과 부정적 영향력은 무엇인가요?</td><td></td></tr>
<tr><td colspan="2">• 인정포용: 우리가 만약에 그 상사에게 물어본다면, 지원자의 장점을 무엇이라 할까요? 반대로 부족한 점은 무엇이라 할 것 같나요?</td><td></td></tr>
<tr><td colspan="2">• 충성만족: 이전에 일한 회사를 추천한다면 어떤 이유에서인가요? 이와 반대로 비추천 한다면 어떤 이유에서인가요?</td><td></td></tr>
<tr><td rowspan="3">직무 적합성</td><td colspan="2">• 직무지식: 지원한 분야에서 다른 지원자와 차별화되는 귀하만의 노하우나 전문성은 무엇입니까?</td><td></td></tr>
<tr><td colspan="2">• 직무경험: 이번에 지원한 분야와 관련된 경험을 가진 것이 있다면 소개해 주십시오</td><td></td></tr>
<tr><td colspan="2">• 직무관심: 지원자는 직무관련 전문 지식을 어떻게 최신으로 유지합니까? 최근 학습한 내용은 무엇입니까?</td><td></td></tr>
<tr><td rowspan="3">조직 적합성</td><td colspan="2">• 사업이해: 우리 회사의 대표적인 상품 또는 서비스에 대해 말씀해 주세요. 그렇다면 그것과 경쟁하는 서비스에 대해 말씀해 주세요.</td><td></td></tr>
<tr><td colspan="2">• 의사소통: 지원자를 반드시 채용해야 하는 이유를 논리적으로 설명해 주십시오.</td><td></td></tr>
<tr><td colspan="2">• 자기통제: 어떤 사람에 의해, 혹은 상황에 의해 부당한 대우를 받았던 경험에 대해 말씀해 주세요.</td><td></td></tr>
<tr><td rowspan="3">동기 적합성</td><td colspan="2">• 동기적합: 지원한 부문에 입사한다면 가장 하고 싶은 일은 무엇입니까? 그렇다면 반드시 해야만 하는 일은 알고 있습니까?</td><td></td></tr>
<tr><td colspan="2">• 지원동기: 우리 회사에 입사하기 위해 어떤 준비를 하셨는지 구체적으로 말씀해 주십시오. 우리 회사만의 입사준비는?</td><td></td></tr>
<tr><td colspan="2">• 성취동기: 지원한 직무와 관련하여 최근 무언가를 성취했다면 무엇인가요? 왜 그것을 했나요?</td><td></td></tr>
<tr><td rowspan="2">종료 및 감사</td><td colspan="2">• 최종질문: 지원자에게 최종 질문을 하도록 한다. 혹은 최종 1분간 자기 PR 시간을 할애한다.</td><td>지원자의 질문이 있는 경우 친절한 답변을 제공한다. 최종 1분간 PR 시간을 할애한다.</td><td></td></tr>
<tr><td colspan="2">• 감사인사: 면접에 참석한 것에 대한 감사인사를 하고 최종 종료 고지 및 퇴실 안내를 한다.</td><td>이때 합격여부나 이를 유추할 수 있는 언어는 절대 사용하지 않는다. 결과 회신일을 고지한다.</td><td></td></tr>
</table>

결과 평정	• 평정기록: 평가와 선발 결과의 정당성을 입증할 수 있는 핵심 증거들을 기록한다.	수집한 정보를 비교한다. 평가 척도를 참고해서, 해당 평가항목에 대해 지원자를 평가한다.	
	• 의사결정: 긍정과 부정요소의 균형을 파악하여 4점 척도로 평가하고 공유 및 논의한다.	평가결과를 공유 및 논의하여 보다 객관적인 평가결과를 도출하는 것이 바람직하다.	

제 8 절

ATOM 기반 면접질문 개발

1. 인재 평가의 패러다임 전환

현대 조직이 직면한 가장 큰 도전 중 하나는 적합한 인재를 정확하게 식별하고 선발하는 것이다. 지난 30년간 수많은 기업의 채용 프로젝트를 수행하면서 목격한 수많은 채용 실패 사례들은 공통된 문제점을 보여준다. 바로 체계적이고 과학적인 평가 방법론의 부재다. 많은 조직들이 여전히 주관적 인상, 비구조화된 면접, 검증되지 않은 평가 기준에 의존하여 채용 의사결정을 내리고 있으며, 이는 막대한 기회비용과 조직 손실로 이어진다.

ATOM 기반 면접질문 개발 및 평가 방법론은 이러한 문제를 근본적으로 해결하기 위해 개발된 통합적 솔루션이다. 본 방법론은 단순한 면접 가이드나 평가 도구를 넘어, 인재의 다차원적 적합성을 과학적으로 측정하고 예측하는 종합적 시스템이다. 조직심리학, 측정이론, 인사관리학의 최신 연구 성과와 현장에서 축적된 실무 경험을 융합하여, 이론적 타당성과 실무적 유용성을 동시에 확보한 것이 본 방법론의 핵심 강점이다.

2. ATOM 평가 방법론의 이론적 기반

(1) 다차원적 적합성 모델의 구축

ATOM 평가 방법론은 인재 적합성을 단일 차원이 아닌 4개의 독립적이면서도 상호 보완적인 차원으로 구성한다. 이는 Person-Environment Fit 이론의 확장된 개념으로, 개인과 직무(Person-Job Fit), 개인과 조직(Person-Organization Fit), 개인과 팀(Person-Team Fit), 그리고 개인의 성장 잠재력(Person-Future Fit)을 통합적으로 평가한다.

각 차원은 고유한 예측 영역을 가지면서도, 전체적으로는 시너지 효과를 창출한다. Attitude Fit은 직무 수행의 질적 측면과 팀워크를 예측하며, Technical Fit은 직무 수행의 양적 성과를 예측한다. Organization Fit은 장기 재직과 조직 몰입을 예측하고, Motivation Fit은 성장 잠재력과 리더십 가능성을 예측한다. 이러한 다차원적 접근은 채용 의사결정의 정확도를 획기적으로 향상시킨다.

(2) 행동 예측의 과학적 근거

ATOM 평가 방법론의 핵심 전제는 "과거 행동이 미래 행동의 최고 예측 변수"라는 행동 일관성 원리다. 이는 Wernimont와 Campbell의 고전적 연구 이후 수많은 메타분석으로 입증된 원리로, 특히 유사한 상황에서의 행동 예측력은 0.5 이상의 높은 상관을 보인다.

본 방법론은 이러한 행동 예측 원리를 체계화하여, 각 평가 차원별로 핵심 행동 지표(Key Behavioral Indicators)를 도출하고, 이를 관찰 가능한 형태로 조작화(Operationalization) 한다. 이는 추상적인 개념을 측정 가능하고 관찰 가능한 구체적 지표로 변환하는 과정을 의미하며, 예를 들어, Attitude Fit의 '협업 태도' 요소는 '의견 차이 상황에서의 대처', '팀 성과에 대한 기여', '동료 지원 행동' 등의 구체적 행동으로 분해되어 평가된다.

3. ATOM 기반 면접질문 개발 프로세스

(1) 체계적 직무 분석과 역량 모델링

면접질문 개발의 첫 단계는 정교한 직무 분석이다. 전통적인 직무 분석이 과업(task)과 책임(responsibility) 중심이라면, ATOM 방법론은 성공 행동(success behaviors)과 실패 유발 요인(derailment factors)을 중심으로 분석한다. 이를 위해 다음과 같은 다층적 분석을 수행한다.

첫째, **고성과자 행동 분석(High Performer Analysis)** 해당 직무의 상위 20% 성과자들을 대상으로 심층 인터뷰를 실시하여, 그들의 차별화된 행동 패턴을 도출한다. Critical Incident Technique를 활용하여 성공을 결정짓는 구체적 행동 사례를 수집하고, 이를 ATOM의 4개 차원으로 분류한다.

둘째, **조직 맥락 분석**(Organization Context Analysis) 동일한 직무라도 조직의 성장 단계, 문화, 전략에 따라 요구되는 역량이 다르다. 스타트업의 개발자와 대기업의 개발자가 필요로 하는 역량이 다른 것처럼, 조직 특성을 반영한 맞춤형 역량 프로파일을 도출한다.

셋째, **미래 역량 예측**(Future Competency Forecasting) 현재의 직무 요구사항뿐만 아니라, 3~5년 후 변화될 직무 환경과 필요 역량을 예측한다. 디지털 전환, 원격 근무 확산, 세대 변화 등의 메가트렌드를 반영하여 미래 지향적 역량을 포함시킨다.

(2) 평가 요소의 조작적 정의

각 ATOM 차원별로 3~5개의 핵심 평가 요소를 선정한 후, 이를 명확하게 조작적으로 정의한다. 조작적 정의는 추상적 개념을 관찰 가능하고 측정 가능한 행동으로 변환하는 과정이다.

Organization Fit 평가 요소 예시: 협업 태도

정의: 팀의 공동 목표 달성을 위해 적극적으로 기여하고, 동료들과 건설적인 관계를 구축하며, 갈등 상황에서도 상호 존중하는 태도

긍정적 행동 지표:

- 자신의 의견을 명확히 표현하면서도 타인의 의견을 경청함
- 팀의 성과를 개인 성과보다 우선시하는 행동을 보임
- 동료가 어려움에 처했을 때 자발적으로 도움을 제공함

부정적 행동 지표:

- 팀 의사결정을 일방적으로 무시하거나 저항함
- 자신의 성과만을 강조하고 팀 기여를 과소평가함
- 갈등 상황에서 회피하거나 공격적으로 대응함

(3) 질문 구조와 레벨링 시스템

ATOM 기반 면접질문은 3단계 레벨링 시스템으로 구성된다. 이는 지원자의 역량 수준을 점진적으로 깊이 있게 탐색하는 구조다.

Level 1: 기본 탐색 질문(Basic Exploration)

일반적인 경험과 기본적인 이해도를 확인하는 질문으로 시작한다. 이 단계에서는 지원자의 경험 범위와 기본적인 접근 방식을 파악한다.

예시: "팀 프로젝트에서 의견 차이가 있었던 경험을 말씀해 주세요."

Level 2: 심화 분석 질문(Deep Analysis)

구체적인 상황, 행동, 결과를 상세히 탐색하는 질문이다. STAR 기법을 활용하여 실제 행동의 맥락과 과정을 파악한다.

예시: "그 상황에서 구체적으로 어떤 의견 차이가 있었고, 귀하는 어떤 입장이었습니까? 그 차이를 해결하기 위해 취한 구체적인 행동과 그 결과를 단계별로 설명해 주세요."

Level 3: 통찰력 평가 질문(Insight Assessment)

경험에서 얻은 학습과 통찰, 그리고 미래 적용 가능성을 평가하는 질문이다. 메타인지 능력과 성장 잠재력을 확인한다.

예시: "그 경험을 통해 배운 점은 무엇이며, 향후 유사한 상황에서 다르게 접근한다면 어떤 부분을 개선하시겠습니까?"

(4) 추가 탐색 질문(Probing Questions)의 체계화

효과적인 면접의 핵심은 준비된 질문뿐만 아니라, 상황에 맞는 추가 탐색에 있다. ATOM 방법론은 5가지 유형의 추가 탐색 질문을 체계화한다.

- **구체화 질문**(Specification Probes): "구체적으로 어떤 방법을 사용하셨습니까?"
- **정량화 질문**(Quantification Probes): "그 결과로 어떤 측정 가능한 성과가 있었습니까?"
- **감정 탐색 질문**(Emotional Probes): "그 상황에서 어떤 감정을 느끼셨습니까?"
- **대안 탐색 질문**(Alternative Probes): "다른 방법은 고려해 보지 않으셨습니까?"
- **학습 확인 질문**(Learning Probes): "그 경험이 이후 업무에 어떤 영향을 미쳤습니까?"

질문하는 기술을 사전에 공부한다.

4. 과학적 질문 개발 방법론

(1) 질문 개발의 체계적 프로세스

[표8-5] 6단계 질문 개발 프레임워크

단계	요소	하위 요소
1단계	측정 목표 명확화	- ATOM 차원과 세부 지표 매핑 - 직무 핵심 성공요인 연결 - 조직 특수 요구사항 반영
2단계	질문 유형 결정	- 행동 기반 질문(Past Behavior) - 상황 가정 질문(Situational) - 역량 기반 질문(Competency) - 동기 탐색 질문(Motivational)
3단계	질문 구조 설계	- 주질문(Primary Question) - 탐색 질문(Probing Questions) - 명확화 질문(Clarifying Questions) - 도전 질문(Challenge Questions)
4단계	평가 기준 수립	- 우수 답변 예시 - 보통 답변 특징 - 미흡 답변 신호 - Red Flag 지표
5단계	파일럿 테스트	- 내부 검증 - 전문가 리뷰 - 실제 적용 - 효과성 분석
6단계	지속적 개선	- 예측 타당도 검증 - 지원자 피드백 - 면접관 의견 - 정기적 업데이트

(2) 행동 기반 질문 설계 원칙

STAR-L 기업의 고도화

[표8-6] 확장된 STAR-L 프레임 워크

영역		확인 요소
S	Situation(상황)	- 맥락의 복잡성 - 제약 조건 - 이해관계자 - 시간적 압박
T	Task(과제)	- 목표의 명확성 - 책임과 권한 - 성공 기준 - 도전 요소
A	Action(행동)	- 구체적 행동 - 의사결정 과정 - 활용 자원 - 대안 고려
R	Result(결과)	- 정량적 성과 - 정성적 영향 - 단기/장기 효과 - 예상외 결과
L	Learning(학습)	- 핵심 교훈 - 적용 계획 - 성장 영역 - 미래 대비

(3) 질문의 계층적 구조화

[표8-7] 깔때기 기법(Funnel Technique) 적용

계층	내용	샘플 질문
1 Depth	개방형 시작 질문	"프로젝트를 성공적으로 이끈 경험을 하나 선택해서 말씀해 주세요."
2 Depth	구체화 질문	"그 프로젝트에서 귀하의 구체적 역할은 무엇이었나요?"
3 Depth	심화 질문	"가장 어려웠던 의사결정 순간과 그 과정을 설명해 주세요."
4 Depth	성찰 질문	"그 경험에서 배운 가장 중요한 교훈은 무엇인가요?"
5 Depth	적용 질문	"그 교훈을 현재 업무에 어떻게 적용하고 계신가요?"

5. 질문 개발 시 고려사항

(1) 직군 차별화된 질문 설계

[표8-8] 직무 특성 매트릭스

직군	핵심 평가 초점	질문 설계 방향
연구개발	혁신성, 전문성, 인내심	기술 심화, 창의적 문제해결, 장기 프로젝트
영업/마케팅	대인관계, 성취동기, 회복력	고객 상황, 목표 달성, 거절 극복
관리/지원	조직이해, 프로세스, 정확성	시스템 개선, 효율화, 리스크 관리
리더십	비전, 영향력, 의사결정	전략 수립, 팀 개발, 변화 주도

(2) 경력 수준별 질문 차별화

[표8-9] 경력 단계별 평가 중점

직급	경력	확인 요소
신입	0~2년	- 학습 능력과 잠재력 - 기본 역량과 태도 - 열정과 적응력 - 성장 가능성
주니어	3~5년	- 실무 역량 심화 - 자기 주도성 - 협업 능력 - 전문성 개발
시니어	6~10년	- 전문성과 리더십 - 멘토링 능력 - 전략적 사고 - 조직 기여도
전문가	10년+	- 비전과 통찰력 - 변화 주도력 - 조직 영향력 - 후계자 육성

제 9 절

ATOM 기반 4점 척도 평가 루브릭

인재 채용의 성공은 평가의 정확성과 일관성에 달려 있으며, 이는 체계적으로 설계된 평가 루브릭을 통해서만 달성 가능하다. ATOM 모델 기반의 면접 평가에서 4점 척도 루브릭의 도출은 단순한 점수 체계의 구축을 넘어, 오랜 기간 축적된 경험적 지혜와 과학적 방법론의 융합을 통해 이루어진 정교한 과정이다. 본 책에서는 ATOM 모델의 각 차원별로 4점 척도 평가 루브릭이 어떠한 이론적 근거와 실증적 과정을 거쳐 도출되었는지를 상세히 분석하고, 이를 통해 채용 평가의 신뢰성과 타당성을 극대화하는 방법론을 제시한다.

1. 4점 척도 선택의 이론적 근거와 전략적 의미

(1) 척도 선택의 심리 측정 학적 고려사항

평가 척도의 선택은 단순한 기술적 결정이 아닌, 평가의 정확성과 실용성을 좌우하는 전략적 의사결정이다. ATOM 모델에서 4점 척도를 채택한 것은 광범위한 연구와 실증적 검증을 통해 도출된 최적의 선택이었다.

첫째, 중앙 경향성(central tendency bias)의 제거이다. 5점 또는 7점 척도에서 흔히 나타나는 중간값 선택 경향을 원천적으로 차단함으로써, 평가자가 보다 명확한 판단을 내리도록 유도한다. 이는 특히 한국의 문화적 맥락에서 '보통' 또는 '중간'을 선호하는 경향을 극복하는 데 효과적이다.

둘째, 변별력의 최적화이다. 3점 척도는 지나치게 단순하여 미묘한 차이를 포착하지 못하고, 5점 이상의 척도는 평가자들이 일관되게 구분하기 어려운 문제가 있다. 4점 척도는 충분한 변별력을 제공하면서도 평가자가 명확히 구분할 수 있는 최적의 균형점을 제공한다.

셋째, 인지적 부담의 적정성이다. 인간의 작업 기억(working memory) 한계를 고려할 때, 4개 수준의 구분은 평가자가 각 수준의 의미를 명확히 기억하고 일관되게 적용할 수 있는 적정 수준이다. 이는 Miller의 마법의 숫자 7±2 이론과도 부합하며, 실제 면접 상황에서의 인지적 부담을 고려한 현실적 선택이다.

(2) 4점 척도의 구조적 설계

ATOM 모델의 4점 척도는 다음과 같은 의미 체계로 구성된다.

- 1점: 부적합(Inadequate) - 최소 요구 수준 미달
- 2점: 기본(Basic) - 최소 요구 수준 충족
- 3점: 우수(Proficient) - 기대 수준 충족 및 일부 초과
- 4점: 탁월(Exceptional) - 기대 수준을 현저히 초과

이러한 구조는 단순한 등간 척도가 아닌, 조직의 채용 의사결정에 직접적으로 연결되는 의미론적 구조를 갖는다. 1점은 불합격, 2점은 조건부 고려, 3점은 합격, 4점은 우선 선발의 의미를 내포하며, 이는 실무적 의사결정과 직접적으로 연계된다.

2. 차원별 루브릭 도출의 체계적 과정

(1) Attitude Fit 루브릭 도출 과정

태도 적합성 평가를 위한 4점 척도 루브릭의 도출은 다음과 같은 체계적 과정을 거쳤다.

제1단계: 핵심 태도 요소의 행동 지표 도출

우수 성과자와 저성과자의 행동 특성을 분석하여, 각 태도 요소별로 구체적인 행동 지표를 도출했다. 예를 들어, '자기개선' 평가를 위한 핵심 질문인 "자신의 약점이나 개발이 필요한 영역을 어떻게 파악하고 개선해 왔습니까?"에 대한 응답을 분석하여 다음과 같은 행동 패턴을 확인했다.

[표8-10] 태도 적합성 차원 평가 루브릭

탁월(4점) 수준:	우수(3점) 수준:	기본(2점) 수준:	부적합(1점) 수준:
• 체계적인 자기 성찰 습관 보유(정기적 자기 평가, 성찰 일지 작성 등) • 적극적으로 피드백을 구하고 이를 성장의 기회로 활용 • 약점을 파악한 후 구체적인 개선 계획 수립 및 실행 • 실패와 실수를 학습의 원천으로 전환하여 지속적 성장 • 새로운 역량 개발을 위한 도전적 과제 자발적 수행	• 피드백을 수용하고 개선 노력 실행 • 주요 약점을 인지하고 개선 활동 진행 • 교육이나 학습 기회를 적극 활용 • 과거 대비 측정 가능한 개선 성과 보유 • 멘토링이나 코칭을 통한 성장 추구	• 지적 받은 사항에 대해서는 개선 시도 • 명백한 약점은 인정하나 개선 노력은 소극적 • 의무적 교육 참여 수준의 자기계발 • 단기적이고 즉각적인 개선에 초점 • 외부 압력에 의한 수동적 개선	• 자신의 약점을 인정하지 않거나 합리화 • 피드백에 대한 방어적 태도 • 개선 필요성은 인지하나 실행하지 않음 • 반복적인 동일 실수 • 학습과 성장에 대한 의지 부재

특히 자기개선 역량을 심층적으로 평가하기 위해 다음과 같은 추가 질문들을 활용한다.

- "최근 1년간 자신이 가장 크게 성장했다고 생각하는 영역은 무엇이며, 어떤 노력을 통해 달성했습니까?"
- "받았던 부정적 피드백 중 가장 기억에 남는 것은 무엇이며, 어떻게 대응했습니까?"
- "현재 자신에게 가장 필요한 역량은 무엇이라고 생각하며, 이를 개발하기 위한 계획은 무엇입니까?"

이러한 질문들에 대한 응답을 통해 자기개선에 대한 태도가 일시적인 것인지, 아니면 내재화된 습관인지를 구분할 수 있다. 진정한 자기개선 역량은 단순히 약점을 보완하는 것을 넘어, 지속적으로 더 나은 자신을 만들어가려는 성장 마인드셋(growth mindset)의 보유 여부로 평가된다.

제2단계: 상황별 맥락화(Contextualization)

동일한 태도 요소도 조직의 특성과 직무의 성격에 따라 다르게 평가되어야 한다. 따라서 업종별, 직급별, 직무별로 세분화된 루브릭을 개발했다. 스타트업의 경우 '혁신성'과 '도전정신'에 대한 4점 기준이 대기업보다 높게 설정되며, 영업직의 경우 '적극성'과 '회복탄력성'에 대한 가중치가 높아진다.

제3단계: 다중 증거 수집 체계 구축

단일 질문에 대한 응답만으로 평가하는 것의 한계를 극복하기 위해, 각 태도 요소당 3~4개의 상호보완적 질문을 설계했다. 직접 질문, 상황 기반 질문, 과거 행동 질문을 조합하여 다각도로 검증할 수 있도록 했다. 예를 들어, 책임감 평가를 위해 다음과 같은 질문을 한다.

- **직접 질문**: "책임감이란 무엇이라고 생각하십니까?"
- **상황 질문**: "마감일을 지키기 어려운 상황이 발생한다면?"
- **행동 질문**: "과거에 실수나 실패를 어떻게 처리했습니까?"

각 질문에 대한 응답을 종합하여 최종 점수를 도출하되, 일관성과 진정성을 함께 평가한다.

(2) Technical Fit 루브릭 도출 과정

직무 적합성 평가는 직무별 전문성의 깊이와 적용 능력을 정확히 측정하기 위해 더욱 정교한 루브릭 개발 과정을 거쳤다.

제1단계: 직무 역량 모델링과 수준별 정의

각 직무별로 핵심 기술 역량을 도출하고, Bloom의 분류체계(Taxonomy)를 응용하여 4개 수준으로 구분했다.

탁월(4점) 수준:	우수(3점) 수준:	기본(2점) 수준:	부적합(1점) 수준:
• 창의적 해결책 제시, 지식 확장 및 혁신 가능	• 복잡한 상황에 응용, 문제 해결 능력 보유	• 이론적 이해 보유, 단순 적용 가능	• 기초 지식 부족, 개념 이해 미흡

제2단계: 실무 시뮬레이션 평가 설계

단순 지식 평가의 한계를 극복하기 위해 실무 시뮬레이션을 통한 역량 평가 체계를 구축했다. 예를 들어, 소프트웨어 개발자 평가의 경우는 다음과 같다.

[표8-11] 직무 적합성 차원 평가 루브릭

탁월(4점) 수준:	우수(3점) 수준:	기본(2점) 수준:	부적합(1점) 수준:
• 복잡한 시스템 설계 문제에 대해 여러 대안을 제시하고 각각의 장단점을 명확히 설명 • 최신 기술 트렌드를 적절히 활용한 혁신적 해결책 제안 • 확장성, 유지보수성, 성능 등 다각도 고려 • 팀원들에게 기술적 인사이트 전달 가능	• 주어진 문제에 대해 실현 가능한 해결책 제시 • 기존 기술 스택을 효과적으로 활용 • 기본적인 최적화와 리팩토링 고려 • 구현 계획의 현실성과 타당성 확보	• 문제에 대한 기본적인 해결 방향 제시하나 구체성 부족 • 표준적인 접근법 위주의 단순 구현 계획 • 핵심 기능 구현은 가능하나 품질 요소(성능, 보안 등) 고려 미흡 • 기술적 설명이 불명확하거나 논리적 일관성 부족 • 예상되는 문제점이나 제약사항에 대한 인식 부재	• 문제 이해 자체가 부정확하거나 불완전 • 비현실적이거나 실행 불가능한 해결책 제시 • 기초적인 프로그래밍 개념이나 설계 원칙 이해 부족 • 단편적이고 비구조적인 접근으로 일관성 없는 답변 • 기술적 근거 없이 추상적이거나 모호한 설명만 제공 • 구현 가능성을 전혀 고려하지 않은 이론적 접근

제3단계: 성장 잠재력 지표 통합

현재 역량뿐만 아니라 미래 성장 가능성을 평가하기 위한 지표를 루브릭에 통합했다. 학습 민첩성(Learning Agility), 지적 호기심, 자기 주도적 개발 경험 등을 평가하여 장기적 관점의 기술 역량 발전 가능성을 측정한다.

(3) Organization Fit 루브릭 도출 과정

조직 적합성은 가장 복잡하고 미묘한 평가 영역으로, 조직의 고유한 특성을 반영한 맞춤형 루브릭 개발이 핵심이다.

제1단계: 조직 문화 DNA 분석

각 조직의 핵심 가치, 업무 방식, 의사결정 구조, 커뮤니케이션 패턴 등을 심층 분석하여 조직 문화 프로파일을 도출했다. 이를 바탕으로 조직별 맞춤형 평가 기준을 설정했다. 예를 들어, 수평적 문화를 가진 조직의 경우는 다음과 같다.

탁월(4점) 수준:	우수(3점) 수준:	기본(2점) 수준:	부적합(1점) 수준:
• 수평적 의사소통에 탁월, 직급보다 전문성 중시, 자율과 책임의 균형, 건설적 도전과 피드백 문화 내재화	• 수평적 문화 이해 및 적응 가능, 열린 의사소통 선호, 협업 중시	• 전통적 위계 문화에서 수평적 문화로 전환 가능, 학습 의지 있음	• 강한 위계 지향성, 수평적 문화 부적응 위험

제2단계: 가치관 일치도 측정 체계

조직의 핵심 가치와 지원자의 개인 가치관 간 일치도를 측정하기 위한 구조화된 질문과 평가 기준을 개발했다. Schwartz의 가치 이론을 기반으로 10개 보편적 가치 차원에서의 일치도를 평가하되, 각 조직이 중시하는 3~4개 핵심 가치에 가중치를 부여한다.

제3단계: 조직 지식과 열정의 통합 평가

단순한 정보 습득을 넘어 조직에 대한 깊이 있는 이해와 진정한 관심을 평가하는 루브릭을 개발했다.

[표8-12] 조직 적합성 차원 평가 루브릭

탁월(4점) 수준:	우수(3점) 수준:	기본(2점) 수준:	부적합(1점) 수준:
• 조직의 미션과 비전을 깊이 이해하고 자신의 언어로 재해석 • 다양한 채널을 통한 조직문화 연구(뉴스, 경영진 인터뷰, 내부 블로그 등) • 조직 가치와 개인 경험의 구체적 연결 및 시너지 방안 제시 • 조직문화 발전에 기여할 구체적 아이디어 제안 • 조직의 전략적 방향성과 개인 커리어 목표의 정합성 설명	• 조직의 주요 가치를 정확히 파악하고 논리적 설명 • 과거 경험에서 유사한 가치 실천 사례 제시 • 조직문화에 대한 긍정적 기대와 적응 의지 표현 • 공식적 가치 체계에 대한 명확한 이해 • 문화적 적응을 위한 일반적 수준의 준비	• 조직의 표면적 가치 인지하나 깊이 있는 이해 부족 • 홈페이지 명시 내용의 단순 암기 수준 언급 • 가치관 연결이 추상적이거나 피상적 • 적응 의지는 있으나 구체적 준비 부족 • 수동적 적응 태도	• 조직문화에 대한 사전 조사나 이해 노력 전무 • 조직 가치와 상충하는 개인 가치관 고집 • 외재적 요인(급여, 복지)에만 관심 집중 • 문화적 적합성의 중요성 미인식 • 조직 가치에 대한 잘못된 이해나 충돌 가능성 미인지

(4) Motivation Fit 루브릭 도출 과정

동기 적합성은 지속 가능한 성과와 조직 몰입의 핵심 예측 변수로, 내재적 동기와 외재적 동기의 균형을 정교하게 평가하는 루브릭을 개발했다.

제1단계: 다층적 동기 구조 분석

자기결정이론을 기반으로 동기의 스펙트럼을 세분화하고, 각 수준별 행동 지표를 도출했다.

[표8-13] 동기 적합성 차원 평가 루브릭

탁월(4점) 내재적 동기 주도형	우수(3점) 균형적 동기형	기본(2점) 외재적 동기 의존형	부적합(1점) 동기 부조화형
• 업무 자체에서 깊은 만족과 의미 추구 • 지속적인 자기 개발과 성장 추구 • 도전적 과제를 성장 기회로 인식 • 외적 보상과 무관하게 높은 몰입도 유지	• 업무 흥미와 경력 목표의 조화 • 내적 만족과 외적 보상의 균형 추구 • 명확한 성장 경로 설정 • 조직 목표와 개인 목표의 정렬	• 주로 외적 보상(급여, 승진)에 동기부여 • 단기적 목표 중심 • 조건적 몰입과 헌신 • 더 나은 조건 시 이직 가능성	• 불명확한 지원 동기 • 직무와 관심사의 불일치 • 단기적, 회피적 동기 • 낮은 몰입 예상

제2단계: 동기 지속성 예측 모델

과거 경험 분석을 통해 동기의 지속 가능성을 예측하는 지표를 개발했다. “가장 어려웠던 업무 상황과 극복 과정”에 대한 질문에 대해 다음과 같은 점수를 매긴다.

- 4점: 내적 동기로 장애물 극복, 과정에서 의미 발견, 실패를 학습 기회로 전환
- 3점: 목표 달성 의지로 극복, 외부 지원 적절히 활용, 회복탄력성 보유
- 2점: 외부 압력이나 보상으로 극복, 수동적 문제 해결
- 1점: 회피나 포기 경향, 외부 귀인, 학습 부재

제3단계: 경력 비전과 조직 기회의 정렬도 평가

지원자의 장기적 경력 비전과 조직이 제공할 수 있는 성장 기회 간의 일치도를 평가하는 매트릭스를 개발했다. 5년, 10년 후 경력 목표를 구체적으로 탐색하고, 조직 내 실현 가능성을 객관적으로 평가한다.

3. 루브릭의 검증과 최적화

(1) 차원 간 가중치 체계 개발

4개 차원의 평가 결과를 통합하여 최종 의사결정에 활용하기 위한 가중치 체계를 개발했다. 이는 직무 특성, 조직 전략, 시장 상황에 따라 유연하게 조정 가능하도록 설계되었다.

[표8-14] 채용직무별 가중치

혁신 주도 성장 전략을 추진하는 IT 기업의 개발자 채용	고객 서비스가 핵심인 금융기업의 상담직 채용
• Attitude Fit: 25%	• Attitude Fit: 35%
• Technical Fit: 35%	• Technical Fit: 20%
• Organization Fit: 15%	• Organization Fit: 30%
• Motivation Fit: 25%	• Motivation Fit: 15%

(2) 교차 검증과 신뢰도 확보

루브릭의 신뢰도를 확보하기 위해 다중 검증 체계를 구축했다.

- **평가자 간 신뢰도 검증:** 동일한 면접 대상자에 대해 복수의 평가자가 독립적으로 평가한 결과의 일치도를 분석했다. 초기 85%에서 시작하여 지속적인 평가자 교육과 루브릭 개선을 통해 95% 이상의 일치도를 달성했다.
- **시간적 안정성 검증:** 2주 간격으로 재평가를 실시하여 평가의 일관성을 확인했다. 특히 태도와 동기 차원에서 0.92 이상의 높은 상관관계를 확보했다.
- **준거 타당도 검증:** 채용 후 6개월, 1년 시점의 성과 평가 결과와 채용 시 ATOM 평가 점수 간의 상관관계를 분석했다. 전체적으로 0.75의 높은 상관관계를 보였으며, 특히 4점 평가를 받은 인재의 92%가 상위 성과자로 분류되었다.

(3) 타당도와 신뢰도 검증

전문가 패널 검증 프로세스를 통해 내용 타당도를 검증한다.

[표8-15] 전문가 패널 검증 프로세스

구분		내용
1	패널 구성	• 해당 직무 전문가 3~5명 • HR 전문가 2~3명 • 심리 측정 전문가 1~2명 • 현장 관리자 2~3명
2	검증 기준	• 측정 목표와의 일치성 • 질문의 명확성 • 답변 가능성 • 평가 용이성
3	합의도 측정	• 내용타당도 비율(CVR) 계산 • 0.7 이상 기준 • 불일치 항목 수정 • 반복 검증

4. 4점 척도 루브릭의 전략적 가치

많은 사람들이 우리 점수 척도를 보고는 "어? 왜 4점짜리 척도를 쓰죠?"라고 종종 묻는다. 과도한 통계학적 설명을 빼고 말하자면 4점짜리 척도가 더 나은 자료를 제공하기 때문이다.

(1) 의사결정의 명확성

4점 척도는 채용 의사결정을 명확하게 만든다. 3점 이상은 채용 가능, 2점은 조건부 검토, 1점은 부적합으로 직관적인 의사결정이 가능하다.

(2) 중심화 경향 방지

더 한정된 척도를 쓰게 되면(3점이나 5점 같은) 점수가 중간 점수로(우리는 이것을 중심화 경향이라고 부른다.) 치우치게 된다. 사람들은 일반적으로 '이 사람 형편없음'을 나타내는 칸에 표기하고 싶어 하지 않는다. 면접관도 예외는 아니다. 특히 처음 본 상황에서 그 사람에 대해 중대한 결정을 할 때 함부로 비판하는 것 같다는 느낌이 들 수도 있다. 많은 면접관이 좋은 사람은 타인을 비판적으로 평가를 하지 않는다는 잘못된 생각을 가지고 있다. 그래서 "나는 좋은 사람이고 남을 함부로 판단하지 않아."라는 것을 보여주기 위해 중심화 경향을 보이거나 정당한 점수보다 더 많은 점수를 주는 관대화 경향이 있다. 이런 태도의 위험성은 명확하지만, 실제 면접에서 종종 볼 수 있다. 4점 척도를 쓰게 되면, 면접관의 중심화, 관대화 경향이 사라지며 죄책감 없이 낮은 점수를(2점이나 1점 같은) 주게 된다.

(3) 평가 품질의 일관성

중간값 회피를 통해 평가자들이 보다 신중하고 명확한 판단을 내리도록 유도하며, 이는 전체적인 평가 품질 향상으로 이어진다.

(4) 조직별 맞춤화 용이성:

4개 수준의 명확한 구분은 조직의 특성에 따른 맞춤화를 용이하게 한다. 각 조직은 자신들의 기준에 맞게 4개 수준의 의미를 재정의할 수 있다.

(5) 데이터 분석의 효율성

4점 척도는 통계 분석에 적합하며, 머신러닝 모델 구축 시에도 효과적인 입력 변수로 활용된다.

체계적인 개발 과정, 차원별 맞춤형 설계, 지속적인 검증과 개선을 통해 구축된 이 루브릭은 단순한 점수 체계를 넘어 조직과 인재 간의 최적 매칭을 가능하게 하는 전략적 도구로 자리매김했다.

4점 척도의 선택은 평가의 명확성과 실용성을 극대화하면서도, 충분한 변별력을 확보하는 최적의 균형점이다. 각 차원별로 정교하게 개발된 루브릭은 조직의 고유한 특성과 요구사항을 반영하면서도, 객관적이고 일관된 평가를 가능하게 한다.

제 10 절

ATOM 기반 면접질문

1. Attitude Fit 기반 면접질문

(1) 코칭수용

평가항목	확인 항목
적응능력, 조직적응성, 변화 수용성, 인내와 지속성, 코칭 수용도, 순응, 긍정적 사고, 충성, 만족, 직업윤리	특정 조직과 역할에 가장 적합한 태도 특성을 평가하는 영역으로, 개인의 업무 접근 방식과 조직 문화의 부합도를 측정한다. 코칭수용(자기인식, 자기개선, 평가수용), 긍정적 사고(조직평가, 상사평가, 감사인정), 적응능력(조직적응성, 변화수용성, 인내와 지속성)의 영역에서 지원자의 적합도를 평가한다.

A01.코칭수용 〉 A0101.자기인식

도입질문	심화질문	질문의도 및 체크포인트
만일 제가 전 상사(교수, 리더, 대표)에게 전화해서 지원자의 장점(역량, 기술, 능력, 전공 등)을 물어본다면 그분은 무엇이라 말할 것 같습니까?	• 왜 그렇게 생각하십니까? • 그렇게 판단받는 이유는 무엇입니까? • 그 판단을 증명할 사례를 말씀해 주시겠습니까? • 그런 장점을 그분 말고 다른 사람에게도 들은 적이 있습니까? • 그게 본인을 제대로 표현한 장점입니까?	• 왜 그렇게 평가받는지 자기 탐색이 되어 있는가. • 자신의 행동, 감정, 생각을 정기적으로 검토하고 성찰하는 습관이 있는가. • 자신의 핵심 강점을 정확히 인식하고 효과적으로 활용하는가. • 자신의 습관적 행동 패턴과 그 영향을 인식하고 있는가. • 다양한 상황에서 자신의 감정 상태를 정확히 인식하고 표현할 수 있는가. • 자기 인식을 바탕으로 행동과 반응을 적절히 조절할 수 있는가.

* 평가 루브릭(Scoring Scale)

수준	4(우수)	3(양호)	2(보통)	1(미흡)
정의	타인의 관점에서 자신을 객관적으로 인식하며, 다양한 피드백을 통해 검증된 강점을 구체적 성과와 연결하여 설명.	타인의 평가를 어느 정도 파악하고 있으며, 일반적인 사례로 뒷받침. 자기 인식과 타인 인식 간 일치도가 양호함.	타인의 평가를 막연히 추측하며, 구체적 근거가 부족. 자기 평가와 타인 평가의 연결성이 약함.	타인의 관점을 고려하지 못하거나 비현실적 추측. 자기중심적 사고에서 벗어나지 못함.
행동 지표	• 상사의 구체적 피드백 인용 • 다양한 출처의 일관된 평가 • 평가 이유에 대한 깊은 통찰 • 지속적 성찰과 개선 노력 증명	• 상사의 일반적 평가 예상 • 주요 피드백 출처 언급 • 평가에 대한 기본적 이해 • 간헐적 자기 성찰 시도	• 추상적 평가 예상 • 모호한 사례 제시 • 표면적 이유 제시 • 자기 성찰 습관 부족	• 타인 평가 예측 불가 • 구체적 사례 없음 • 이유 설명 못함 • 자기 성찰 능력 결여

(2) 긍정적 사고

A02.긍정적 사고 〉 A0201.조직평가		
도입질문	심화질문	질문의도 및 체크포인트
이전에 일한 회사는 어떤 회사였습니까?(직장 경력이 없다면 경험 중심으로 질문) (답변을 듣고) 만일 타인에게 추천한다면 그 이유는 무엇입니까? (답변을 듣고) 만약 비추천한다면 그 이유는 무엇입니까?	• 왜 그렇게 생각하십니까? • 지인에게도 소개시켜 줄 의향이 있습니까? • 추천한다면 그 이유를 설명해 주시겠습니까? • 여러 추천 이유 중 가장 좋았던 것은 무엇이었습니까? • 가장 좋았던 회사의 조직문화는 어떠했습니까? 구체적인 예를 들어 주시겠습니까? • 반대로 추천하지 않는 이유는 무엇입니까? • 회사를 평가할 때 가장 중요하게 생각하는 것은 무엇입니까?	• 자신이 몸담았던 조직에 대해 어떻게 표현하는가. • 지원자가 회사와 업무환경을 평가하는 기준이 무엇인가. • 좋았다면 특별히 그 회사를 좋게 말하는 이유는 무엇인가. • 선택의 기준이 된 고려 요소 중 최우선 요소는 무엇인가. • 내적 동기(관계, 인정, 협력 등)에 관련된 내용인가, 아니면 외적 동기(보수, 직무, 회사규모 등)에 관련된 내용인가. • 긍정적/부정적 경험을 균형 있게 분석하는가. • 추상적인 답변이 아닌 구체적 사례와 경험을 제시하는가. • 지원자가 추천 또는 비추천한 내용과 우리 조직과는 어떠한가. • 외부에서 조직을 대표할 때 적절한 충성심과 긍정적 이미지를 전달하는가.

* 평가 루브릭(Scoring Scale)

수준	4(우수)	3(양호)	2(보통)	1(미흡)
정의	조직에 대한 균형 잡힌 시각으로 긍정적·부정적 측면을 객관적으로 분석. 구체적 경험에 기반한 성숙한 평가와 명확한 가치 제시.	조직의 주요 특성을 적절히 파악하고 일반적 수준에서 장단점 평가. 개인 경험을 바탕으로 합리적 판단 제시.	조직에 대한 피상적 이해와 단편적 평가. 주관적 감정에 치우치거나 구체성 부족. 가치 기준이 모호함.	극단적이거나 비전문적인 평가. 조직에 대한 불평불만 또는 맹목적 찬양. 객관성과 성숙도 결여.
행동 지표	• 조직 특성 다면적 분석 • 구체적 사례와 데이터 제시 • 장단점 균형 있게 인식 • 내·외적 동기 요인 통합 • 프로페셔널한 표현력	• 주요 특징 적절히 파악 • 일반적 사례 제시 • 장점 위주 긍정적 평가 • 주로 외적 요인 중심 • 적절한 의사 표현	• 표면적 특성만 언급 • 추상적 설명 위주 • 편향된 시각 노출 • 개인적 불만 표출 • 감정적 표현 포함	• 조직 이해 부족 • 구체적 근거 없음 • 극단적 평가 • 비전문적 태도 • 부적절한 표현

(3) 적응능력

A03.적응능력 〉 A0303.인내와 지속성(끈기)

도입질문	심화질문	질문의도 및 체크포인트
과거 학창시절부터 현재까지 가장 오랫동안 꾸준히 해온 자기개발 활동은 무엇이었습니까?	• 그 활동을 시작하게 된 계기는 무엇이었습니까? • 어떤 기관(학원, 학교)에서 학습을 하고 있습니까? • 얼마나 되었습니까? • 얼마나 자주 합니까? • 최근에 학습(교육내용)한 내용은 무엇입니까? • 얼마나 오랫동안 지속해 왔으며, 중간에 어려움은 없었습니까? • 그 과정에서 어떤 변화나 성장을 경험했습니까? • 지속하기 어려웠던 시기는 언제였고, 어떻게 극복했습니까?	• 지원자가 장기적 자기개발에 대한 끈기와 실천력이 있는가. • 직무와 관련된 학습을 꾸준히 하고 있는가. • 학습을 하고자 하는 자세를 견지하는가. • 새로 습득한 기술/기능과 이번에 지원하고자 하는 업무와 연계성은 있는가. • 개인적인 학습열의(자기개발) 와 끈기수준을 알아본다. • 어려움이나 좌절 상황을 극복한 구체적인 사례가 존재하는가. • 단순한 관심이 아닌 체계적인 자기개발 계획성이 있는가. • 허황된 주장인지 아닌지 신뢰성 여부를 심층 질문한다.

* 평가 루브릭(Scoring Scale)

수준	4(우수)	3(양호)	2(보통)	1(미흡)
정의	장기간 체계적이고 목표 지향적인 자기개발 지속. 명확한 성장 궤적과 업무 연계성을 보이며, 구체적 사례와 미래 계획 보유.	중기간 꾸준한 자기개발 활동 유지. 일정한 성과와 성장을 보이나 체계성과 업무 연계성은 보통 수준.	단기간 또는 간헐적 자기개발 시도. 지속성과 체계성이 부족하며 구체적 성과 제시 미흡.	지속적 자기개발 경험 부재. 단발성 활동만 있거나 구체적 활동 제시 못함. 학습에 대한 의지 부족.
행동 지표	• 5년 이상 지속적 활동 • 체계적 학습 계획과 실행 • 측정 가능한 성장 증거 • 업무와 높은 연계성 • 극복 사례와 미래 계획 명확	• 2~5년 꾸준한 활동 • 일반적 학습 방법 활용 • 부분적 성과 확인 • 간접적 업무 연관성 • 기본적 지속 의지	• 2년 미만 활동 • 비체계적 접근 • 성과 측정 모호 • 업무 연계 약함 • 간헐적 중단 경험	• 지속 활동 없음 • 즉흥적 시도만 • 성과 없음 • 업무 무관 • 학습 의지 부재

2. Technical Fit 기반 면접질문

(1) 직무전문

평가항목	확인 항목
직무전문성, 직무경험, 학습역량, 기술적합성, 지식적합성, 인지적합성, 성과 및 성취, 전공, 자격	직무 수행에 필요한 전문성과 역량을 종합적으로 평가하며, 현재 역량과 성장 잠재력을 함께 고려한다. 직무전문(전문지식, 기술적 숙련도, 전공자격), 직무경험(양적 경험, 질적 경험, 성과 및 성취), 학습역량(자기주도 학습, 지식 전이 능력, 디지털 학습 역량)의 영역에서 지원자의 적합도를 평가한다.

T01.직무전문 〉T0101.전문지식

도입질문	심화질문	질문의도 및 체크포인트
① 지원자가 채용된다면 해야 할 일이 어떤 일입니까? (답변을 듣고) ② 그렇다면 지원자가 그 일(직무)을 잘할 수 있다고 어떻게 증명할 수 있겠습니까?	• 가능하면 예를 들어 주시겠습니까? • 그러한 평가를 내린 근거를 구체적인 예로 설명해 주시겠습니까? • 그 분야 중 세부적으로 어떤 분야에 가장 자신이 있습니까? • 자신의 전문성으로 우리 조직 내에서 어떤 기여를 할 수 있다고 여깁니까?	• 해당 분야의 기본 개념과 이론에 대한 이해가 있는가. • 실제 업무에 기술 및 지식을 어떻게 적용했는지 구체적 사례가 있는가. • 자신이 지원한 분야에 대한 파악이 제대로 되어 있는가. • 업무 수준을 파악하고 있는가. • 장점을 업무와 연관시켜 표현하는가. • 허황된 주장인지 아닌지 신뢰성 여부를 심층 질문 한다. • 경험을 빗대어 설득력 있게 증명하는가. • 자신의 특성(전문성)을 파악하고 있는가. • 조직에서 요구하는 특성과 부합하는가.

* 평가 루브릭(Scoring Scale)

수준	4(우수)	3(양호)	2(보통)	1(미흡)
정의	직무에 대한 심층적 이해. 검증 가능한 성과와 전문성으로 직무 수행 능력을 체계적으로 증명.	직무의 주요 내용을 이해하고 있으며, 관련 경험과 역량을 적절히 연결. 일반적 수준의 증명 자료 제시.	직무 이해가 표면적이며, 막연한 수준의 역량 주장. 구체적 증명이 부족하고 일반론에 그침.	직무 파악이 부정확하거나 비현실적. 관련 역량을 증명할 수 없으며 근거 없는 주장에 의존.
행동 지표	• 직무 핵심 요소 파악 • 업무 우선순위 이해 • 핵심 성과지표 이해 • 정량적 데이터 포함 • 관련 경험 언급	• 주요 업무 내용 파악 • 일반 책임 범위 이해 • 정성 성과 위주 설명 • 기본 수준의 증명 • 유사 경험 언급	• 직무 이해 피상적 • 단편적 업무 파악 • 간접적 경험만 언급 • 추상적 역량 주장 • 객관적 증명 부족	• 직무 이해 부정확 • 업무 범위 모호 • 관련 경험 없음 • 근거 없는 자신감 • 증명 자료 전무

(2) 직무경험

T02.직무경험 〉T0201.양적 경험		
도입질문	심화질문	질문의도 및 체크포인트
이번에 지원 한 분야와 관련된 경험이나 경력을 가진 것이 있습니까?	• 구체적인 예를 들어 주시겠습니까? • 그 경험이 어떤 측면에서 지원한 분야와 서로 관련됩니까? • (관계가 없다면) 어떻게 이 업무를 잘할 수 있다고 증명하시겠습니까?	• 동일 혹은 유사 분야의 경험을 가졌는가. • 직접 관련 분야가 가장 바람직하다. • 간접 관련 분야도 폭을 넓히는 데는 필요하다. • 지원자가 경험한 경력과 직무와의 연관성은 어떠한가. • 경력에 대한 자기만족도는 어떠한가. • 지원한 직무에 대한 업무 수준을 파악하고 있는가. • 경력의 흐름을 본다. • 유관 경력이 없다 하더라도, 찬란한 도전정신을 평가한다.

* 평가 루브릭(Scoring Scale)

수준	4(우수)	3(양호)	2(보통)	1(미흡)
정의	지원 직무와 직접적이고 깊이 있는 경험 보유. 다양한 경험으로 즉시 기여 가능한 전문성 입증. 경력의 일관성과 성장 궤적이 명확함.	지원 직무와 관련된 적절한 경험 보유. 유사 분야 경험으로 전이 가능한 역량 확인. 합리적 수준의 준비도를 보임.	간접적이거나 부분적 관련 경험만 보유. 기초적 이해는 있으나 실무 경험 부족. 잠재력은 있으나 즉시 기여는 제한적.	관련 경험 전무하거나 매우 미미함. 직무 이해도 부족하고 준비되지 않음. 열정만으로 역량을 대체하려 함.
행동 지표	• 3년 이상 직접 관련 경력 • 다수의 성공 프로젝트 • 측정가능한성과제시 • 경력 발전의 논리적 흐름 • 즉시 활용 가능한 전문성	• 1~3년 관련 경력 • 몇 가지 관련 프로젝트 • 일반적 성과 달성 • 유사 분야 경험 활용 • 적응 후 기여 가능	• 1년 미만 간접 경험 • 학습이나 관찰 위주 • 이론적 이해 수준 • 전이 가능성 존재 • 추가 교육 필요	• 무관한 경력 • 관련 활동 없음 • 직무 이해 부족 • 막연한 관심만 • 상당한 투자 필요

(3) 학습역량

T03.학습역량 〉 T0301.자기주도

도입질문	심화질문	질문의도 및 체크포인트
지원자는 전문적인 능력을 어떻게 최신으로 유지합니까?	• 왜 그것을 공부하였습니까? • 어떤 기관(학원, 학교)에서 학습을 하고 있습니까? • 얼마나 되었습니까? • 얼마나 자주 합니까? • 최근에 학습(교육내용)한 내용은 무엇입니까?	• 직무와 관련된 학습을 꾸준히 하고 있는가. • 평생학습을 하고자 하는 자세를 견지하는가. • 신기술/기능에 대한 호기심은 어느 정도인가. • 새로 습득한 기술/기능과 이번에 지원하고자 하는 업무와 연계성은 있는가. • 개인적인 학습열의(자기개발) 수준을 알아본다. • 허황된 주장인지 아닌지 신뢰성 여부를 심층 질문한다.

* 평가 루브릭(Scoring Scale)

수준	4(우수)	3(양호)	2(보통)	1(미흡)
정의	체계적이고 다각적인 방법으로 전문성을 지속적으로 업데이트. 최신 트렌드와 기술을 선제적으로 습득.	정기적인 학습 활동으로 전문성 유지. 주요 변화는 따라가나 선제적 학습은 부족. 실무 적용은 선택적.	간헐적이거나 수동적인 학습. 필수적인 것만 학습하며 최신성 유지에 소극적. 체계성 부족.	전문성 업데이트 활동 거의 없음. 과거 지식에 안주하며 변화에 뒤처짐. 학습 의지 부재.
행동지표	• 다양한 학습 채널 활용 • 월 20시간 이상 투자 • 최신 자격증/인증 보유 • 커뮤니티 활발히 참여 • 지식 공유 및 기여	• 2~3개 학습 방법 병행 • 월 10시간 정도 투자 • 기본 자격 유지 • 수동적 정보 수집 • 간헐적 실무 적용	• 단일 학습 방법 • 비정기적 학습 • 의무 교육만 이수 • 소극적 참여 • 제한적 활용	• 학습 활동 없음 • 시간 투자 안 함 • 자격 미갱신 • 정보 단절 • 구식 방법 고수

3. Organization Fit 기반 면접질문

(1) 조직이해

<table>
<tr><th>평가항목</th><th colspan="2">확인 항목</th></tr>
<tr><td>가치 적합, 회사에 대한 관심, 입사의지, 조직몰입, 의사소통, 대인관계, 관계지향, 팀워크, 스트레스 해소</td><td colspan="2">지원자의 가치관과 조직 문화의 일치도를 평가하며, 조직에 대한 이해와 준비성을 중시한다. 조직이해(사업 이해, 조직문화 적합, 고객이해), 의사소통(소통 간결성, 정보 전달력, 문서적 의사소통), 협업능력(관계구축 및 유지, 상호지원 및 개발, 감정조절)의 영역에서 지원자의 적합도를 평가한다.</td></tr>
<tr><td colspan="3">O01.조직 이해 〉O0101.사업 이해</td></tr>
<tr><th>도입질문</th><th>심화질문</th><th>질문의도 및 체크포인트</th></tr>
<tr><td>우리 회사에서 생산되는 제품 또는 서비스에 대해 아는 대로 말씀해 주시겠습니까?</td><td>• 그 생산품(서비스)의 장점은 무엇이라고 판단하십니까?
• 반대로 단점은 무엇이라고 판단하십니까?
• 귀하가 알고 있는 우리 회사의 제품 또는 서비스 중 시장에서 가장 경쟁력이 있다고 생각하는 것은 무엇이며, 그 이유는 무엇입니까?
• 우리 회사의 제품 또는 서비스가 경쟁사와 비교하여 어떤 차별화된 가치를 제공한다고 생각하십니까?
• 고객들이 우리 회사의 제품 또는 서비스를 선택하는 주된 이유가 무엇이라고 생각하십니까?</td><td>• 생산되는 제품이나 서비스를 제대로 이해하고 있는가.
• 제품과 관련된 기본적인 용어를 알고 있으며 타인에게 간략히 설명할 수 있는가.
• 선진 기업 제품과 관련된 다양한 정보와 지식을 습득하고 있는가.
• 상품 또는 제공되는 서비스의 장점을 알고 있는가.
• 단점을 제대로 알고 있으며 솔직하게 답변하는가.
• 지원자가 회사의 제품 또는 서비스에 대한 기본적인 이해도를 갖추고 있는가.
• 제품/서비스의 특성과 시장 내 포지셔닝을 정확히 파악하고 있는가.
• 경쟁사 대비 차별화 요소와 고객 가치를 인식하고 있는가.</td></tr>
</table>

* 평가 루브릭(Scoring Scale)

수준	4(우수)	3(양호)	2(보통)	1(미흡)
정의	제품/서비스 포트폴리오를 체계적으로 이해하고 기술적 특성까지 파악. 시장 내 위치와 경쟁 우위 요소를 구체적으로 설명.	주요 제품/서비스를 적절히 파악하고 기본 특성 이해. 일반적인 장단점과 시장 위치를 인지하나 깊이는 보통 수준.	대표 제품/서비스만 표면적으로 알고 있음. 홈페이지 수준의 정보만 보유하고 구체적 이해 부족.	제품/서비스에 대한 이해 매우 부족. 잘못된 정보나 추측에 의존. 기본적인 사전 조사 없이 지원.

수준	4(우수)	3(양호)	2(보통)	1(미흡)
행동 지표	• 라인업 체계적 설명 • 특징 정확히 파악 • 고객층 명확히 이해 • 시장 위치 인지 • 미래 전략 방향 언급	• 주요 제품군 나열 가능 • 기본 특성 설명 • 일반적 고객층 파악 • 업계 내 위치 인지 • 대략적 차별점 이해	• 1~2개 제품만 언급 • 표면적 특징만 나열 • 고객 이해 모호 • 시장 위치 불명확 • 일반적 정보만 보유	• 제품명도 정확히 모름 • 특성 설명 못함 • 고객 파악 안 됨 • 시장 이해 없음 • 준비 없이 지원

(2) 의사소통

O01.조직 이해 〉O0201.소통간결성

도입질문	심화질문	질문의도 및 체크포인트
자신의 전공 내용에서 가장 중요하다고 생각하는 개념이나 이론 하나를 선택해서 비전공자가 이해하기 쉽게 간결하게 설명해 주시겠습니까?	• 그 개념이나 이론을 왜 가장 중요하다고 생각하셨습니까? • 설명할 때 어떤 점을 특히 신경 쓰셨습니까? • 어려운 전문용어를 어떻게 쉽게 풀어 설명하셨습니까? • 만약 상대방이 이해하지 못했다면, 어떻게 접근 방식을 바꾸셨을 것 같습니까?	• 복잡한 전공 지식을 핵심만 추출하여 설명할 수 있는가. • 전문용어를 일상 언어로 전환하는 능력이 있는가. • 청중의 이해도를 고려한 설명 구성 능력이 있는가. • 간결하면서도 정확한 정보 전달 능력이 있는가. • 비유나 예시를 활용한 설명 능력이 있는가. • 전문 지식을 누구나 이해할 수 있는 언어로 전환하는 능력이 있는가. • 정보를 구조화하고 우선순위를 정하는 능력이 있는가.

* 평가 루브릭(Scoring Scale)

수준	4(우수)	3(양호)	2(보통)	1(미흡)
정의	복잡한 전공 지식을 명쾌하고 흥미롭게 전달. 적절한 비유와 실생활 예시로 즉각적 이해 가능. 핵심을 정확히 전달하면서도 청중 눈높이에 완벽히 맞춤.	전공 개념을 이해하기 쉽게 설명. 일부 전문용어를 적절히 순화하고 기본적인 예시 활용. 대체로 이해 가능한 수준.	설명은 하나 여전히 어려움. 전문용어 잔존하고 추상적 설명 위주. 비전공자가 이해하기에 부담스러운 수준.	전공자 관점에서만 설명. 전문용어 남발하고 난해함. 소통 능력 부족으로 이해 불가능한 수준.
행동 지표	• 1분 이내 명쾌한 설명 • 일상적 비유 능숙 활용 • 단계적 논리 구성 • 청중 반응 고려 • 핵심 메시지 명확	• 3분 이내 설명 완료 • 기본적 예시 사용 • 논리적 흐름 있음 • 주요 용어 순화 • 요점 전달 가능	• 장황한 설명 • 예시 부적절/부족 • 구성 산만 • 용어 설명 미흡 • 부분적 이해만 가능	• 시간 조절 실패 • 예시 없음 • 논리 부재 • 전문용어 그대로 • 이해 불가능

(3) 협업능력

O01.조직 이해 〉 O0301.관계구축 및 유지		
도입질문	심화질문	질문의도 및 체크포인트
어려운 일을 겪었을 때 생각나는 사람은(동료, 친구, 상사 등) 누구입니까? (답변을 듣고) 왜 그 사람이 생각났습니까?	• 그 사람과 어떤 특별한 경험이나 자질 때문에 생각났는지 구체적으로 설명해 주시겠습니까? • 실제로 그 사람에게 도움을 요청했고, 어떤 방식으로 도움을 받으셨습니까? • 그 사람이 제공한 도움이나 조언이 문제 해결에 어떻게 도움이 되었습니까? • 이 경험이 향후 귀하가 다른 사람을 도울 때 어떤 영향을 미쳤습니까? • 앞으로 어려운 일을 겪을 때도 이런 방식으로 도움을 구하시겠습니까?	• 지원자가 형성한 신뢰 관계의 질과 깊이가 어느 정도인가. • 사회적 자본과 멘토링 관계 보유하고 있는가. • 어려움이 있을 때 적극적으로 도움을 구하는 개방성이 있는가. • 타인의 도움에 대한 인식과 감사 표현을 할 줄 아는가. • 자신이 필요로 하는 지원 유형과 적절한 멘토 식별 능력이 있는가. • 단순 업무 관계를 넘어선 신뢰 관계를 형성할 수 있는가. • 왜 그 사람인지에 대한 명확하고 구체적인 이유가 있는가. • 그 사람의 도움이 실제로 문제 해결에 기여했는가. • 도움을 받은 것에 대한 보답이나 전달 의지가 있는가. • 도움을 받은 경험을 통한 성장과 발전을 했는가.

* 평가 루브릭(Scoring Scale)

수준	4(우수)	3(양호)	2(보통)	1(미흡)
정의	깊이 있는 신뢰 관계를 다수 보유하며, 상황별 적절한 멘토 선택. 상호적 도움 관계를 형성하고 받은 도움을 발전적으로 활용. 감사와 보답의 선순환 구조.	의미 있는 관계를 몇 명과 유지. 필요시 도움을 요청할 수 있으며, 받은 도움에 감사 표현. 일정 수준의 신뢰 네트워크 보유.	제한적 관계만 보유하거나 도움 요청에 소극적. 표면적 관계 위주이며 깊이 있는 신뢰 부족. 일방적 의존 경향.	의미 있는 관계 부재하거나 고립적. 도움 요청을 꺼리고 타인 불신. 받은 도움을 당연시하거나 인정하지 않음.
행동지표	• 다양한 멘토/조력자 보유 • 구체적 도움 사례 다수 • 상호 호혜적 관계 • 깊은 감사와 보답 실천 • 타인 돕기 적극 참여	• 소수의 신뢰 관계 형성 • 몇 가지 도움 경험 • 기본적 감사 표현 • 간헐적 보답 노력 • 도움 주기 가능	• 제한적 신뢰 관계 형성 • 드문 도움 요청 • 형식적 감사 • 일방적 수혜 • 소극적 태도	• 신뢰 관계 없음 • 도움 요청 안 함 • 감사 표현 부족 • 고립적 해결 • 폐쇄적 태도

4. Motivation Fit 기반 면접질문

(1) 지원동기

평가항목	확인 항목
지원동기, 리서치 충실도, 일관성, 동기의 구체성, 외적 동기, 내적동기, 동기의 균형, 직무 흥미 및 관심도	내재적·외재적 동기의 균형과 지원 동기의 구체성을 평가하여 장기적 몰입 가능성을 예측한다. 지원동기(리서치 충실도, 지원 일관성, 지원동기의 구체성), 동기부여 적합(외적동기, 내적동기, 동기균형), 성취동기(목표 지향성, 과제 지속성, 자기 동기부여)의 영역에서 지원자의 적합도를 평가한다.

M01.지원동기 〉M0101.리서치 충실도

도입질문	심화질문	질문의도 및 체크포인트
우리 회사에 대해 알아보신 과정에서 가장 인상 깊었던 점은 무엇입니까?	• 우리 회사가 현재 직면한 주요 도전 과제나 시장 상황에 대해 어떻게 파악하고 계십니까? • 우리 회사의 경쟁사와 비교했을 때 차별화된 강점과 약점은 무엇이라고 생각하십니까? • 지원하신 직무의 일상적인 업무와 주요 책임에 대해 어떻게 이해하고 계십니까? • 우리 회사의 기업문화나 조직 분위기에 대해 어떤 정보를 얻으셨으며, 그것이 본인과 어떻게 맞는다고 생각하십니까? • 우리 회사나 산업의 최근 뉴스나 변화 중 본인이 주목한 부분은 무엇입니까?	• 지원자의 회사 관련 정보 수집 깊이가 있는가. • 산업 및 경쟁 환경에 대한 이해도가 있는가. • 직무 특성과 요구사항을 현실적으로 인식하고 있는가. • 기업문화와 자신의 적합성에 대한 분석 능력이 있는가. • 최신 동향 파악을 위한 능동적 정보 수집 노력을 보였는가. • 표면적 정보를 넘어 심층적인 회사 이해도를 보이는가. • 다양한 출처와 관점에서 균형 잡힌 정보를 수집했는가. • 수집한 정보를 단순 나열이 아닌 분석적으로 이해하는가. • 회사와 직무에 대한 이상화된 인식이 아닌 현실적 이해를 갖고 있는가.

* 평가 루브릭(Scoring Scale)

수준	4(우수)	3(양호)	2(보통)	1(미흡)
정의	다각도의 심층 연구를 통해 독창적 인사이트 도출. 전략적 방향성과 문화적 특성까지 깊이 이해. 구체적 근거와 함께 분석적 견해 제시.	체계적인 정보 수집으로 기업의 주요 특성 파악. 일반적이지만 타당한 관찰 포인트 제시. 적절한 수준의 기업 이해도 보유.	기본적인 정보 수집에 그침. 홈페이지나 일반 자료 수준의 표면적 이해. 특별한 인사이트나 깊이 있는 분석 부족.	최소한의 사전 조사도 하지 않음. 막연하거나 부정확한 정보에 의존. 진정성 있는 관심과 노력 부재.
행동 지표	• 다양한 출처의 정보 종합 • 독창적 관점과 통찰 제시 • 구체적 사례와 자료 인용 • 전략적 시사점 도출 • 개인 가치관과 연결	• 2~3개 주요 출처 활용 • 합리적 관찰 포인트 • 일반적 사례 언급 • 기본적 분석 시도 • 지원 동기와 연결	• 단일 출처 의존 • 명백한 특징만 언급 • 구체성 부족 • 단순 나열 수준 • 피상적 연결	• 조사 흔적 없음 • 추측이나 오류 • 근거 없는 주장 • 분석 능력 없음 • 관심 부재

(2) 동기부여 적합

M02.동기부여 적합 〉 M0201.외적 동기		
도입질문	심화질문	질문의도 및 체크포인트
희망하는 급여(연봉) 수준은 어떻게 됩니까?(얼마입니까?) (답변을 듣고) 그 수준을 결정한 기준이 무엇인지 말씀해 주시겠습니까?	• 현재 급여 수준과 희망 급여 수준 사이의 차이가 있다면, 그 이유는 무엇입니까? • 급여 수준을 결정할 때 시장 수준, 개인 역량, 회사 규모 등의 요인을 어떻게 고려하셨습니까? • 급여 외에 중요하게 생각하는 보상 요소가 있습니까? • 복리후생 항목 중 가장 관심 있는 것은 무엇입니까? • 급여 협상 시 어떤 점을 고려하시겠습니까? • 입사 후 급여 인상에 대한 기대치는 어느 정도입니까?	• 경력과 역량에 맞5는 적정한 급여 기대치를 보유하고 있는가. • 업계 급여 수준과 자신의 가치를 정확히 파악하고 있는가. • 개인적 욕구와 시장 현실의 균형 잡힌 조화 능력이 있는가. • 단기적 급여보다 장기적 발전 가능성을 고려하는가. • 경력과 역량에 부합하는 합리적 급여 수준을 인지하고 있는가. • 급여 결정 기준에 대한 구체적이고 논리적으로 설명할 수 있는가. • 업계 평균과 트렌드에 대해 정확히 파악하고 있는가. • 경직된 태도보다는 합리적인 타협 가능성이 있는가. • 급여와 성과의 상관관계에 대해 인식하고 있는가.

* 평가 루브릭(Scoring Scale)

수준	4(우수)	3(양호)	2(보통)	1(미흡)
정의	시장 데이터와 개인 역량을 객관적으로 분석하여 합리적 범위 제시. 성과 기반 인상과 장기적 성장을 고려한 균형 잡힌 관점.	일반적 시장 수준과 경력을 고려한 적절한 기대치. 기본적인 근거 제시하며 현실적인 협상 가능성 표현.	막연한 기준으로 급여 책정. 시장 조사 부족하고 개인 필요 위주. 경직되거나 비현실적 기대.	근거 없이 과대하거나 과소한 요구. 시장 현실 무시하고 협상 유연성 없음. 전문성 결여된 태도.
행동 지표	• 구체적 시장 데이터 인용 • 역량별 차등 근거 제시 • 협상 가능 범위 명시 • 성과 연계 인식 • 총보상 관점 고려	• 업계 평균 수준 인지 • 경력 연차 반영 • 기본적 근거 설명 • 협상 여지 표현 • 급여 외 요소 언급	• 추상적 기준 제시 • 단순 비교만 의존 • 경직된 기대치 • 근거 설명 부족 • 단기적 시각	• 비현실적 요구 • 근거 없는 주장 • 협상 거부 태도 • 시장 이해 없음 • 감정적 접근

(3) 성취동기

M03.성취동기 〉 M0301.목표지향

도입질문	심화질문	질문의도 및 체크포인트
지금까지 이루었던 성취 중 가장 자랑스럽게 생각하는 것은 무엇입니까?	• 그 성취가 특별히 의미 있다고 느끼는 이유는 무엇입니까? • 그 목표를 달성하기까지 어떤 과정과 어려움을 겪으셨습니까? • 목표 달성 과정에서 다른 사람들의 도움이 있었다면 어떤 것들이 있었습니까? • 이 성취가 본인의 후속 성장이나 커리어에 어떤 영향을 미쳤습니까? • 비슷한 성취를 다시 이루기 위해서는 무엇이 필요하다고 생각하십니까?	• 지원자가 가치 있다고 여기는 성공의 기준과 수준이 어느 정도인가. • 도전적이면서도 달성 가능한 목표를 설정할 수 있는 능력이 있는가. • 목표를 실제 성과로 연결하는 계획과 실행 역량을 보유하고 있는가. • 성취를 지속적 성장의 발판으로 활용하려는 태도를 보이는가. • 개인적·조직적 성공에 대한 가치관과 동기를 보유하고 있는가. • 개인적·조직적으로 의미 있는 실질적인 성과를 가지고 있는가. • 안전지대를 벗어난 도전적인 목표 설정과 달성을 할 수 있는가. • 결과뿐만 아니라 과정에서의 학습과 성장이 있는가. • 개인 성취와 팀 성과의 균형을 맞출 수 있는가. • 과거 성취를 미래 성장의 동력으로 활용할 수 있는가.

* 평가 루브릭(Scoring Scale)

수준	4(우수)	3(양호)	2(보통)	1(미흡)
정의	도전적이고 의미 있는 목표를 체계적으로 달성. 개인 성장과 타인 기여를 균형 있게 실현 구체적 영향력 제공.	적절한 난이도의 목표를 설정하고 달성. 일반적이지만 의미 있는 성과를 거두며 기본적인 성장 경험.	소극적이거나 평범한 수준의 성취. 개인적 만족에 그치며 특별한 도전이나 영향력 부족.	의미 있는 성취 경험 부재. 목표 의식 없이 수동적으로 생활하거나 과장된 주장만 제시.
행동 지표	• 측정 가능한 탁월한 성과 • 높은 난도 극복 과정 • 타인/조직 긍정적 영향 • 구체적 성장 지표 제시 • 지속적 발전으로 연결	• 명확한 목표와 달성 • 적절한 도전 수준 • 개인적 의미 부여 • 일부 성장 경험 • 긍정적 자기 평가	• 일상적 과제 수준 • 낮은 도전 의식 • 개인 차원 한정 • 막연한 성취감 • 단발성 경험	• 구체적 성취 없음 • 목표 설정 부재 • 수동적 태도 • 과장이나 허위 • 성장 의지 없음

제 11 절

ATOM 기반 인재 채용 모델의 평가 기준 및 채점 가이드

ATOM 기반 인재 채용 모델의 4점 척도 평가 체계는 오랜 기간 채용 컨설팅 경험과 다수의 기업에서 실증적 검증을 통해 개발된 과학적이고 체계적인 인재 평가 도구이다. 본 평가 체계는 중간점 편향(Central Tendency Bias)을 제거하고 명확한 의사결정을 유도하는 동시에, 각 영역별 세부 측정지표를 통해 다차원적 인재 적합성을 정밀하게 평가한다. 태도 적합성, 직무 적합성, 조직 적합성, 동기 적합성의 4개 차원과 12개 세부 측정지표는 추상적인 평가 영역을 구체적이고 측정 가능한 형태로 전환함으로써, 채용의 과학화와 객관화를 실현한다.

1. 태도 적합성(Attitude Fit) 평가 기준 및 척도

(1) 코칭수용(Coaching Receptivity) 평가의 정교화

코칭수용 영역의 평가는 단순한 피드백 수용 여부를 넘어, 학습 민첩성(Learning Agility)과 성장 마인드셋(Growth Mindset)을 종합적으로 측정한다. 4점 수준인 '탁월'은 피드백을 적극적으로 요청하고 즉각적인 행동 변화를 보이며, 나아가 타인의 성장까지 지원하는 코칭형 리더십 잠재력을 보여준다. 이는 Dweck의 성장 마인드셋 이론과 Lombardo & Eichinger의 학습 민첩성 모델을 실무적으로 구현한 것이다.

실제 평가 과정에서는 행동사건면접(Behavioral Event Interview) 기법을 활용하여 구체적인 경험을 탐색한다. 예를 들어, "최근 받은 부정적 피드백과 그에 대한 대응 과정을 구체적으로 설명해 주십시오"와 같은 질문을 통해 지원자의 실제 코칭수용 수준을 파악한다. 3점 수준은 피드백을 개방적으로 수용하고 구체적인 개선 계획을 수립하는 수준으로, 즉시 업무 투입이 가능한 우수 인재의 표준적인 수준이다.

2점 수준은 공식적 피드백은 수용하나 소극적 태도를 보이는 경우로, 조직 적응과 성장에 제한을 가져올 수 있는 경계선이다. 특히 압박 상황에서 방어적 태도가 나타나며, 표면적 개선에 그치는 경우가 많다. 1점 수준의 '피드백 거부'는 조직 부적응의 강력한 예측 지표로, 자기 정당화와 책임 전가 패턴이 고착화되어 있어 육성이 매우 어려운 상태를 의미한다.

[표8-16] 코칭수용 4점 척도 평가 기준

점수	수준	평가 기준
4점	탁월	• 피드백을 적극적으로 요청하고 구조화된 방식으로 수집 • 즉각적이고 체계적인 행동 변화 실행 • 타인의 성장을 위한 멘토링과 코칭 제공 • 자기개발 시스템 구축 및 지속적 운영
3점	우수	• 피드백을 개방적으로 수용하고 감사하게 받아들임 • 구체적인 개선 계획 수립 및 실행 • 정기적인 자기평가와 성찰 실시 • 멘토링 관계 형성 및 적극 활용
2점	보통	• 공식적 피드백은 수용하나 소극적 태도 • 부분적이고 표면적인 개선 노력 • 간헐적인 자기개발 활동 • 외부 압력에 의한 수동적 반응
1점	미흡	• 피드백에 대한 방어적이거나 거부적 태도 • 자기 정당화와 책임 전가 경향 • 개선 의지 부족 및 변화 회피 • 폐쇄적이고 경직된 사고방식

코칭수용 평가는 Dweck의 성장 마인드셋 이론과 Lombardo & Eichinger의 학습 민첩성 모델을 실무적으로 구현한 것이다. 4점 척도는 단순한 피드백 수용 여부를 넘어, 피드백을 성장의 기회로 전환하는 능력과 조직 학습 문화에 기여할 수 있는 잠재력을 측정한다. 특히 3점과 2점 사이의 명확한 구분은 즉시 업무 투입 가능 여부를 판단하는 중요한 기준선이 된다.

(2) 긍정적 사고(Positive Thinking) 평가의 심층 분석

긍정적 사고 평가는 Seligman의 긍정심리학과 Fredrickson의 확장-구축 이론을 기반으로 설계되었다. 4점 '탁월' 수준은 어려운 상황을 성장 기회로 재구성하는 탁월한 인지적 유연성을 보이며, 팀 전체에 긍정적 에너지를 전파하는 감정 전염(Emotional Contagion) 효과를 창출한다. 이들은 위기 상황에서도 해결책 중심의 사고를 유지하며, 실패를 학습 자원으로 체계적으로 활용한다.

평가 시에는 "가장 어려웠던 프로젝트 실패 경험과 그것을 어떻게 극복했는지"를 구체적으로 탐색한다. 3점 '우수' 수준은 대부분의 상황에서 긍정적 관점을 유지하며, 문제 상황에서도 건설적 대안을 제시한다. 이들은 스트레스 상황에서 회복탄력성(Resilience)을 발휘하며, 동료들에게 긍정적 영향력을 미친다.

2점 '보통' 수준은 일반적 상황에서는 긍정적이나 압박 상황에서 부정적 사고 경향이 노출되는 경우이다. 외부 지원이 있을 때 긍정성을 회복할 수 있으나, 자체적인 정서 조절 능력은 제한적이다. 1점 '미흡' 수준은 부정적 사고가 지배적이며, 학습된 무력감(Learned Helplessness) 상태로 팀 분위기에 악영향을 미칠 위험이 높다.

[표8-17] 긍정적 사고 4점 척도 평가 기준

점수	수준	평가 기준
4점	탁월	• 어려운 상황을 성장 기회로 재구성하는 탁월한 능력 • 팀 전체에 긍정적 에너지를 전파하는 영향력 • 위기 상황에서도 해결책 중심의 사고 유지 • 실패를 학습 자원으로 체계적으로 활용
3점	우수	• 대부분의 상황에서 긍정적 관점 유지 • 문제 상황에서도 건설적 대안 제시 • 동료들에게 긍정적 영향력 발휘 • 스트레스 상황에서 회복탄력성 발휘
2점	보통	• 일반적 상황에서는 긍정적 태도 유지 • 압박 상황에서 부정적 사고 경향 노출 • 제한적인 문제 해결 접근 • 외부 지원 필요시 긍정성 회복
1점	미흡	• 부정적 사고가 지배적이며 비관적 전망 • 문제 중심적 사고로 해결책 모색 어려움 • 팀 분위기에 부정적 영향 • 학습된 무력감과 체념적 태도

긍정적 사고 평가는 Seligman의 긍정심리학과 Fredrickson의 확장-구축 이론(Broaden-and-Build Theory)을 기반으로 설계되었다. 4점 척도는 개인의 긍정성이 조직 차원의 긍정적 문화 구축에 미치는 영향력까지 포함하여 평가한다. 특히 위기 상황에서의 긍정적 사고 유지 능력은 현대 조직의 불확실성 관리에 핵심적인 역량이다.

(3) 적응능력(Adaptability) 평가의 다차원적 접근

적응능력 평가는 VUCA 시대의 핵심 역량으로, 변화관리 이론과 복잡적응계 이론을 실무적으로 적용한다. 4점 '탁월' 수준은 변화를 주도하고 혁신적 해결책을 창출하는 변화 리더(Change Leader)의 특성을 보인다. 이들은 불확실성을 기회로 전환하는 전략적 사고를 가지며, 다양한 환경에서 즉각적이고 효과적인 적응을 보여준다.

실제 평가에서는 "예상치 못한 중대한 변화에 직면했을 때의 대응 전략과 결과"를 심층 탐색한다. 상황판단검사(Situational Judgment Test)를 활용하여 조직 구조 개편, 신기술 도입, 업무 프로세스 변경 등의 시나리오에서의 대응 능력을 측정한다. 3점 '우수' 수준은 변화를 긍정적으로 수용하고 빠르게 적응하며, 변화 과정에서도 안정적 성과를 유지한다.

2점 '보통' 수준은 변화를 수동적으로 수용하는 수준으로, 안정적 환경에서는 문제없으나 급격한 변화 상황에서는 성과 저하가 예상된다. 1점 '미흡' 수준은 변화에 대한 저항과 거부를 나타내며, 경직된 사고와 행동 패턴으로 인해 디지털 전환과 조직 혁신이 일상화된 현대 기업 환경에서 심각한 부적합을 보인다.

[표8-18] 적응능력 4점 척도 평가 기준

점수	수준	평가 기준
4점	탁월	• 변화를 주도하고 혁신적 해결책 창출 • 불확실성을 기회로 전환하는 전략적 사고 • 다양한 환경에서 즉각적이고 효과적인 적응 • 타인의 변화 적응을 지원하는 리더십
3점	우수	• 변화를 긍정적으로 수용하고 빠르게 적응 • 새로운 상황에서 유연한 대처 능력 • 지속적인 학습을 통한 적응력 향상 • 변화 과정에서 안정적 성과 유지

점수	수준	평가 기준
2점	보통	• 변화를 수동적으로 수용하는 수준 • 평균적인 속도의 적응 과정 • 기본적인 유연성은 있으나 제한적 • 안정적 환경에서만 성과 발휘
1점	미흡	• 변화에 대한 저항과 거부 반응 • 새로운 환경 적응에 실패하거나 장기간 소요 • 경직된 사고와 행동 패턴 • 변화로 인한 성과 저하와 스트레스

적응능력 평가는 VUCA 시대의 핵심 역량을 측정하며, 변화관리 이론과 복잡적응계 이론을 실무적으로 적용한다. 4점 척도는 단순한 변화 수용을 넘어 변화를 주도하고 조직의 변화 역량을 높이는 능력까지 평가한다. 디지털 전환과 조직 혁신이 일상화된 현대 기업 환경에서 이는 생존과 성장의 필수 요소이다.

2. 직무 적합성(Technical Fit) 평가 기준 및 척도

(1) 직무전문(Job Expertise) 평가의 깊이 있는 분석

직무전문 평가는 Bloom의 인지 분류 체계와 Dreyfus 형제의 기술 습득 모델을 적용하여 지식의 깊이와 응용 능력을 체계적으로 측정한다. 4점 '탁월' 수준은 해당 분야 전문가(Expert) 수준으로, 최신 이론과 실무를 통합한 혁신적 접근이 가능하다. 이들은 복잡한 문제에 대한 창의적 해결책을 제시하며, 지식 창출과 전파를 통해 조직 역량 향상에 기여한다.

평가 방법으로는 기술 면접(Technical Interview), 사례 분석(Case Study), 포트폴리오 평가를 종합적으로 활용한다. "귀하의 전문 분야에서 가장 복잡했던 문제와 해결 과정"을 구체적으로 분석하여, 지식의 깊이와 문제 해결 프로세스를 평가한다. 3점 '우수' 수준은 직무 수행에 충분한 전문 지식을 보유하고, 이론적 기반과 실무 적용 능력의 균형을 갖춘 즉시 투입 가능한 인재이다.

2점 '보통' 수준은 기본적인 직무 지식은 보유하나 복잡한 문제 해결에는 제한이 있으며, 추가 교육과 멘토링이 필요하다. 1점 '미흡' 수준은 직무 수행에 필요한 지식이 현저히 부족하여 독립적 업무 수행이 불가능하며, 기초부터 재교육이 필요한 상태이다.

[표8-19] 직무전문 4점 척도 평가 기준

점수	수준	평가 기준
4점	탁월	• 해당 분야 전문가 수준의 깊이 있는 지식 • 최신 이론과 실무를 통합한 혁신적 접근 • 복잡한 문제에 대한 창의적 해결책 제시 • 지식 창출과 전파를 통한 조직 역량 향상
3점	우수	• 직무 수행에 충분한 전문 지식 보유 • 이론적 기반과 실무 적용 능력 균형 • 복잡한 문제 해결 가능 • 지속적인 전문성 개발 노력
2점	보통	• 기본적인 직무 지식 보유 • 일반적인 문제 해결 가능 • 표준적인 업무 수행 수준 • 추가 교육과 지도 필요
1점	미흡	• 직무 수행에 필요한 지식 현저히 부족 • 기초 개념 이해 미흡 • 독립적 업무 수행 불가 • 즉시 업무 투입 어려움

직무전문 평가는 Bloom의 인지 분류 체계와 Dreyfus 형제의 기술 습득 모델을 적용하여 지식의 깊이와 응용 능력을 체계적으로 측정한다. 4점 척도는 현재의 전문성뿐만 아니라 지식의 창출과 전파 능력까지 포함하여, 조직의 지식 자산 확대에 기여할 수 있는 잠재력을 평가한다.

(2) 직무경험(Job Experience) 평가의 질적 접근

직무경험 평가는 경험학습이론(Experiential Learning Theory)을 기반으로 경험의 질과 학습 전이를 중점적으로 측정한다. 4점 '탁월' 수준은 대규모 또는 전략적 프로젝트를 주도한 경험이 있으며, 측정 가능한 탁월한 성과를 창출했다. 이들은 베스트 프랙티스를 구축하고 전파하여 조직 차원의 영향력을 발휘한 경험을 보유한다.

STAR(Situation, Task, Action, Result) 기법을 활용하여 "주도적으로 수행한 가장 의미 있는 프로젝트"를 상세히 분석한다. 프로젝트의 규모, 복잡성, 혁신성, 그리고 정량적 성과를 종합 평가한다. 3점 '우수' 수준은 중요 프로젝트를 성공적으로 수행했으며, 명확한 역할과 기여도를 입증할 수 있는 경험을 보유한다.

2점 '보통' 수준은 관련 프로젝트에 참여한 경험은 있으나 주도적 역할보다는 지원적 역할에 그친 경우이다. 개인 차원의 업무는 완수하나 팀이나 조직 차원의 영향력은 제한적이다. 1점 '미흡' 수준은 직무 관련 경험이 매우 제한적이거나 보조적 역할에만 국한되어 실무 준비도가 현저히 부족한 상태이다.

[표8-20] 직무경험 4점 척도 평가 기준

점수	수준	평가 기준
4점	탁월	• 대규모/전략적 프로젝트 주도 경험 • 측정 가능한 탁월한 성과 창출 • 베스트 프랙티스 구축 및 전파 • 조직 차원의 영향력과 변화 주도
3점	우수	• 중요 프로젝트 성공적 수행 경험 • 명확한 역할과 기여도 입증 • 우수한 실행력과 성과 달성 • 팀 차원의 긍정적 영향력
2점	보통	• 관련 프로젝트 참여 경험 • 부분적 역할 수행과 기여 • 기대 수준의 성과 달성 • 개인 차원의 업무 완수
1점	미흡	• 직무 관련 경험 부재 또는 매우 제한적 • 보조적 역할에 국한된 경험 • 성과 창출 미흡 • 실무 준비도 부족

직무경험 평가는 경험학습이론을 기반으로 경험의 질과 학습 전이를 중점적으로 측정한다. 단순한 경력 기간이 아닌 프로젝트의 규모, 복잡성, 혁신성, 그리고 측정 가능한 성과를 종합적으로 평가하여 실무 역량을 검증한다.

(3) 학습역량(Learning Capability) 평가의 미래 지향적 관점

학습역량 평가는 평생학습 시대의 핵심 역량으로서 메타인지(Metacognition) 능력과 자기주도학습 역량을 종합적으로 측정한다. 4점 '탁월' 수준은 탁월한 학습 속도와 깊이를 보이며, 자기 주도적 학습 시스템을 구축하여 운영한다. 이들은 창의적으로 지식을 융합하고 응용하며, 조직 학습 문화를 선도하는 역할을 수행한다.

학습 민첩성 평가(Learning Agility Assessment)와 함께 "새로운 기술이나 지식을 습득한 최근 경험"을 구체적으로 탐색한다. 학습 전략, 리소스 활용, 실무 적용 과정을 종합 분석한다. 3점 '우수' 수준은 빠른 학습 능력과 효과적 습득을 보이며, 체계적인 학습 전략을 통해 지속적이고 일관된 성장을 보여준다.

2점 '보통' 수준은 평균적인 학습 속도를 보이며, 필요시에만 학습을 수행하는 수동적 태도를 갖는다. 학습 방법이 비체계적이어서 효율성이 떨어진다. 1점 '미흡' 수준은 학습 속도가 현저히 느리고 학습 의지가 부족하여, 급변하는 비즈니스 환경에서의 적응과 성장이 어려운 상태이다.

[표8-21] 학습역량 4점 척도 평가 기준

점수	수준	평가 기준
4점	탁월	• 탁월한 학습 속도와 깊이 • 자기 주도적 학습 시스템 구축 • 창의적 지식 융합과 응용 • 조직 학습 문화 선도
3점	우수	• 빠른 학습 능력과 효과적 습득 • 체계적인 학습 전략 보유 • 학습 내용의 실무 적용 우수 • 지속적이고 일관된 성장
2점	보통	• 평균적인 학습 속도 • 기본적인 학습 방법 활용 • 필요시에만 학습 수행 • 점진적이고 제한적 성장
1점	미흡	• 느린 학습 속도와 낮은 이해도 • 비체계적이고 비효율적 학습 • 학습 의지와 동기 부족 • 발전 가능성 제한적

학습역량 평가는 평생학습 시대의 핵심 역량으로서 메타인지 능력과 자기주도학습 역량을 포함한다. 4점 척도는 개인의 학습 능력뿐만 아니라 조직 학습에 대한 기여도까지 평가하여, 지속 가능한 조직 경쟁력 확보에 필수적인 요소를 측정한다.

3. 조직 적합성(Organization Fit) 평가 기준 및 척도

(1) 사업이해(Business Understanding) 평가의 전략적 차원

사업이해 평가는 전략적 사고와 비즈니스 통찰력을 측정하는 핵심 지표이다. 4점 '탁월' 수준은 조직의 비전, 전략, 사업모델을 깊이 이해하고 있으며, 산업 트렌드와 경쟁 환경에 대한 탁월한 통찰력을 보유한다. 이들은 조직의 강점과 기회 요인을 정확히 파악하고, 전략적 개선 방안을 제시할 수 있는 능력을 갖춘다.

평가 시 "우리 조직이 직면한 주요 도전과제와 기회는 무엇이라고 생각하십니까?"와 같은 개방형 질문을 통해 사업 이해의 깊이를 측정한다. 자기소개서에서 조직 특화된 내용의 구체성과 정확성을 분석한다. 3점 '우수' 수준은 조직의 주요 사업 영역을 명확히 이해하고, 산업 특성과 시장 상황을 파악하여 사업 목표와 개인 목표를 연계할 수 있다.

2점 '보통' 수준은 조직에 대한 기본적 정보는 숙지하나 표면적 수준에 그치며, 일반적인 산업 지식만을 보유한다. 깊이 있는 분석이나 전략적 사고는 부족하다. 1점 '미흡' 수준은 조직과 사업에 대한 이해가 현저히 부족하며, 피상적이고 부정확한 정보만을 갖고 있어 준비 부족이 명백한 상태이다.

[표8-22] 사업이해 4점 척도 평가 기준

점수	수준	평가 기준
4점	탁월	• 조직의 비전, 전략, 사업모델 깊이 이해 • 산업 트렌드와 경쟁 환경 통찰력 • 조직의 강점과 기회 요인 정확히 파악 • 전략적 개선 방안 제시 능력
3점	우수	• 조직의 주요 사업 영역 명확히 이해 • 산업 특성과 시장 상황 파악 • 조직의 차별화 요소 인지 • 사업 목표와 개인 목표 연계

점수	수준	평가 기준
2점	보통	• 조직에 대한 기본적 정보 숙지 • 표면적 수준의 사업 이해 • 일반적인 산업 지식 보유 • 추가 학습 필요성 인정
1점	미흡	• 조직과 사업에 대한 이해 부족 • 피상적이고 부정확한 정보 • 산업과 시장에 대한 무관심 • 준비 부족과 낮은 관심도

사업이해 평가는 전략적 사고와 비즈니스 통찰력을 측정한다. 4점 척도는 단순한 정보 숙지를 넘어 조직의 전략적 방향성을 이해하고 기여할 수 있는 능력을 평가한다. 이는 모든 직급에서 요구되는 비즈니스 마인드의 핵심 요소이다.

(2) 의사소통(Communication) 평가의 다층적 접근

의사소통 평가는 언어적/비언어적 소통 능력과 디지털 커뮤니케이션 역량을 포괄적으로 측정한다. 4점 '탁월' 수준은 명확하고 설득력 있는 의사 전달 능력을 보유하며, 적극적 경청과 공감적 소통을 통해 상호 이해를 증진시킨다. 이들은 갈등 상황에서도 건설적 대화를 주도하여 Win-Win 솔루션을 도출한다.

구조화된 프레젠테이션 과제와 함께 "의견 차이로 인한 갈등을 해결한 경험"을 구체적으로 탐색한다. 논리적 구성력, 설득력, 경청 능력, 피드백 수용도를 종합 평가한다. 3점 '우수' 수준은 논리적이고 체계적인 의사 표현이 가능하며, 양방향 소통을 통해 팀 내 원활한 정보 공유를 촉진한다.

2점 '보통' 수준은 기본적인 의사 전달은 가능하나 일방향적 소통 경향을 보이며, 경청 능력이 제한적이다. 주로 공식적 채널에 의존하며 비공식적 소통에는 어려움을 겪는다. 1점 '미흡' 수준은 불명확하고 비논리적인 의사 표현으로 오해를 유발하며, 소통 회피나 갈등 유발 가능성이 높은 상태이다.

[표8-23] 의사소통 4점 척도 평가 기준

점수	수준	평가 기준
4점	탁월	• 명확하고 설득력 있는 의사 전달 • 적극적 경청과 공감적 소통 능력 • 갈등 상황에서 건설적 대화 주도 • Win-Win 솔루션 도출 역량
3점	우수	• 논리적이고 체계적인 의사 표현 • 양방향 소통으로 원활한 정보 공유 • 상황별 적절한 커뮤니케이션 채널 활용 • 문화적 다양성 인지와 존중
2점	보통	• 기본적인 의사 전달 가능 • 일방향적 소통 경향 • 제한적인 경청 능력 • 공식적 채널 위주의 소통
1점	미흡	• 불명확하고 비논리적인 의사 표현 • 오해 유발 및 소통 회피 경향 • 갈등 유발 가능성 높음 • 피드백 수용 능력 부족

의사소통 평가는 언어적/비언어적 소통 능력과 함께 디지털 커뮤니케이션 역량까지 포괄한다. 4점 척도는 개인의 소통 능력이 팀과 조직의 협업 효과성에 미치는 영향을 종합적으로 평가한다.

(3) 협업능력(Collaboration Skills) 평가의 시너지 관점

협업능력 평가는 팀 다이나믹스 이론과 집단 지성 개념을 적용하여 개인의 협업 스타일이 팀 성과에 미치는 영향을 측정한다. 4점 '탁월' 수준은 팀 시너지 창출의 핵심 동력으로서, 다양성을 활용한 혁신적 협업을 주도한다. 이들은 갈등을 성장 기회로 전환하며, 협업 문화를 구축하고 전파하는 역할을 수행한다.

"다양한 배경의 팀원들과 협업한 프로젝트 경험"을 STAR 기법으로 분석하며, 역할 분담, 의견 조율, 갈등 해결, 성과 창출 과정을 종합 평가한다. 3점 '우수' 수준은 적극적인 팀 기여와 지원을 통해 신뢰 기반 관계를 구축하며, 역할 경계를 넘는 협력을 실천한다.

2점 '보통' 수준은 요청 시에만 협조하는 수동적 태도를 보이며, 자기 역할에만 국한된 협업을 수행한다. 갈등 회피 성향으로 인해 중요한 이슈 제기를 꺼린다. 1점 '미흡' 수준은 개인주의적 업무 수행으로 팀워크를 저해하며, 고립적 행동 패턴으로 인해 협업 프로젝트에서 부적합한 상태이다.

[표8-24] 협업능력 4점 척도 평가 기준

점수	수준	평가 기준
4점	탁월	• 팀 시너지 창출의 핵심 동력 • 다양성을 활용한 혁신적 협업 • 갈등을 성장 기회로 전환 • 협업 문화 구축과 전파
3점	우수	• 적극적인 팀 기여와 지원 • 역할 경계를 넘는 협력 • 건설적인 갈등 해결 • 신뢰 기반 관계 구축
2점	보통	• 요청 시 협조하는 수동적 태도 • 자기 역할에 국한된 협업 • 갈등 회피 성향 • 표면적 관계 유지
1점	미흡	• 개인주의적 업무 수행 • 협업 거부 또는 방해 • 갈등 유발과 팀워크 저해 • 고립적 행동 패턴

협업능력 평가는 팀 다이나믹스 이론과 집단 지성 개념을 적용한다. 4점 척도는 개인의 협업 스타일이 팀 성과와 조직 문화에 미치는 영향을 다각도로 측정하여, 현대 조직의 핵심 성공 요인인 협업력을 평가한다.

4. 동기 적합성(Motivation Fit) 평가 기준 및 척도

(1) 지원동기(Application Motivation) 평가의 진정성 측정

지원동기 평가는 Person-Organization Fit의 핵심 지표로서 지원자의 준비성과 진정성을 다각도로 측정한다. 4점 '탁월' 수준은 조직 특성과 완벽히 연계된 동기를 보유하며, 장기적 비전과 구체적 기여 계획을 제시한다. 이들의 자기소개서는 철저한 사전 조사와 준비를 바탕으로 조직만을 위해 작성된 독창성을 보여준다.

"우리 조직을 선택한 핵심 이유와 기여하고자 하는 구체적 영역"을 심층 탐색하며, 조직 연구의 깊이, 목표의 구체성, 준비의 충실도를 평가한다. 3점 '우수' 수준은 조직과 직무에 대한 명확한 이해를 바탕으로 구체적이고 현실적인 목표를 제시하며, 일관되고 논리적인 지원 사유를 갖는다.

2점 '보통' 수준은 일반적이고 표면적인 지원 동기를 제시하며, 타 기업과 차별화되지 않은 준비 수준을 보인다. 막연한 기대와 목표로 인해 장기적 몰입 가능성이 불확실하다. 1점 '미흡' 수준은 불명확하고 일관성 없는 동기를 보이며, 단기적이고 이기적인 동기가 지배적이어서 조직 부적합이 예상되는 상태이다.

[표8-25] 지원동기 4점 척도 평가 기준

점수	수준	평가 기준
4점	탁월	• 조직 특성과 완벽히 연계된 동기 • 장기적 비전과 구체적 기여 계획 • 철저한 사전 조사와 준비 • 진정성 있는 열정과 몰입 의지
3점	우수	• 조직과 직무에 대한 명확한 이해 • 구체적이고 현실적인 목표 • 충분한 정보 수집과 분석 • 일관되고 논리적인 지원 사유
2점	보통	• 일반적이고 표면적인 지원 동기 • 막연한 기대와 목표 • 기본적인 정보만 파악 • 타 기업과 차별화되지 않은 준비
1점	미흡	• 불명확하고 일관성 없는 동기 • 조직에 대한 이해 부족 • 준비 부족과 성의 없는 태도 • 단기적이고 이기적인 동기

지원동기 평가는 Person-Organization Fit의 핵심 지표로서 지원자의 준비성과 진정성을 측정한다. 4점 척도는 단순한 입사 의욕을 넘어 조직에 대한 깊은 이해와 장기적 기여 의지를 평가하여, 조직 몰입과 장기근속의 가능성을 예측한다.

(2) 동기부여 적합성(Motivational Fit) 평가의 균형 분석

동기부여 적합성 평가는 자기결정이론(Self-Determination Theory)을 기반으로 개인의 동기 구조와 조직의 보상 체계 간 정합성을 정밀하게 측정한다. 4점 '탁월' 수준은 내재적 동기(성장, 의미, 자율성)와 외재적 동기(보상, 인정, 안정성)의 최적 균형을 보유하며, 조직이 제공할 수 있는 가치와 완벽한 정합성을 보인다.

"직업 생활에서 가장 중요하게 생각하는 가치 3가지"를 구체적 경험과 연결하여 탐색하며, 동기의 진정성과 지속 가능성을 평가한다. 3점 '우수' 수준은 건전한 동기 구조를 보유하고 성장 지향적 동기가 우세하며, 조직 제공 가치와 높은 일치도를 보인다.

2점 '보통' 수준은 외재적 동기 중심의 편향을 보이며, 단기적 보상에 초점을 맞춘다. 내재적 동기가 제한적이어서 장기적 몰입과 성장에 한계가 예상된다. 1점 '미흡' 수준은 비현실적이고 과도한 기대를 갖거나 극단적으로 편향된 동기 구조를 보여, 조직과의 미스매치가 명백한 상태이다.

[표8-26] 동기부여 적합성 4점 척도 평가 기준

점수	수준	평가 기준
4점	탁월	• 내재적/외재적 동기의 최적 균형 • 조직 보상체계와 완벽한 정합성 • 자기실현과 조직 기여 통합 • 지속 가능한 동기 구조
3점	우수	• 건전한 동기 구조 보유 • 조직 제공 가치와 높은 일치도 • 성장 지향적 동기 우세 • 현실적이고 달성 가능한 기대
2점	보통	• 외재적 동기 중심의 편향 • 부분적인 기대치 일치 • 단기적 보상 중심 사고 • 제한적인 내재적 동기

점수	수준	평가 기준
1점	미흡	• 비현실적이고 과도한 기대 • 조직 제공 가치와 불일치 • 극단적으로 편향된 동기 • 불안정하고 변동적인 동기

동기부여 적합성 평가는 자기결정이론을 기반으로 개인의 동기 구조와 조직의 보상 체계 간 정합성을 측정한다. 4점 척도는 장기적이고 지속 가능한 동기부여 가능성을 평가하여, 성과 창출과 조직 몰입의 지속성을 예측한다.

(3) 성취동기(Achievement Motivation) 평가의 성과 예측

성취동기 평가는 McClelland의 성취동기이론과 목표설정이론을 적용하여 개인의 성과 창출 잠재력을 예측한다. 4점 '탁월' 수준은 도전적 목표 설정과 달성의 일관된 패턴을 보이며, 탁월성 추구가 내재화되어 있다. 이들은 실패를 성장 동력으로 전환하며, 자기 주도적으로 높은 성과를 창출한다.

"가장 자랑스러운 성취 경험과 그 과정에서의 도전 극복"을 구체적으로 분석하며, 목표의 도전성, 추진 과정의 주도성, 성과의 영향력을 종합 평가한다. 3점 '우수' 수준은 높은 목표 의식과 달성 의지를 보유하며, 건전한 경쟁심과 협력의 균형을 유지한다.

2점 '보통' 수준은 평균적 수준의 목표를 설정하며, 주로 외부 압력에 의해 성취를 추구한다. 안정 지향적이며 도전 의식이 제한적이다. 1점 '미흡' 수준은 낮은 목표 의식과 성취 욕구를 보이며, 실패 회피 성향과 학습된 무기력 상태로 인해 고성과 창출이 어려운 상태이다.

[표8-27] 성취동기 4점 척도 평가 기준

점수	수준	평가 기준
4점	탁월	• 도전적 목표 설정과 달성 이력 • 탁월성 추구의 일관된 패턴 • 자기 주도적 성과 창출 • 실패를 성장 동력으로 전환

점수	수준	평가 기준
3점	우수	• 높은 목표 의식과 달성 의지 • 지속적인 성과 향상 노력 • 건전한 경쟁심과 협력 균형 • 목표 달성을 통한 자기효능감
2점	보통	• 평균적 수준의 목표 설정 • 외부 압력에 의한 성취 추구 • 안정 지향적 성과 관리 • 제한적인 도전 의식
1점	미흡	• 낮은 목표 의식과 성취 욕구 • 실패 회피와 도전 거부 • 수동적이고 의존적 태도 • 학습된 무기력 상태

성취동기 평가는 McClelland의 성취동기이론과 목표설정이론을 적용하여 개인의 성과 창출 잠재력을 측정한다. 4점 척도는 개인의 성취 지향성이 조직 성과에 미치는 기여도를 예측하며, 고성과자 선별의 핵심 지표로 기능한다.

5. 통합적 평가 체계의 실무 적용

ATOM 기반 4점 척도 평가 체계는 각 영역과 세부 지표를 독립적으로 평가하면서도, 전체적인 균형과 상호작용을 고려한 통합적 접근을 취한다. 직무와 조직 특성에 따라 각 영역별 가중치를 차별화하여 적용함으로써, 맞춤형 인재 선발이 가능하다.

예를 들어, 혁신이 중요한 스타트업에서는 적응능력과 학습역량에 높은 가중치를 부여하고, 고객 접점 직무에서는 긍정적 사고와 의사소통을 중점적으로 평가한다. 관리직 채용에서는 사업이해와 협업능력의 중요성이 높아진다.

제 12 절

ATOM 기반 면접평가표

1. 면접평가표 작성의 중요성

귀하의 회사는 면접 시에 면접평가표를 사용하고 있는가? 만일 그렇지 않다면 인재를 운으로 채용하는 것과 같은 것이다. 적합한 인재를 채용하고 싶다면 올바른 전형으로 인재를 판별하지 않으면 안 된다. 올바른 전형을 하기 위해서는, 올바른 방식으로 진행해야 하며 올바른 방식의 항목 중에 하나가 '면접평가표 작성'이다. 면접평가표는 채용의 정밀도를 크게 올린다. 필자의 고객인 기업을 대상으로 통계를 내본 결과 40%는 면접평가표를 사용하여 면접을 실시하고, 45%는 면접평가표를 사용하고 있지만 그 내용의 충실도가 떨어지거나 제대로 활용하지 않고 있으며 나머지 15%는 면접평가표를 사용하지 않는다.

2. 채용 의사결정의 과학화

ATOM 기반 면접평가표는 주관적 직관에 의존하던 전통적 채용 방식을 객관적이고 체계적인 평가 시스템으로 전환시킨다. 이는 Person-Job Fit 이론과 Person-Organization Fit 이론의 학술적 토대 위에 구축되어, 채용 의사결정의 정확성과 일관성을 크게 향상시킨다. 특히 면접관의 개인적 편향(bias)을 최소화하고, 조직이 필요로 하는 핵심 역량을 중심으로 한 객관적 평가가 가능하다는 점에서 그 중요성이 더욱 부각된다.

3. 면접평가표를 사용하지 않는 면접이 왜 위험한가?

(1) 기억에 의지한 면접으로 질문 내용을 빼먹거나 잊어버리는 경우가 발생한다.

면접에서는 반드시 물어봐야 할 질문이라는 것이 존재한다. 또 회사 업종이나 직종에 따라 물어보고 싶은 질문은 반드시 있다. 면접평가표를 이용하지 않을 경우 면접관들은 질문 내용들을 모두 기억해 두어야 한다. 질문사항을 한 가지도 빼먹지 않고 질문하는 경우도 있겠지만 면접에 임하다 보면 필수 질문을 빼먹거나 잊어버리는 경우도 많이 있다.

(2) 감과 경험에 의지한 면접이 된다.

몇 번이나 말하지만 머리가 좋은 것 같아서, 성실한 것 같아서, 좋은 학교를 나와서 등 막연히 감이나 경험으로 평가를 해서 합격 여부를 판단해서는 안 된다. 모처럼 만든 채용기준을 면접과 연동시키기 위해서는 면접평가표를 작성해야 한다.

(3) 면접관마다 면접의 내용이 차이가 있다.

1차 면접, 2차 면접, 최종 면접 등 각각의 전형마다로 질문 내용에 차이가 없는 것이 이상적이다. 예를 들어 같은 1차 면접을 보고 있는 상황에서 지원자들에게 서로 상이한 질문을 해서는 안 된다. 면접관은 혼자보다는 복수의 눈으로 평가하는 것이 중요하다. 그런데 복수로 면접관을 진행하면 면접관 A는 매회 어느 질문을 하는데 면접관 A가 없을 때는 아무도 그 질문을 하지 않는 일도 발생이 된다. 질문의 내용을 통일하는 것으로 정확한 판단을 할 수 있어 면접의 정밀도가 올라간다. 이 때문에 면접평가표가 필요하다.

(4) 면접 내용의 전부를 기억할 수 없다.

인간은 기억력에 한계가 있기 때문이다. 일반적으로 사람의 머릿속은 한 번에 3개까지는 이해할 수 있는 구조가 되어 있다. 면접의 경우 세 명까지는 내용을 기억할 수 있다. 네 명 이상이 되면 각각이 어떤 사람이었는지 정확하게 기억하는 것이 어려워진다. 게다가 날이 지나면 기억이 희미해져 오기 때문에 일주일 전, 2주일 전의 면접 내용을 잊는 일이 발생하곤 한다.

채용활동에 있어서의 기록은 실제로 채용한 사람의 결과를 확인하는 것이다. 지원자를 채용 후 생각했던 것보다 좋은 인물은 아니었다고 치자. 즉, 채용에 실패했을 경우 그

때에 해야 할 일은 왜 채용에 실패했는지를 되돌아보는 것이다. 그때에 사용해야 할 자료는 당연히 면접평가표이다. 지원자가 입사 후, 2개월 후 아니라고 깨달았을 때 3개월 전의 면접을 정확하게 기억하고 있는 것은 불가능하다.

[표8-28] ATOM 기반 면접 평가표 Detail type

<table>
<tr><td colspan="13">시너지컨설팅 ( ) 채용 면접평가표</td></tr>
<tr><td rowspan="2">지원자 정보</td><td colspan="2">지원분야</td><td colspan="3"></td><td colspan="2" rowspan="2">평가자 정보</td><td colspan="2">소속부서</td><td colspan="3"></td></tr>
<tr><td colspan="2">지원자</td><td colspan="3"></td><td colspan="2">평가자</td><td colspan="3">(서명)</td></tr>
<tr><td rowspan="2">면접 일시</td><td colspan="2">면접시작</td><td colspan="3">2026년 00월 00일 00시</td><td colspan="2" rowspan="2">평가 결과</td><td colspan="2">적극채용</td><td>채용</td><td>보류</td><td>불합격</td></tr>
<tr><td colspan="2">면접종료</td><td colspan="3">2026년 00월 00일 00시</td><td colspan="2"></td><td></td><td></td><td></td></tr>
<tr><td rowspan="2">사전정보</td><td colspan="2">서류전형</td><td colspan="3">A(점)T(점)O(점)M(점)</td><td colspan="2">취득점수</td><td colspan="5">A( )+T( )+O( )+M( )=( )</td></tr>
<tr><td colspan="2">전화면접</td><td colspan="3">A(점)T(점)O(점)M(점)</td><td colspan="2">환산점수</td><td colspan="5">A( )+T( )+O( )+M( )=( )</td></tr>
<tr><td rowspan="2">평가영역</td><td colspan="3">Attitude(비중 %)[1]</td><td colspan="3">Technical(비중 %)</td><td colspan="3">Organization(비중 %)</td><td colspan="3">Motivation(비중 %)</td></tr>
<tr><td colspan="3">지원자의 태도적 특성이 조직의 특정 문화와 업무 환경에서 요구되는 태도와 얼마나 부합하는지를 평가한다.</td><td colspan="3">직무 수행에 필요한 전문성과 보유한 역량을 평가하고, 학습 능력과 성장 잠재력도 함께 평가한다.</td><td colspan="3">지원자의 가치관과 조직 문화의 일치도를 평가하며, 조직에 대한 깊이 있는 이해와 준비성을 평가한다.</td><td colspan="3">내재적·외재적 동기의 균형과 지원 동기의 구체성을 평가하여 장기적 몰입 가능성을 예측한다.</td></tr>
<tr><td rowspan="4">측정지표</td><td>측정지표</td><td>준거</td><td>확인</td><td>측정지표</td><td>준거</td><td>확인</td><td>측정지표</td><td>준거</td><td>확인</td><td>측정지표</td><td>준거</td><td>확인</td></tr>
<tr><td>코칭수용</td><td>자기인식
평가수용</td><td></td><td>직무전문</td><td>전문지식
전공자격</td><td></td><td>조직이해</td><td>사업이해
문화적합</td><td></td><td>지원동기</td><td>정보수집
상세동기</td><td></td></tr>
<tr><td>긍정사고</td><td>조직평가
상사평가</td><td></td><td>직무경험</td><td>양적경험
성과성취</td><td></td><td>의사소통</td><td>소통능력
정보전달</td><td></td><td>동기부여</td><td>외적동기
내적동기</td><td></td></tr>
<tr><td>적응능력</td><td>조직적응
변화수용</td><td></td><td>학습역량</td><td>자기개발
학습전이</td><td></td><td>협업능력</td><td>관계구축
상호지원</td><td></td><td>성취동기</td><td>목표지향
과제지속</td><td></td></tr>
<tr><td rowspan="3">도입질문[2]</td><td colspan="3">이전 직장상사는 어떤 분이었나요? 그리고 긍정적 영향은 무엇인가요?</td><td colspan="3">다른 지원자와 차별화되는 귀하만의 노하우나 전문성은 무엇입니까?</td><td colspan="3">우리 회사가 가진 가장 탁월한 경쟁력은 무엇이라고 여기십니까?</td><td colspan="3">지원한 분야에 입사하면 어떤 일을 할 것 같습니까? 왜 그렇게 생각하십니까?</td></tr>
<tr><td colspan="3">그 상사에게 전화해서 지원자의 장점을 물어본다면 무엇이라 할까요?</td><td colspan="3">이번에 지원한 분야와 관련된 경험이나 경력이 있다면 소개해 주십시오.</td><td colspan="3">우리 회사가 지원자를 선발해야 되는 이유를 논리적으로 설명해 주십시오.</td><td colspan="3">우리 회사에 입사하기 위해 어떤 준비를 하셨는지 구체적으로 말씀해 주십시오.</td></tr>
<tr><td colspan="3">이전에 일한 회사를 추천 또는 비추천 한다면 어떤 이유인가요?</td><td colspan="3">지원자는 직무 관련 전문 지식을 어떻게 최신으로 유지합니까?</td><td colspan="3">어렵거나 힘이 들 때 가족을 제외하고 가장 먼저 생각나는 사람은 누구입니까?</td><td colspan="3">지원한 직무와 관련하여 최근 무언가를 성취했다면 무엇인가요?</td></tr>
</table>

근거	1. 2. 3.				1. 2. 3.				1. 2. 3.				1. 2. 3.			
평정[3]	S	A	B	C	S	A	B	C	S	A	B	C	S	A	B	C
	25	20	15	10	25	20	15	10	25	20	15	10	25	20	15	10
종합의견	핵심 강점(3가지) 1. 2. 3.								주요 우려사항: • 없음 • 있음(내용) 1. 2. 3.							
추천	□ 강력 추천(상위 10%) □ 추천(상위 30%) □ 보류(추가 검증 필요) □ 비추천															

1) 비중은 면접 전 주관부서 및 직무 전문가 회의를 통하여 설정한다.
2) 면접질문은 휴먼에러를 방지하기 위해 반드시 구조화된 면접질문지를 활용한다.
3) 평정 점수는 비중 × 평정등급 점수로 계산하여 기입한다. 중도화 경향 및 면접관 오류를 배제하기 위해 4점 척도를 사용한다.

[표8-29] ATOM 기반 면접 평가표 General type

시너지컨설팅(　　)채용 면접평가표							
지원자 정보	지원분야		평가자 정보	소속부서			
	지원자			평가자	(서명)		
면접 일시	면접시작	2026년 00월 00일 00시	평가 결과	적극채용	채용	보류	불합격
	면접종료	2026년 00월 00일 00시					

평가 영역	측정(확인) 내용[2]	취득점수[3]	환산점수
태도적합 (가중치[1]: %)	• 자기인식: 자신의 강점과 약점에 대한 정확한 인식 수준	25-20-15-10	
	• 조직평가: 과거 조직에 대한 긍정적/부정적 해석과 평가	25-20-15-10	
	• 상사평가: 과거 상사에 대한 긍정적/부정적 해석과 평가	25-20-15-10	
	점수 소계		
직무적합 (가중치: %)	• 직무전문: 직무 관련 이론적 지식(전공, 자격)의 깊이와 폭	25-20-15-10	
	• 직무경험: 지원 직무와 관련된 양적 경험 및 질적 경험	25-20-15-10	
	• 학습역량: 자기주도 및 자발적 학습 계획 수립 및 실행 경험	25-20-15-10	
	점수 소계		

<table>
<tr><td rowspan="4">조직적합
(가중치: %)</td><td>• 조직이해: 산업/사업/제품/서비스/고객에 대한 구조 및 동향</td><td>25-20-15-10</td><td></td></tr>
<tr><td>• 의사소통: 적절한 어휘 명확하고 간결한 메시지 전달 능력</td><td>25-20-15-10</td><td></td></tr>
<tr><td>• 협업능력: 다양한 배경/스타일의 동료와 협업 및 관계형성</td><td>25-20-15-10</td><td></td></tr>
<tr><td>점수 소계</td><td></td><td></td></tr>
<tr><td rowspan="4">동기적합
(가중치: %)</td><td>• 지원동기: 과거 경력/학업 경로와 현 지원 직무 간의 연결성</td><td>25-20-15-10</td><td></td></tr>
<tr><td>• 내적동기: 실제 직무 내용과 직무 자체에 대한 기대 요소</td><td>25-20-15-10</td><td></td></tr>
<tr><td>• 성취동기: 목표를 구체적으로 정의하고 달성하려고 하는 행동</td><td>25-20-15-10</td><td></td></tr>
<tr><td>점수 소계</td><td></td><td></td></tr>
<tr><td>합산</td><td>A: 점 + T: 점 + O: 점 + M: 점 = 점</td><td></td><td></td></tr>
<tr><td rowspan="2">종합의견</td><td colspan="3">핵심 강점
1.태도적합:
2.직무적합:
3.조직적합:
4.동기적합:</td></tr>
<tr><td colspan="3">주요 우려사항: • 없음 • 있음(내용)
1.
2.
3.
4.</td></tr>
<tr><td>추천</td><td colspan="3">☐ 강력 추천(상위 10%) ☐ 추천(상위 30%) ☐ 보류(추가 검증 필요) ☐ 비추천</td></tr>
</table>

1) 가중치는 면접 전 주관부서 및 직무 전문가 회의를 통하여 설정한다.
2) 측정영역의 면접질문은 휴먼에러를 방지하기 위해 반드시 구조화된 면접질문지를 활용한다.
3) 취득 점수는 중도화 경향 및 면접관 오류를 배제하기 위해 4점 척도를 사용한다.

제 13 절

면접관 가이드라인

1. ATOM 면접관의 역할과 책임

(1) 전문 면접관의 역량 모델

ATOM 기반 면접을 수행하는 면접관은 단순한 질문자를 넘어 조직의 미래를 결정하는 전략적 파트너이다. 요구되는 핵심 역량은 다음과 같다.

[표8-30] ATOM 면접관 역량 프레임워크

역량 영역	핵심 역량	행동 지표	개발 방법
전문성	ATOM 모델 이해, 직무, 지식산업 통찰력	• 이론과 실무 연결 • 정확한 역량 판단 • 미래 트렌드 예측	• 정기 교육 이수 • 실무 경험 축적 • 지속적 학습
대인관계	경청 능력, 공감 능력, 소통 스킬	• 적극적 경청 실천 • 라포 형성 • 명확한 의사전달	• 커뮤니케이션 훈련 • 피드백 수집 • 코칭 받기
판단력	분석적 사고, 통합적 사고, 의사 결정력	• 정보 종합 능력 • 균형 잡힌 평가 • 신속 정확한 판단	• 사례 분석 • 의사결정 훈련 • 멘토링
윤리성	공정성, 기밀유지, 전문가 윤리	• 편견 없는 평가 • 정보 보안 준수 • 이해충돌 회피	• 윤리 교육 • 자기 성찰 • 동료 피드백

(2) 책임과 권한의 명확화

[표8-31] 면접관 책임

영역		책임 내용
1	전문성 책임	• ATOM 모델의 정확한 이해와 적용 • 지속적인 역량 개발과 학습 • 최신 트렌드와 best practice 습득
2	공정성 책임	• 모든 지원자에게 평등한 기회 제공 • 객관적이고 증거 기반 평가 • 개인적 편견과 선입견 배제
3	윤리적 책임	• 지원자의 존엄성과 권리 존중 • 기밀 정보의 철저한 보호 • 이해 상충 상황 회피 및 공개
4	조직 대표 책임	• 조직 가치와 문화의 정확한 전달 • 긍정적 지원자 경험 창출 • 조직 브랜드 가치 향상
5	성과 책임	• 예측 정확도 향상 노력 • 채용 품질 지속적 개선 • 데이터 기반 의사결정

2. 효과적인 면접 진행 기법

(1) 고급 질문 기술

[표8-32] 상황별 질문 조정 기법

상황		질문 내용
수준1	피상적/일반적 답변	• 구체화 질문: "그 상황을 좀 더 자세히 설명해 주시겠어요?" • 예시 요청: "구체적인 예를 하나 들어주실 수 있나요?" • 수치화 요청: "그 성과를 숫자로 표현한다면?"
수준2	구체적이나 얕은 답변	• 심화 질문: "그렇게 하신 이유는 무엇인가요?" • 대안 탐색: "다른 방법은 고려해 보셨나요?" • 결과 확장: "그 결정이 가져온 장기적 영향은?"
수준3	깊이 있는 답변	• 도전 질문: "비판적 관점에서 본다면?" • 일반화 질문: "다른 상황에도 적용 가능할까요?" • 미래 적용: "우리 조직에서는 어떻게 활용하시겠어요?"

(2) 피해야 할 질문

[표8-33] 피해야 할 질문 구조

질문 유형	예시
막연한 생각이나 의견 또는 태도를 묻는 질문	'현재 회사의 비전에 대해서 어떻게 생각하십니까?'
현재형으로 묻는 질문	'어떻게 그 일을 하십니까?'(과거 특정 상황에서 직접 행한 행동이 아닌 일반적으로 해야 하는 행동을 답하게 됨)
Yes/No로 대답이 가능한 질문	'성과 관리를 잘 하신다고 생각하십니까?'
가(설)상 질문	'만약 이런 상황이라면 어떻게…?' • 가설적 상황을 설정하고 그 상황에서 어떻게 할 것인지 묻는 질문 • 가설적 상황에서는 실제 의도와는 다른 행동을 한다고 반응할 수 있기 때문에 정확히 판단하기 어려운 경우가 발생할 수 있음
지원자가 방어를 해야 하는 비판적인 질문	'그 상황에서는 더욱 체계적인 전략수립이 선행되었어야 한다고 생각하지 않으십니까?'
모호한 질문	'당신 자신에 대해 말씀해 보세요.'
다중 선택 질문	'회사를 떠난 이유가 급여 때문인가요, 아니면 커리어 때문인가요?'
유도질문	'리더십이 조직관리에 어느 정도나 중요하다고 보십니까?' • 특정 응답을 유도하는 질문들 • 예: 그 방법을 사용하면 예산이 문제가 될 텐데, 예산에 대해서는 어떻게 하실 겁니까?
관련성이 없는 질문	'한국 축구 수준에 대해 어떻게 생각하시나요?'
이중 질문	'이 문제의 원인은 무엇이었고 어떤 해결안을 고려하셨나요?' • 하나의 질문에 여러 개의 질문이 포함되어 있는 유형 • 예: 그 사원은 얼마나 유능하고 성격이 좋다고 생각하십니까?
마라톤 질문	'…(이러쿵저러쿵)… 어떻게 생각하십니까?'
비평적인 질문	'그 회사의 인력 수준은 별로라고 생각되는데, 그렇지 않나요?'
차별적 질문	'몇 살입니까?'

(3) 면접에서 편견을 배제하기

모든 면접관들이 어느 정도는 개인적인 선호도와 과거 경험에 의해 영향을 받는다. 그러한 편견을 스스로 인식하고 지원자의 행동에 중점을 둔 체계적인 면접기법을 사용하여 편견을 다스려야 한다. 일반적으로 면접관들이 빠지기 쉬운 편견이나 오류를 알아보고 여기에 빠지지 않기 위한 대응방법을 알아보자.

[표8-34] 면접관들이 빠지기 쉬운 편견이나 오류

유형	특징	대응방법
면접질문 오류	면접질문의 신뢰도 및 타당도가 결여된다.	평가항목(측정지표)과 관련 없는 질문은 회피한다. 질문 내용이 직무 관련성과 관련이 있는지 확인한다.
평가위원 투사 오류	자신과 유사성을 가진 지원자의 단점은 간과하고 상이성을 가진 지원자의 장점은 평가 절하시킨다.	지원자가 자신과 얼마나 유사하거나 상이한지, 그리고 그것이 평가에 얼마나 영향을 미치는지 자문해 본다. 직무와 무관한 문제에 대해 논하는 시간을 줄인다.
첫인상 지배	지원자의 첫인상(외모, 어조, 복장)이 편견을 조성하여 직무 관련 분야를 판단하는 데 영향을 준다. 대부분의 면접 담당자는 이런 유형의 편견에 자신들이 얼마나 영향을 받고 있는지 자각하지 못하고 있다.	면접 초반 2분 동안에 형성된 인상이 평가 결과에 중대한 영향을 미치지 않게 주의한다. 면접 초반 5분 내에 지원자의 어디가 마음에 들고 마음에 안 드는지 확실히 집어낸다. 그 점에 대해 스스로 어떻게 느끼는지 인식하여 직무 관련 분야를 평가할 때는 적용시키지 않도록 한다.
후광오류	한 분야에서의 우수함이 부각되어 다른 분야에까지 미치는 경향 한 가지 긍정적 요소 → 나머지 모든 것을 긍정적으로 평가 한 가지 부정적 요소 → 나머지 모든 것을 부정적으로 평가	각 평가요소를 별도로 평가한다. 한 가지 요소를 평가한 등급이 다른 요소의 등급평가에 영향을 미치지 않게 주의한다.
대비오류	지원자들을 서로 비교하는 것은 한 지원자에서 다음 지원자로 바뀔 때 여러 분의 기대치를 낮추거나 높이는 역할을 한다. 결과적으로 대개 부적격자를 고용하게 된다.	평가할 각 요소에 업무 수행 기준을 마련한다. 각 지원자들을 다른 지원자가 아닌 평가 기준과 비교하도록 총체적인 노력을 한다.
선택적 지각	자신의 성격 이론이나 인간관, 조직관, 편견과 선입견 등에 따라 정보를 선택적으로 인식하거나 수용한다.	자신만의 감정이나 편견에 치우치지 않는지 유념한다.

유형	특징	대응방법
관대화 경향 엄격화 경향	사실 근거보다 더 관대/엄격하게 평가한다.	이러한 경향을 항상 유의한다. 솔직하고 건설적인 평가에 의해서만 적합인재를 선발할 수 있다는 사실을 명심한다.
중심화 경향	개인차를 극소화하려는 경향 평가자의 리스크를 최소화하려는 동기에서 나온다. 평가자로서 자신감이 부족하다.	이러한 경향을 항상 유의한다. 솔직하고 건설적인 평가에 의해서만 적합인재를 선발할 수 있다는 사실을 명심한다.
기타	낙인효과	후광효과의 반대개념으로, 부정적인 정보가 확인되지 않은 다른 정보에 악영향을 미치는 것이다. 학점이 낮으면 능력도 떨어진다고 생각하는 것이 대표적이다.
	외모현혹	외모를 무시할 수는 없다. 하지만 외모에 지나치게 비중을 두는 것은 위험하다. 인물은 멀쩡하지만 무능한 사람도 많기 때문이다. 외모의 영향력은 시간이 짧을수록, 면접경험이 부족할수록, 면접이 구조화되어 있지 않을수록 크다.
	말솜씨	말을 못하는 것보다는 잘하는 것이 좋다. 하지만 말을 잘한다고 반드시 일을 잘하는 것은 아니다. 말만 앞서고 행동이 따르지 않는 사람들을 조심해야 한다.
	비언어적 단서들에 대한 부적절한 사용	말투, 태도, 복장, 자세, 걸음걸이, 음성, 신체적 조건 등에 대한 지나친 의존

3. 평가 시 주의사항

(1) 고급 편향 관리 전략

[표8-35] 이중 처리 평가 시스템

시스템 1(직관적 판단) 기록	10분 후	시스템 2(분석적 판단) 수행	통합 판단
• 첫인상: • 즉각적 느낌: • 직관적 예측:	→	• 증거 기반 분석: • 체계적 평가: • 논리적 결론:	• 일치점: • 차이점: • 최종 결정: • 근거:

(2) 지원자 신호 해석

[표8-36] 전문적 프레젠스 체크리스트

비언어적 요소	체크
자세와 몸짓	• 개방적이고 편안한 자세 유지 • 적절한 전후 기울기(관심 표현) • 과도한 제스처 자제 • 프로페셔널한 거리 유지
표정 관리	• 중립적이면서 따뜻한 표정 • 적절한 미소와 진지함의 균형 • 놀라움이나 실망 표현 자제 • 일관된 감정 톤 유지
시선 처리	• 자연스러운 아이콘택트(60~70%) • 메모 시 간헐적 시선 이동 • 위압적 응시 피하기 • 복수 면접관 시 시선 분배
음성 조절	• 명확하고 적절한 속도 • 안정적인 톤 유지 • 강약 조절로 집중도 관리 • 경청의 음성적 표현

4. 단어그림

이것은 진짜 재미있는 부분이다. 우리 회사에서는 고성과자와 저성과자가 사용하는 언어의 차이를 평가하기 위해 정교한 답변 분석 연구에 집중하였다. 예를 들어 고성과자가 대답할 때 과거시제 혹은 미래시제를 쓰는지, 저성과자들은 어떤 종류의 관사와 부사를 쓰는지 등을 연구했다. 이 연구는 우리 업계에서 거의 누구도 다뤄본 적이 없는 거의 혁신적인 연구이다. 그리고 아직 우리 회사의 연구 수준에 필적하는 회사는 본 적이 없다.

그럼 우리가 발견한 '혁신 답변'을 공개하겠다. 우리는 좋은 답변과 나쁜 답변을 구성하는 것이 무엇인지 알고 있다. 이것이 '답변 가이드라인'이 필요한 이유이다. 우리는 수많은 답변들을 구조적, 문법적으로 분석하고, 고성과자와 저성과자의 답변이 어떻게 다른지 비교해 보았다.

다음의 통계에서는 5% 이하의 수치는 올림으로 하였다. 이렇게 한 이유는 항상 분석 결과에 더 많은 자료를 추가하여 수치가 수시로 변했기 때문이다. 우리 책의 긴 수명을 고려해 봤을 때 독자들은 초판을 발행한 다음 해에도 이 책을 읽을 것이고, 그사이에 더 많은 자료가 추가될 것이다. 우선은 나와 있는 숫자를 이용하라. 대명사, 시제, 감정, 수식어의 네 가지 카테고리에 중점을 두어 답변 분석을 하였다. 다음은 그 결과이다.

[표8-37] 단어그림

관사	
1인칭 대명사 단수	고성과자는('긍정적 신호') 저성과자 보다('경고 신호') 거의 60% 많은 1인칭 대명사 단수를(나, 나를, 나의) 사용했다.
1인칭 대명사 복수	저성과자는 고성과자보다 300% 많은 1인칭 대명사 복수(우리, 그들)를 사용했다.
2인칭 대명사	저성과자는 고성과자보다 400% 많은 2인칭 대명사(당신, 당신의)를 사용했다.
3인칭 대명사	저성과자는 고성과자보다 400% 많은 3인칭 대명사(그는, 그녀는, 그들은)를 사용했다.
중성 대명사	저성과자는 고성과자보다 70% 많은 중성대명사(그것, 그 자체로)를 사용했다.
	간단히 말해서 고성과자들은 자신에 대해, 자신이 한 일을 말하는 반면 전형적인 저성과자들은 2인칭과 3인칭 대명사를 많이 쓴다는 의미이다. 고성과자들은 "화요일에 고객에게 전화해서 고민을 함께 나누자고 말했습니다."와 같은 말을 한다. 저성과자들은 "고객의 얘기를 듣기 위해서는 고객과 연락할 필요가 있습니다."라고 말하거나 "우리는 항상 고객에게 전화해서 고민을 함께 나누자고 말해야 합니다."라고 할 것이다. 고성과자들은 좋은 경험이 많으므로 스스로에 대해 얘기를 하며 어떻게 좋은 태도를 가지게 되었는지 말한다. 1인칭 대명사를 쓰는 것을 부끄러워하지 않는다. 하지만 저성과자들은 이런 훌륭한 태도를 보여 준 경험이 없기에 '우리'가 문제를 어떻게 다뤄야 하는지와 같은 추상적인 대답을 하기 쉽다. 이것은 가정일 뿐이다. 이런 답변은 실제 상황에서 어떻게 행동할지를 보여 주지 못한다. 게다가 사람들은 거짓말을 할 때 무의식중에 자신을 거짓말과 분리시키려 하기 때문에 2인칭과 3인칭 대명사를 더 많이 쓰게 된다는 연구 결과가 있다. 여기서 중요한 것은 사람들이 '나'에 대해 말하는지(좋은 답변) 아니면 '우리/그/그것/그들'에 대해 말하는지(나쁜 답변) 주의해야 한다는 것이다.

동사 시제	
과거시제	고성과자들은 저성과자들에 비해 과거시제를 40% 더 많이 사용했다.
현재시제	저성과자들의 답에는 고성과자들보다 현재시제가 120% 더 들어 있었다.
미래시제	저성과자들은 고성과자에 비해 미래시제를 70% 더 많이 사용했다.
	간단히 정리하자면, 고성과자에게 과거 경험을 얘기해 보라고 하면 실제 자신의 과거 경험을 얘기할 것이다. 필연적으로 과거시제를 사용한다. 반대로 저성과자는 과거 경험에 대해 말해 달라고 하면 자신이 무엇을 하고 있는지(현재시제), 그리고 무엇을 할지(미래시제)를 멋지게 지어내 답변할 것이다. 고성과자들과 달리 저성과자들은 실제 과거 경험이 없기 때문에 이런 자세한 얘기를 할 수 없다. 따라서 까다로운 손님을 만났던 경험을 얘기해 보라고 하면 고성과자들은 과거시제를 사용한 예를 들 것이다. "저는 서버에 문제가 생겨 마감 시간을 놓칠 번한 고객을 만났습니다." 그러나 저성과자들은 현재시제나 미래시제로 대답할 가능성이 많다. "화난 고객을 대하는 첫 번째 원칙은 해결책을 모르겠다고 시인해서는 안 된다는 것입니다." 혹은 "비이성적인 고객을 만난다면 고객보다 제가 그 분야에 대해 잘 안다는 사실을 강조하여 고객의 흥분을 가라앉히겠습니다." 여기서 현재시제와 미래시제는 2인칭이나 3인칭 대명사와, 과거시제는 1인칭 대명사와 함께 쓰이는 걸 볼 수 있다.
감정	
긍정적 감정	고성과자의 답변에는 저성과자보다 긍정적인(기쁜, 신나는, 설레는) 감정이 25% 정도 더 많았다.
부정적 감정	저성과자의 답변에는 고성과자보다 부정적인(화난, 걱정스러운, 초조한, 회의적인) 감정이 90% 정도 더 많았다.
	감정적 문제는 이해하기 쉽다. 고성과자는 저성과자에 비해 신났던 일에 대해 더 많은 얘기를 할 것이다. 그러나 실제 이들 간 차이점은 고성과자는 저성과자에 비해 부정적인 감정 표현을 덜 한다는 것이다. 우리의 모든 연구 결과를 보면 고성과자들은 저성과자들만큼 화내지 않는다. 이들이 화를 내거나 답답해하지 않는다는 의미가 아니다. 이들도 화를 낸다.(저성과자들 때문에 화낼 때가 많다.) 하지만 고성과자들은 부정적인 감정을 해결할 건설적인 배출구를 가지고 있었다. 성격적 특징을 고려해 봤을 때 고성과자들은 본능적으로 흥분하지 않으며, 그다지 긴장하는 편이 아니므로 감정을 잘 조절할 줄 알았고, 면접에서 이런 부정적인 감정을 잘 드러내지 않았다.

수식어	
부사	저성과자의 답변은 고성과자들보다 부사를 40% 더 많이 사용한다.
	고성과자들은 저성과자에(저성과자들에) 비해 수식어 없는 대답을 할 가능성이 많다. 이들의 답변은 직설적이고, 사실적이고, 과거시제를 쓰며, 개인적이다. 반면 저성과자들은 자신의 답변에 수식어를 쓸 가능성이 많다. 이들은 자신의 답변에 강한 느낌을 주기 위해 수식어를 사용한다. 사실 내용만으로는 자신의 장점을 표현하지 못하기 때문이다. 저성과자들은 기발한 아이디어가 떠올랐던 상황을 말하기보다는 "저는 꾸준히·항상·종종·평소에(모두 부사) 좋은 아이디어를 냅니다." 혹은 "매우·가장·빨리 해결하였습니다."라고 말할 것이다.
부정어	저성과자는 고성과자에 비해 부정어를(아닌, 어느 것도 아닌) 130% 더 많이 썼다.
	일부는 부정적 성향 때문에 또 다른 일부는 자신의 말을 수식할 필요성 때문에 부정어를 많이 쓴다. 저성과자들로부터 "뭘 해야 할지 몰랐습니다." 혹은 "우리 부서에서 그 사람이 무슨 일을 하는지 아는 사람은 정말 아무도 없었어요."와 같은 말을 듣는 건 어렵지 않다.

이제 우리는 지원자가 사용하는 언어를 보면 이 사람이 고성과자인지 저성과자인지 감이 오기 시작한다. 답변 분석은 정말 혁명적인 아이디어이며 지금 우리는 많은 부분 중 일부만을 겉핥기식으로 본 것에 불과하다.

제 14 절

ATOM 기반 면접관 트레이닝

1. 면접관의 역량이 채용 성공을 좌우하는 시대

현대 인재 채용에서 면접관의 역할은 단순한 평가자를 넘어 조직의 미래를 결정하는 전략적 파트너로 진화하고 있다. 아무리 정교한 채용 모델이 존재하더라도, 이를 실제 면접 현장에서 구현하는 면접관의 역량이 부족하다면 그 효과는 반감될 수밖에 없다. 특히 ATOM 모델과 같은 다차원적 평가 체계는 면접관의 체계적인 이해와 숙련된 적용 능력을 필수적으로 요구한다.

저자가 오랜 기간 다수 기업의 채용 프로젝트를 수행하면서 관찰한 바에 따르면, 채용 실패의 상당 부분이 면접관의 준비 부족과 평가 역량의 한계에서 기인한다는 것을 발견했다. 직관과 경험에만 의존하는 전통적 면접 방식은 더 이상 복잡해진 현대 조직 환경에서 유효하지 않으며, 과학적이고 체계적인 접근법이 필요한 시점이다. 이러한 맥락에서 ATOM 기반 면접관 트레이닝은 단순한 교육 프로그램이 아닌, 조직의 인재 경쟁력을 확보하기 위한 필수적인 투자로 인식되어야 한다.

2. 면접관 트레이닝의 필요성

(1) 채용 환경의 근본적인 변화

첫째, 현대 채용 환경은 과거와는 근본적으로 다른 양상을 보이고 있다. MZ세대의 가치관 변화, 디지털 전환에 따른 새로운 직무 요구사항, 원격 근무 확산에 따른 협업 방식의 변화 등은 기존의 단편적인 평가 방식으로는 포착하기 어려운 복잡성을 만들어내고 있다. ATOM 모델은 이러한 다차원적 변화를 종합적으로 평가할 수 있는 프레임워크를 제공하지만, 이를 효과적으로 활용하기 위해서는 면접관들이 각 차원의 의미와 평가 방법을 깊이 있게 이해해야 한다.

둘째, 인재 경쟁의 심화로 인해 우수 인재를 정확히 식별하고 확보하는 것이 그 어느 때보다 중요해졌다. 단순히 역량이 뛰어난 인재를 선발하는 것이 아니라, 조직에 장기적으로 기여할 수 있는 '적합한' 인재를 찾아내는 것이 핵심이다. ATOM 모델의 네 가지 차원은 바로 이러한 적합성을 체계적으로 평가하기 위한 도구이며, 면접관들은 각 차원을 정확히 평가할 수 있는 전문성을 갖추어야 한다.

(2) 면접관 역량 격차의 현실

실제 현장에서 관찰되는 면접관들의 역량 격차는 심각한 수준이다. 많은 면접관들이 여전히 주관적 인상이나 제한된 경험에 기반하여 지원자를 평가하고 있으며, 이는 채용 오류와 조직-인재 간 미스매치로 이어진다. 특히 다음과 같은 문제점들이 빈번하게 나타난다.

- **평가 기준의 불일치**: 동일한 지원자에 대해 면접관마다 상이한 평가를 내리는 경우가 빈번하며, 이는 객관적 평가 기준의 부재에서 기인한다.
- **확증 편향의 위험**: 첫인상이나 특정 정보에 과도하게 영향을 받아 종합적 평가가 왜곡되는 현상이 관찰된다.
- **심층 질문 능력의 부족**: 지원자의 진정한 역량과 적합성을 파악하기 위한 깊이 있는 질문 기법이 부족하다.
- **비언어적 신호 해석의 한계**: 언어적 답변 외에 나타나는 다양한 신호들을 종합적으로 해석하는 능력이 부족하다.

(3) 조직 차원의 필요성

조직 차원에서 ATOM 기반 면접관 트레이닝은 다음과 같은 전략적 가치를 제공한다. 첫째, 채용 프로세스의 표준화와 일관성 확보를 통해 공정하고 신뢰할 수 있는 채용 시스템을 구축할 수 있다. 둘째, 채용 오류로 인한 비용을 현저히 감소시킬 수 있다. 잘못된 채용으로 인한 직접적 비용뿐만 아니라, 팀 성과 저하, 재채용 비용, 기회비용 등 간접적 손실까지 고려하면 그 영향은 막대하다. 셋째, 조직의 채용 브랜드 강화에 기여한다. 체계적이고 전문적인 면접 프로세스는 지원자들에게 긍정적 경험을 제공하며, 이는 우수 인재 유치에 중요한 경쟁 우위가 된다.

3. 면접관 트레이닝의 중요성

(1) 전략적 인재 확보의 핵심 도구

ATOM 기반 면접관 트레이닝의 가장 중요한 가치는 조직의 전략적 목표 달성에 필요한 인재를 정확히 식별하고 확보할 수 있는 능력을 제공한다는 점이다. 단순히 현재의 직무 요구사항을 충족하는 인재가 아니라, 조직의 미래 성장과 변화에 기여할 수 있는 잠재력을 가진 인재를 발굴하는 것이 핵심이다.

특히 ATOM 모델의 네 가지 차원은 서로 독립적이면서도 상호 보완적인 관계를 가지고 있어, 이들 간의 균형과 시너지를 종합적으로 평가할 수 있는 안목이 필요하다. 예를 들어, 직무 역량(Technical Fit)이 뛰어나더라도 조직 문화와의 적합성(Organization Fit)이 낮다면 장기적 성과를 기대하기 어렵다. 반대로 동기부여(Motivation Fit)가 높더라도 필요한 태도(Attitude Fit)가 부족하다면 팀워크에 문제가 발생할 수 있다. 이러한 복잡한 상호작용을 이해하고 평가할 수 있는 면접관의 역량이 채용 성공의 핵심이다.

(2) 조직 성과에 미치는 직접적 영향

연구 결과에 따르면, 체계적인 면접관 트레이닝을 받은 조직의 채용 성공률은 그렇지 않은 조직 대비 40% 이상 높은 것으로 나타났다. 이는 단순한 수치상의 개선이 아니라, 실질적인 조직 성과로 이어진다. 적합한 인재의 선발은 다음과 같은 연쇄적 효과를 창출한다.

- **생산성 향상:** 조직과 직무에 적합한 인재는 빠른 적응과 높은 성과를 보인다.
- **이직률 감소:** 다차원적 적합성이 검증된 인재는 장기근속 가능성이 높다.
- **팀 시너지 창출:** 태도와 가치관이 조직과 일치하는 인재는 팀워크 향상에 기여한다.
- **혁신 역량 강화:** 동기부여가 높은 인재는 창의적 문제 해결과 혁신을 주도한다.

(3) 리스크 관리와 예방적 접근

ATOM 기반 면접관 트레이닝은 채용 관련 리스크를 사전에 예방하는 중요한 도구이기도 하다. 부적합한 인재의 채용은 단순한 실패를 넘어 조직 전체에 부정적 영향을 미칠 수 있다. 특히 리더십 포지션이나 핵심 직무의 경우, 잘못된 채용 결정은 팀 전체의 사기 저하, 핵심 인재의 이탈, 고객 관계 손상 등 심각한 결과를 초래할 수 있다.

트레이닝을 통해 면접관들은 위험 신호를 조기에 감지하고, 심층적인 검증을 통해 잠재적 문제를 사전에 파악할 수 있는 능력을 갖추게 된다. 이는 사후적 문제 해결이 아닌 예방적 인재 관리를 가능하게 하며, 장기적으로 조직의 안정성과 지속 가능성에 기여한다.

4. 면접관 트레이닝의 주요내용

(1) ATOM 모델의 이론적 기초와 실무 적용

트레이닝의 첫 번째 핵심 내용은 ATOM 모델의 이론적 토대를 깊이 있게 이해하고, 이를 실제 면접 상황에 적용하는 방법을 습득하는 것이다. 각 차원의 개념적 정의, 평가 요소, 측정 지표를 명확히 이해하는 것은 물론, 실제 지원자 평가에서 이를 어떻게 활용할 것인지에 대한 구체적 방법론을 학습한다.

- **Attitude Fit 평가 역량 개발:** 태도 적합성 평가는 단순히 '긍정적' 또는 '부정적' 태도를 구분하는 것이 아니라, 특정 조직과 직무에서 요구되는 구체적 태도 요소를 정의하고 평가하는 것이다. 면접관들은 행동 기반 질문(Behavioral Interview Questions)을 통해 과거 경험에서 나타난 태도적 특성을 파악하고, 이것이 미래 업무 상황에서 어떻게 발현될지 예측하는 능력을 개발한다.
- **Technical Fit 평가 역량 개발:** 직무 적합성 평가는 현재의 역량뿐만 아니라 학습 능력과 성장 잠재력을 함께 고려해야 한다. 면접관들은 직무 분석에 기반한 핵심 역량을 정의하고, 이를 검증하기 위한 구조화된 평가 방법을 학습한다. 특히 기술적 역량의 깊이와 폭을 균형 있게 평가하고, 급변하는 기술 환경에서의 적응력을 판단하는 기법을 습득한다.
- **Organization Fit 평가 역량 개발:** 조직 적합성은 가장 추상적이면서도 중요한 평가 영역이다. 면접관들은 자신이 속한 조직의 문화적 특성을 명확히 이해하고, 지원자의 가치관과 일하는 방식이 이와 얼마나 부합하는지 평가하는 방법을 학습한다.

특히 지원자가 조직에 대해 얼마나 깊이 있게 이해하고 준비했는지를 파악하는 것이 중요하다.

- Motivation Fit **평가 역량 개발**: 동기 적합성 평가는 지원자의 내재적 동기와 외재적 동기의 균형, 그리고 이것이 조직이 제공할 수 있는 것과 얼마나 일치하는지를 판단하는 것이다. 면접관들은 표면적 지원 동기를 넘어 진정한 동기 요인을 파악하고, 장기적 몰입 가능성을 예측하는 심층 질문 기법을 개발한다.

(2) 고급 면접 기법과 심리학적 이해

두 번째 핵심 내용은 면접의 과학적 접근법과 심리학적 이해를 바탕으로 한 고급 면접 기법의 습득이다. 이는 단순한 질문-답변을 넘어 지원자의 진정한 역량과 잠재력을 파악하기 위한 전문적 스킬을 포함한다.

- **인지 편향의 이해와 극복**: 면접관들은 자신도 모르게 작용하는 다양한 인지 편향(후광 효과, 확증 편향, 유사성 편향 등)을 이해하고, 이를 최소화하기 위한 구체적 전략을 학습한다. 특히 구조화된 평가 도구와 다면 평가 기법을 활용하여 객관성을 확보하는 방법을 훈련한다.
- **비언어적 커뮤니케이션 해석**: 연구에 따르면 커뮤니케이션의 55%는 비언어적 신호를 통해 이루어진다. 면접관들은 표정, 제스처, 목소리 톤, 자세 등에서 나타나는 다양한 신호를 정확히 해석하고, 이를 언어적 답변과 종합하여 평가하는 능력을 개발한다.
- **심층 질문 기법과 프로빙**(Probing): 표면적 답변에 만족하지 않고 지원자의 진정한 생각과 경험을 끌어내기 위한 심층 질문 기법을 습득한다. 과거의 행동기반으로 미래의 행위를 예측하는 기법을 활용한 행동 면접, 가상 시나리오를 활용한 상황 판단 면접, 역량 기반 구조화 면접 등 다양한 접근법을 상황에 맞게 활용하는 능력을 개발한다.

(3) 실전 시뮬레이션과 피드백

세 번째 핵심 내용은 실제 면접 상황을 재현한 시뮬레이션과 전문적 피드백을 통한 실전 역량 강화이다. 이론적 지식과 기법의 습득만으로는 충분하지 않으며, 반복적인 연습과 개선을 통해 실제 적용 능력을 높여야 한다.

- **역할 연기와 시뮬레이션:** 다양한 유형의 모의 지원자와 상황을 가정한 역할 연기를 통해 실전 감각을 익힌다. 특히 어려운 지원자(과도하게 준비된 지원자, 방어적인 지원자, 과장하는 지원자 등)를 다루는 방법을 집중적으로 훈련한다.
- **비디오 분석과 자기 성찰:** 자신의 면접 진행 모습을 비디오로 녹화하여 분석함으로써 개선점을 스스로 발견하고 수정할 수 있는 기회를 제공한다. 질문 방식, 경청 태도, 시간 관리, 분위기 조성 등 다양한 측면에서 자신의 강점과 약점을 파악한다.
- **동료 평가와 집단 학습:** 모의지원자, 동료면접관, 전문 컨설턴트와의 상호 평가와 토론 및 피드백을 통해 다양한 관점과 접근법을 학습한다. 특히 동일한 지원자에 대한 평가 결과를 비교 분석함으로써 평가 기준의 일관성을 높이고 개인적 편향을 줄이는 방법을 익힌다.

5. ATOM 기반 면접관 트레이닝 커리큘럼

[표8-38] ATOM 기반 전문 면접관 육성 커리큘럼 샘플(기초 2일 과정)

시간	SECTION	트레이닝 내용	방법 및 교재
45분	Pre section1. 면접관 트레이닝 동영상 시청(선택)	• 지원자 중심의 채용 활동의 중요성 및 면접의 다섯가지 목적 • 면접관과 기업이미지 및 면접 사전 준비 자료 • 면접 진행방법(Pre-Interview→Interview → Post-Interview) • 면접에서 주의할 일 및 면접관 평가 오류 이해	• 트레이닝DVD 시청 • 면접관 기초과정
50분	Pre section2. 면접관 역량의 과학적 진단과 개발(면접관 선발능력 온라인 테스트) (선택)	• (심화 진단) 면접관 선발능력 테스트® • (결과 피드백) 선발능력 결과를 활용한 개인별 평가 스타일 정밀 분석 • (편향 매핑) 16가지 주요 인지 편향의 자가 진단과 극복 전략 • (피어 러닝) 우수 면접관의 베스트 프랙티스 공유와 학습	• 선발능력 사전 진단 • 개인별 스코어 카드 • 오류 진단 결과를 토대로 개선 툴 제공

시간	SECTION	트레이닝 내용	방법 및 교재
1H	S1. 채용의 목적과 지원자 중심 면접의 중요성(채용 성공 및 실패 비용 이해)	• (채용 패러다임 변화) 수시, 경력, 추천채용 등 다변화된 채용 방식과 트렌드 • (세대별 특성 심화) 조직 및 채용을 바라보는 MZ세대 특징(대퇴사의 시대) • (채용원칙 수립) 면접의 시스템적 특징과 채용원칙 이해하기 • (채용공정화 이해) 채용 절차의 공정화에 관한 법률 이해	• MZ채용 사례연구 • 채용 성공 및 실패 비용 • 채용 트렌드 심화 분석 • 채용공정화에 관한 법률
2H	S2. 회사의 미래를 책임지는 채용 면접관(면접관 선발 능력 테스트 및 피드백)	• (면접관 선발 능력 테스트) 면접관 선발능력 테스트를 통한 평정 오류 이해 • (면접관 오류 예방) 선발능력 스코어 리포트 이해를 통한 휴먼에러 제거 • (면접관의 중요성) 면접관과 기업이미지, 어떤 면접관을 선택해야 하는가? • (면접관과 기업이미지) 면접관의 역량, 요건, 전략, 기술& 실무 Do & Don't	• 인터렉티브 강의 • 사례연구 및 토의 • 선발능력 간이 테스트 • 진단 및 피드백
2H	S3. 측정지표 정교화와 맞춤형 설계(인재상, 공통역량, 채용직무기술서 이해)	• (인재상 구체화) 추상적 인재상(공통역량)을 측정 가능한 행동지표로 전환 • (직무역량 이해하기) 채용대상 직무 지식, 기술, 태도의 측정요소 이해 • (채용대상 인재정의) 채용 대상자가 갖추어야 할 공통/직무역량 이해 • (적합성 평가 이해하기) 태도/조직/직무/동기 적합성 및 코칭 수용도 평가 이해	• 고객 인재상, 공통역량 • 고객 채용직무기술서 • 적합성 영역에 대한 이해 • 적합성 매트릭스
2H	S4. AI 시대의 서류전형 평가(선발 도구로서의 입사지원서, AI 작성 지원서 평가하기)	• (서류전형 측정지표) 평가 프로세스, 평가요소, 평가척도, 평정기준 이해 • (지원서 검토기술) 선발 도구로서의 입사지원서 검토 절차 이해하기 • (지원서 평가하기) 입사지원서를 통한 인물파악 기법 및 지원자 정보추적 • (자기소개서 평가하기) 자기소개서 평가 기술 및 AI 기반 작성 자기소개서 평가	• AI 패턴 분석 가이드 • 고객 입사지원서 활용 • 고객 자기소개서 활용 • AI 작성 자기소개서 샘플

시간	SECTION	트레이닝 내용	방법 및 교재
2H	S5. 전화면접의 전무화와 효율성 극대화(음성 커뮤니케이션 기반 심층검증)	• (전화면접 이해하기) 전화면접 미활용으로 인한 채용 기회 손실 이해 • (전화면접 측정지표) 면접 무엇을 측정할 것인가?(태도, 직무, 조직, 동기 적합성) • (전화면접 수행하기) 전화면접 진행프로세스, 질문, 답변, 경청, 판단, 결정 스킬 • (면접관R&R 스크립트 작성) 면접관별 역할과 책임 정의 및 스크립트 작성	• 전화면접 가이드 • 전화면접 질문 사전 • 전화면접 평가표 • 전화면접 스크립트 시트
2H	S6. 우리 회사에 적합한 면접 이해하기(태도/역량/직무/시뮬레이션/ATOM면접)	• (면접 측정지표) 면접 무엇을 측정할 것인가?(태도, 직무, 조직, 동기 적합성) • (면접 수행하기) 우리 회사 면접 프로세스, 질문, 답변, 관찰, 판단, 결정 스킬 • (스크립트 작성) 면접관별 역할과 책임 정의 및 면접 스크립트 작성 • (ATOM HIRING® 이해) 적합성 + ATOM® 기반의 평가, 통합, 결정 매트릭스	• 고객 면접 도구 활용 • 고객 면접 프로세스 활용 • 면접관 스크립트 시트 • 대면 면접 가이드
2H	S7. 우리 회사에 맞는 과학적인 면접 질문(측정지표별 면접질문 이해 및 개발)	• (면접확인 요소) 면접확인 요소별 면접질문 어떻게 개발할 것인가? • (면접질문 개발) 우리회사에 적합한 면접문항(표준질문모형, 단어그림 활용 등) • (평가기술 활용) 지원자 평가 기술 ATOM®, TORC®, STAR®, SC+CD® 활용 • (평가 루브릭) 영역별 특성을 감안한 면접문항 선정 및 답변 평가 루브릭 이해	• 질문 분류 체계 • 답변 평가 루브릭 시트 • 고객 면접 질문 시트 • ATOM® 면접 질문 사전
2H	S8. 지원자 평가하기(면접에서 측정하고자 하는 것은 무엇인가)	• (채점 표준화) 고객 채용 직무별 평가요소 이해 및 ATOM® 기반 평가 맵핑 • (평가와 통합) 평정방식 및 평정의사 결정 방법(평가, 통합, 의사결정 기술 활용) • (과학적 평가하기) 지원자 답변에 대한 분석 및 루브릭 기반 점수 매기기 • (TORC® 기술) 지원자 페르소나 활용 및 답변 신뢰성 확보 기술 TORC®	• 답변 평가 루브릭 시트 • 채용의사 결정 시트 • 지원자 페르소나 • 고객 & ATOM® 평가표

시간	SECTION	트레이닝 내용	방법 및 교재
3H	S9. 대화형 인터렉티브 스타일 모의면접(태도, 역량, 경험, 상황, 발표, 토론, 서류함, 시뮬레이션, AC 등)	• (모의면접 멀티 롤플레이) 인터렉티브 모의실습 및 피드백 진행 • (전문 피드백) 고객 면접 형태별 맞춤형 롤플레이 및 피드백 진행 • (진행프로세스) 소개와 설명 → 모의 면접진행 → 평가조정 → 360° 피드백 → 3:3:3 피드백(관찰자A·B, 지원자, 자기 평가, 컨설턴트로부터 전문적인 피드백) • (녹화 분석_옵션) 비디오 리뷰를 통한 세밀한 행동 분석	• 고객 면접평가표 활용 • ATOM® 면접평가 활용 • 360° 피드백 A & B • 지원자 페르소나 • 녹화 분석 시트

6. 트레이닝 효과 측정과 지속적 개선

(1) 역량 평가 체계

트레이닝의 효과를 객관적으로 측정하고 지속적으로 개선하기 위해서는 체계적인 평가 시스템이 필요하다. ATOM 기반 면접관 역량 평가는 다음과 같은 다층적 접근을 통해 이루어진다.

- **지식 평가:** ATOM 모델의 이론적 이해도, 각 차원별 평가 요소의 숙지도, 면접 기법에 대한 지식 수준을 객관식 및 서술형 시험을 통해 평가한다.
- **기술 평가:** 실제 면접 시뮬레이션을 통해 질문 기법, 경청 능력, 평가 정확도, 시간 관리 등 실무 역량을 평가한다. 전문 평가자가 체크리스트와 루브릭을 활용하여 객관적으로 측정한다.
- **적용 평가:** 실제 채용 현장에서의 성과를 추적 관찰한다. 면접관이 선발한 인재의 1년 후 성과, 재직률, 조직 적응도 등을 분석하여 면접 평가의 정확도를 검증한다.
- **행동 변화 평가:** 트레이닝 전후의 면접 행동 변화를 360도 피드백을 통해 측정한다. 동료 면접관, 인사 담당자, 채용 매니저 등의 평가를 종합하여 실질적 개선 정도를 파악한다.

(2) 지속적 개선 메커니즘

- **데이터 기반 커리큘럼 개선:** 트레이닝 효과 측정 데이터를 분석하여 커리큘럼의 강점과 개선점을 파악하고, 이를 반영하여 지속적으로 업데이트한다. 특히 현장에서의 적용 가능성과 실용성을 높이는 방향으로 개선한다.
- **피어 러닝 시스템:** 우수 면접관들의 노하우와 경험을 체계적으로 수집하고 공유하는 시스템을 구축한다. 실제 성공 사례와 실패 사례를 분석하여 실무적 교훈을 도출하고 이를 트레이닝에 반영한다.
- **외부 전문가 협력:** 조직심리학, 인재 평가, 채용 기술 분야의 최신 연구 동향과 혁신적 방법론을 지속적으로 도입한다. 학계 및 선진 기업과의 협력을 통해 트레이닝 프로그램의 선진성을 유지한다.

제 15 절

ATOM 기반 면접전형의 가치

1. 전략적 시사점

ATOM 기반 면접전형이 제시하는 전략적 시사점은 다음과 같다.

- **다차원적 평가의 필수성**: 단편적 역량 평가를 넘어 태도, 직무, 조직 적합성, 동기의 통합적 평가가 장기적 성공의 핵심이다.
- **데이터와 직관의 균형**: 과학적 분석과 인간적 통찰력의 조화로운 결합이 최적의 의사결정을 가능하게 한다.
- **지속적 진화의 중요성**: 고정된 모델이 아닌 환경 변화에 적응하고 진화하는 살아있는 시스템이 경쟁 우위를 창출한다.
- **인간 중심 가치의 견지**: 기술적 발전 속에서도 인간의 존엄성과 잠재력을 중시하는 철학이 지속 가능한 성장의 토대가 된다.

2. 실천을 위한 제언

ATOM 기반 면접전형의 성공적 도입과 운영을 위해 다음을 제언한다.

- **경영진의 확고한 의지**: 최고 경영진의 지원과 참여가 성공의 전제조건이다.
- **체계적 변화 관리**: 단계적 도입과 지속적 교육을 통해 조직 문화로 정착시킨다.
- **투자와 인내**: 초기 투자와 학습 기간을 감수하고 장기적 관점을 유지한다.
- **열린 마음과 혁신**: 기존 방식에 안주하지 않고 지속적으로 개선하고 혁신한다.

제 9 장

페르소나의 체계적 분석

1. 페르소나 개발의 이론적 배경

(1) 다차원 적합성 이론의 통합적 접근

ATOM 페르소나의 이론적 토대는 조직심리학의 검증된 이론들을 통합한 결과물이다. Kristof-Brown과 동료들(2005)이 메타분석을 통해 입증한 Person-Environment Fit 이론에 따르면, 개인과 조직 간의 적합성은 단일 차원이 아닌 Person-Job Fit, Person-Organization Fit, Person-Group Fit 등 다층적 구조로 이루어져 있다. ATOM 모델은 이러한 다층적 적합성을 4개 차원으로 구체화하여 실무에 적용 가능한 형태로 발전시켰다.

Holland의 RIASEC 모델(1997)이 제시한 개인-환경 일치성 원칙은 직업 선택과 만족도 간의 관계를 설명하는 데 광범위하게 활용되어 왔다. ATOM의 Attitude-Organization 축은 이러한 일치성 원칙을 확장하여, 개인의 태도적 특성과 조직문화의 상호작용을 체계화한 것이다. 특히 Schneider(1987)의 ASA(Attraction-Selection-Attrition) 모델이 제시한 조직 내 동질화 메커니즘을 채용 단계에서 예측 가능한 모델로 구현했다는 점에서 의의가 있다.

(2) 행동 예측 모델로서의 2×2 매트릭스 구조

페르소나를 A-O(태도-조직)와 T-M(직무-동기)의 이중 축으로 구성한 것은 경영학과 심리학에서 검증된 2×2 매트릭스 프레임워크의 효용성에 기반한다. Blake와 Mouton의 관리 격자 이론(1964)은 과업 지향성과 인간 지향성의 두 축으로 리더십 스타일을 효과적으로 분류했으며, Hersey-Blanchard의 상황적 리더십 이론(1969)은 과업 행동과 관계 행동의 조합으로 리더십 유형을 설명했다.

ATOM 페르소나는 이러한 이중 축 구조의 설명력을 채용 영역에 적용한 것이다. A-O 축은 개인의 문화적 적합성을 나타내는 "소프트 핏(Soft Fit)"으로 장기적 조직 적응을 예측하며, T-M 축은 성과 창출 능력을 나타내는 "하드 핏(Hard Fit)"으로 단기적 업무 성과를 예측한다. 이는 Cable과 Judge(1996)가 제시한 주관적 적합성과 객관적 적합성의 구분과도 일맥상통한다.

(3) 동기 이론과 역량 모델의 융합

Technical과 Motivation을 하나의 축으로 결합한 것은 Campbell의 성과 이론(1993)에 근거한다. Campbell은 성과를 "선언적 지식(Declarative Knowledge) × 절차적 지식(Procedural Knowledge) × 동기(Motivation)"의 함수로 설명했으며, 이는 능력과 동기가 상호작용하여 실제 성과를 결정한다는 ATOM 모델의 기본 가정과 일치한다.

Deci와 Ryan(2000)의 자기결정이론(Self-Determination Theory)은 내재적 동기와 외재적 동기가 연속선상에 존재하며, 자율성, 유능성, 관계성의 충족 정도에 따라 동기의 질이 결정된다고 설명한다. ATOM의 Motivation 차원은 이러한 동기의 양적 수준뿐만 아니라 질적 특성까지 포함하여 평가하도록 설계되었다.

2. 페르소나의 실무적 활용 방법론

(1) 채용 프로세스 단계별 활용 전략

페르소나는 구조화된 채용 프로세스의 각 단계에서 의사결정 도구로 활용된다. Schmidt와 Hunter(1998)의 메타분석에 따르면, 구조화된 면접은 비구조화 면접 대비 예측 타당도가 두 배 이상 높다. 페르소나는 이러한 구조화를 더욱 체계화하는 프레임워크를 제공한다. 서류 전형 단계에서는 지원서와 경력 기술서를 통해 예비 페르소나를 추정하고, 이를 바탕으로 맞춤형 면접 전략을 수립한다. 예를 들어, T-M이 높지만 A-O가 불확실한 지원자에게는 조직 가치관과 팀워크 관련 행동 면접 질문을 집중 배치한다.

면접 단계에서는 실시간 페르소나 조정(Real-time Persona Calibration)을 수행한다. 초기 30분의 면접을 통해 가설적 페르소나를 설정하고, 후반부에는 해당 페르소나의 핵심 검증 포인트를 집중 탐색한다. 이는 제한된 면접 시간의 효율성을 극대화하며, 실제로 면접 시간을 단축하면서도 예측 정확도는 향상시켰다.

(2) 조직 니즈 기반 페르소나 포트폴리오 구성

Greiner(1972)의 조직 성장 모델에 따르면, 조직은 창업기, 성장기, 성숙기 등 발전 단계별로 상이한 도전과제를 직면한다. 각 단계에서 요구되는 인재의 특성도 달라지므로, 페르소나 포트폴리오를 전략적으로 구성해야 한다.

창업기와 초기 성장기에는 Technical-Motivation이 높은 페르소나(야심찬 도전자형, 형식적 수행자형 등)가 혁신과 빠른 실행에 기여할 수 있다. 반면 조직이 안정기에 접어들면 Attitude-Organization이 높은 페르소나(완벽한 인재형, 조직 충성가형 등)의 비중을 높여 조직 문화의 일관성과 안정성을 확보하는 것이 중요하다.

(3) 팀 구성의 다양성과 보완성

Harrison과 Klein(2007)의 연구에 따르면, 팀 다양성은 분리(Separation), 다양(Variety), 격차(Disparity)의 세 가지 유형으로 구분되며, 각각 팀 성과에 상이한 영향을 미친다. 페르소나는 이러한 다양성을 의도적으로 설계할 수 있는 도구가 된다.

예를 들어, 기술 전문가형(낮은 A-O, 높은 T)과 열정적 초보자형(높은 A-O, 낮은 T)을 같은 팀에 배치하면 상호 보완적 학습이 일어날 수 있다. 전자는 기술적 멘토링을 제공하고, 후자는 조직 적응과 팀워크를 촉진하는 역할을 수행한다. 이러한 의도적인 다양성 설계는 팀의 창의성과 문제해결 능력을 향상시킬 수 있다.

3. 기대효과와 이론적 가치

(1) 채용 의사결정의 체계화

페르소나의 가장 중요한 기대효과는 채용 의사결정의 체계화와 일관성 확보이다. Kahneman(2011)이 지적한 바와 같이, 인간의 의사결정은 다양한 인지적 편향(Cognitive Bias)에 영향을 받는다. 특히 채용 과정에서는 후광효과(Halo Effect), 확증편향(Confirmation Bias), 유사성 편향(Similarity Bias) 등이 작용하기 쉽다.

페르소나는 이러한 편향을 최소화하는 구조화된 평가 프레임워크를 제공한다. 4개 차원을 독립적으로 평가한 후 통합하는 방식은 한 영역의 우수성이 다른 영역의 평가에 과도하게 영향을 미치는 것을 방지한다. 또한 16가지 페르소나 유형은 평가자에게 다양한 인재 유형의 가능성을 상기시켜, 자신과 유사한 지원자만을 선호하는 경향을 완화한다.

(2) 조직 학습과 지식 관리

Nonaka와 Takeuchi(1995)의 지식창조이론에 따르면, 암묵지(Tacit Knowledge)를 형식지(Explicit Knowledge)로 전환하는 것이 조직 학습의 핵심이다. 페르소나는 경험 많은 채용 담당자의 암묵적 판단 기준을 명시적 프레임워크로 체계화한다.

30년간 1,780개 기업에서 축적된 채용 경험과 패턴은 16가지 페르소나로 형식지화되어, 경험이 적은 채용 담당자도 체계적인 평가를 수행할 수 있게 한다. 이는 조직의 채용 역량이 특정 개인에 의존하지 않고 시스템으로 내재화되는 것을 의미한다.

(3) 전략적 인재 관리의 기반

Lepak과 Snell(1999)의 인적자원 아키텍처 모델은 인재를 전략적 가치와 희소성에 따라 분류하고 차별화된 관리 방식을 제안한다. 페르소나는 이러한 전략적 분류를 더욱 정교화하는 도구가 될 수 있다.

완벽한 인재형(HHHH)은 높은 전략적 가치와 희소성을 가진 핵심 인재로 분류되어 집중적인 투자와 보유 전략이 필요하다. 반면 안정 추구형(HLLL)은 운영적 역할에 적합하며, 표준화된 관리 방식을 적용할 수 있다. 이러한 차별화된 접근은 한정된 인재 관리 자원의 효율적 배분을 가능하게 한다.

4. 사용 시 유의사항과 한계점

(1) 유형화의 함정과 개인의 복잡성

Allport(1937)의 특질이론이 지적하듯, 인간의 성격과 행동은 매우 복잡하고 독특하며, 단순한 유형으로 완전히 설명될 수 없다. 16가지 페르소나는 무한히 다양한 인간 특성의 단순화된 모델일 뿐이며, 개인의 고유성을 모두 담아낼 수는 없다.

따라서 페르소나는 초기 스크리닝과 구조화된 평가를 위한 출발점으로 활용되어야 하며, 최종 의사결정은 개별 지원자의 고유한 맥락과 잠재력을 종합적으로 고려해야 한다. 특히 경계선상에 있는 지원자나 복합적 특성을 보이는 지원자의 경우, 기계적 분류보다는 질적 평가가 중요하다.

(2) 문화적 타당성과 맥락 의존성

Hofstede(1980)의 문화 차원 이론에 따르면, 국가와 조직의 문화적 특성은 개인주의-집단주의, 권력거리, 불확실성 회피 등 여러 차원에서 차이를 보인다. ATOM 모델이 2천 여개의 여러 기업 환경의 평균에서 개발되고 검증되었다는 점을 고려할 때, 각각의 기업에 적용 시 조정이 필요할 수 있다.

예를 들어, 집단주의 문화가 강한 기업에서는 Organization Fit의 중요성이 상대적으로 높을 수 있고, 개인주의 문화가 강한 기업에서는 Technical 역량과 개인의 Motivation이 더 중시될 수 있다. 또한 산업별 특성도 고려해야 한다. 창의성이 핵심인 광고업계와 안정성이 중요한 금융업계에서는 선호되는 페르소나 유형이 다를 수밖에 없다.

(3) 시간적 변화와 발달 가능성

Super(1990)의 경력발달이론에 따르면, 개인의 직업적 자아개념과 역량은 생애 전반에 걸쳐 지속적으로 발달한다. 페르소나 역시 고정된 것이 아니라 시간과 경험에 따라 변화하는 동적 특성이다.

신입사원으로 입사한 열정적 초보자형(HLHH)이 경험과 학습을 통해 기술 역량을 개발하여 완벽한 인재형(HHHH)으로 성장할 수 있다. 반대로 번아웃이나 조직 변화로 인해 완벽한 인재형이 일시적으로 동기가 저하되어 순응형 팔로워(HHHL)의 특성을 보일 수도 있다. 따라서 페르소나 평가는 일회성이 아닌 지속적 과정으로 이해되어야 한다.

[표9-1] ATOM 기반 16가지 페르소나 분류 매트릭스

완벽한 인재형 (HHHH) Perfect Fit	순응형 팔로워 (HHHL) Compliant Follower	열정적 초보자형 (HLHH) Passionate Beginner	조직 충성가형 (HLHL) Loyal Soldier
변화 가능형 (HHLH) Transformable	잠재력 보유형 (HHLL) Hidden Potential	무관심한 존재형 (HLLH) Disengaged Presence	안정 추구형 (HLLL) Steady Performer
형식적 수행자형 (LHHH) Mechanical Executor	독립적 수행자형 (LHHL) Solo Performer	미완성 다이아몬드형 (LLHH) Rough Diamond	최소 기여자형 (LLHL) Minimal Contributor
야심찬 도전자형 (LHLH) Ambitious Challenger	기술 전문가형 (LHLL) Technical Expert	열정적 부적응자형 (LLLH) Enthusiastic Misfit	단기 활용형 (LLLL) Short-term Asset

범례 설명

- A: Attitude (태도)
- T: Technical (직무)
- O: Organization (조직)
- M: Motivation (동기)
- H: High (높음)
- L: Low (낮음)
- 괄호 안 4자리: ATOM 순서대로 H/L 표기

매트릭스 해석 가이드

행(Row) 기준 - 태도와 조직의 조합

1행: 태도↑ 조직↑ = 문화 적합 우수 그룹

2행: 태도↑ 조직↓ = 태도만 우수 그룹

3행: 태도↓ 조직↑ = 조직 이해만 우수 그룹

4행: 태도↓ 조직↓ = 문화 부적합 그룹

열(Column) 기준 - 직무와 동기의 조합

1열: 직무↑ 동기↑ = 성과 창출 최적 그룹

2열: 직무↑ 동기↓ = 역량은 있으나 동기 부족

3열: 직무↓ 동기↑ = 열정은 있으나 역량 부족

4열: 직무↓ 동기↓ = 전반적 개발 필요

[표9-2] 전략적 인재 포트폴리오 구성

구역	특성	페르소나 위치	활용 전략
핵심 인재군	문화적합↑ 성과역량↑	1행 1열 (완벽한 인재형)	리더십 파이프라인
성장 잠재군	문화적합↑ 역량보통	1행 2-3열	육성 투자 우선
전문가군	문화보통 성과역량↑	2-3행 1열	전문 트랙 제공
안정 운영군	문화적합↑ 역량부족	1-2행 4열	지원 역할 배치
위험군	문화부적합 전반	4행 전체	신중한 선발

[표9-3] 채용 의사결정 매트릭스

영역	우선순위	주요 고려사항
좌상단(1행 1-2열)	최우선	즉시 채용, 장기 투자
우상단(1행 3-4열)	높음	개발 가능성 중심 평가
좌하단(3-4행 1-2열)	조건부	직무 특성 매칭 필수
우하단(3-4행 3-4열)	낮음	특수 상황에서만 고려

[표9-4] 페르소나 유형별 ATOM 프로필 매트릭스

번호	페르소나 유형	영문명	Attitude	Technical	Organization	Motivation
1	완벽한 인재형	Perfect Fit	High	High	High	High
2	열정적 초보자형	Passionate Beginner	High	Low	High	High
3	기술 전문가형	Technical Expert	Low	High	Low	High
4	조직 충성가형	Loyal Soldier	High	Low	High	Low
5	잠재력 보유형	Hidden Potential	High	High	Low	Low

번호	페르소나 유형	영문명	Attitude	Technical	Organization	Motivation
6	야심찬 도전자형	Ambitious Challenger	Low	High	Low	High
7	안정 추구형	Steady Performer	High	Low	Low	Low
8	미완성 다이아몬드형	Rough Diamond	Low	Low	High	High
9	독립적 수행자형	Solo Performer	Low	High	High	Low
10	순응형 팔로워	Compliant Follower	High	High	High	Low
11	열정적 부적응자형	Enthusiastic Misfit	Low	Low	Low	High
12	무관심한 존재형	Disengaged Presence	High	Low	Low	High
13	형식적 수행자형	Mechanical Executor	Low	High	High	High
14	최소 기여자형	Minimal Contributor	Low	Low	High	Low
15	단기 활용형	Short-term Asset	Low	Low	Low	Low
16	변화 가능형	Transformable	High	High	Low	High

[표9-5] 페르소나별 핵심 특성 프로파일

페르소나 유형	전형적 배경	주요 강점	주요 리스크	적합 환경
완벽한 인재형	우수 경력자, 검증된 성과 보유	즉시 기여 가능, 리더십 잠재력	높은 기대치, 이직위험	도전적 프로젝트, 성장 기회
열정적 초보자형	신입/전환 희망자, 높은 학습 의지	빠른 적응, 조직 문화 수용	초기 생산성 낮음	체계적 교육 시스템 보유
기술 전문가형	전문직 경력자, R&D 배경	즉각적 문제 해결 능력	협업 어려움	독립적 업무 환경
조직 충성가형	장기 근속자, 안정 추구형	높은 충성도, 예측 가능한 성과	혁신 저항	안정적 운영 조직
잠재력 보유형	우수 역량 보유, 동기 저하 경험	숨겨진 역량, 재활성화 가능	낮은 몰입도	새로운 도전 제공 가능 조직
야심찬 도전자형	성과 중심 경력자, 개인 성취 중시	높은 개인 성과	팀 갈등 유발	성과 기반 보상 체계
안정 추구형	루틴 업무 선호, 변화 회피	일관된 업무 수행	변화 적응 어려움	표준화된 업무 프로세스
미완성 다이아몬드형	잠재력 있는 주니어, 경험 부족	높은 성장 가능성	초기 투자 필요	멘토링 중심 조직

페르소나 유형	전형적 배경	주요 강점	주요 리스크	적합 환경
독립적 수행자형	전문 분석가, 연구직 배경	심층 분석 능력	협업 기피	원격/독립 근무 가능
순응형 팔로워	역량 보유, 추진력 부족	안정적 수행 능력	낮은 추진력	명확한 지시 체계
열정적 부적응자형	경력 전환 시도, 준비 부족	높은 의욕과 에너지	전반적 준비 부족	수용적 학습 환경
무관심한 존재형	불명확한 경력 목표	개선 의지 존재	낮은 준비도	경력 개발 지원
형식적 수행자형	기술 우수, 대인관계 문제	탁월한 개인 성과	대인관계 문제	기술 중심 역할
최소 기여자형	연고 추천, 최소 자격	조직 정보 보유	낮은 기여도	단순 지원 업무
단기 활용형	임시직 지원, 단기 목적	즉시 활용 가능	전반적 부적합	한시적 프로젝트
변화 가능형	타 산업/문화 출신 우수 인재	검증된 기본 역량	문화 부적응	포용적 조직 문화

[표9-6] 페르소나별 최적 직무 배치 및 개발 전략

페르소나 유형	적합 직무/부서	부적합 환경	핵심 개발 전략	투자 우선순위
완벽한 인재형	핵심 전략 프로젝트, 리더십 트랙	단순 반복 업무	리더십 파이프라인, 도전적 과제	1순위
열정적 초보자형	성장 가능 직무, 멘토링 가능 팀	즉시 성과 요구 직무	체계적 OJT, 기술 교육	1순위
기술 전문가형	R&D, 전문직, 독립 프로젝트	고객 대면, 팀 리더	소프트 스킬 개발, 협업 훈련	2순위
조직 충성가형	운영/관리, 지원 부서	혁신 주도 역할	점진적 역량 개발	3순위
잠재력 보유형	프로젝트 기반, 성과 중심	루틴 업무	동기부여, 비전 공유	2순위
야심찬 도전자형	영업, 신사업, 스타트업	협업 중심 팀	팀워크 코칭, 감정지능	2순위
안정 추구형	운영, 품질관리, 행정	급변하는 환경	단계적 도전 과제	4순위

페르소나 유형	적합 직무/부서	부적합 환경	핵심 개발 전략	투자 우선순위
미완성 다이아몬드형	주니어 포지션, 교육 중심 팀	독립적 의사결정	집중 육성 프로그램	1순위
독립적 수행자형	전문 분석, 연구, 원격 근무	매트릭스 조직	최소한의 개입	4순위
순응형 팔로워	백오피스, 정형화된 업무	창의성 요구 직무	리프레시 프로그램	3순위
열정적 부적응자형	인턴십	즉시 전문성 요구	기초 역량 교육	2순위
무관심한 존재형	명확한 가이드 제공 부서	자율성 높은 역할	경력 상담, 직무 재배치	3순위
형식적 수행자형	기술 중심, 비대면 업무	서비스직, PR	대인관계 개선	3순위
최소 기여자형	단순 지원 업무	핵심 역할	집중 모니터링	5순위
단기 활용형	임시직, 단순 작업	정규직	해당 없음	5순위
변화 가능형	점진적 책임 부여	즉시 핵심 역할	문화 온보딩 집중	1순위

[표9-7] 페르소나별 채용 전략 가이드

페르소나 유형	선발 우선순위	핵심 검증 포인트	면접 중점 사항	온보딩 전략
완벽한 인재형	최우선	진정성, 장기 비전 일치	성장 욕구, 도전 의식	빠른 권한 위임
열정적 초보자형	높음	학습 능력, 적응력	성장 마인드셋	체계적 OJT
기술 전문가형	조건부 높음	협업 가능성	팀 프로젝트 경험	점진적 협업 확대
조직 충성가형	보통	기본 역량 수준	업무 이해도	안정적 역할 부여
잠재력 보유형	신중 검토	재동기부여 가능성	이직 사유, 미래 목표	맞춤형 동기부여
야심찬 도전자형	조건부	조직 적응 의지	팀워크 가치관	명확한 목표 설정
안정 추구형	보통	업무 적합성	루틴 업무 선호도	점진적 변화 유도
미완성 다이아몬드형	투자 검토	성장 잠재력	학습 태도	집중 육성 프로그램
독립적 수행자형	직무 한정	독립 업무 적합성	업무 스타일	자율성 보장
순응형 팔로워	보통	역량 활용도	과거 성과	명확한 역할 정의

페르소나 유형	선발 우선순위	핵심 검증 포인트	면접 중점 사항	온보딩 전략
열정적 부적응자형	신중	현실 인식 수준	준비도 평가	기초 교육 제공
무관심한 존재형	낮음	명확한 동기	경력 목표	진로 상담 제공
형식적 수행자형	매우 신중	태도 개선 가능성	과거 갈등 이력	1:1 코칭
최소 기여자형	매우 낮음	특별한 가치	추천 사유	집중 관리
단기 활용형	임시직 한정	기본 수행력	단기 목표	최소 교육
변화 가능형	높음	문화 수용성	적응 의지	문화 몰입 프로그램

본 페르소나 체계는 채용 의사결정의 과학적 근거를 제공하되, 개별 지원자의 고유한 특성과 조직의 특수한 상황을 종합적으로 고려하여 적용되어야 한다. 특히 각 페르소나는 고정된 것이 아니라 적절한 개발과 환경 제공을 통해 진화 가능함을 인식하고, 장기적 관점에서 인재 포트폴리오를 구성하는 것이 중요하다.

제 10 장

인재 선발의 새로운 지평: 조직 성장의 근본적 재정의를 위한 성찰

1. 보이지 않는 가치의 발견

오늘날 경영 환경에서 가장 흥미로운 역설 중 하나는, 모든 조직이 '인재가 최고의 자산'이라고 말하면서도 정작 그 자산을 평가하고 선별하는 방식은 수십 년 전과 크게 다르지 않다는 점이다. 마치 최첨단 항공기를 운항하면서 여전히 나침반과 육분의에 의존하는 것과 같은 모순이 아닐까?

30년이라는 시간은 한 세대가 바뀌고, 산업의 패러다임이 여러 차례 전환되기에 충분한 기간이다. 이 기간 동안 1,780개 조직의 인재 선발 과정을 함께하며 목격한 수많은 성공과 실패의 이야기들은, 단순한 경험의 축적을 넘어 인재와 조직의 만남에 대한 깊은 통찰로 승화되었다. 그 결과물이 바로 ATOM이라는 이름으로 구현된, 인재 적합성의 다차원적 이해다.

(1) 첫 번째 성찰: 태도(Attitude)라는 보이지 않는 기초

건축물의 기초가 땅 속에 숨겨져 있듯이, 인재의 진정한 가치를 결정하는 태도적 특성은 이력서나 단편적인 면접으로는 포착하기 어려운 영역이다. 그러나 바로 이 보이지 않는 기초가 향후 그 사람이 조직 내에서 펼쳐낼 모든 가능성의 토대가 된다.

특정 조직과 역할에 최적화된 태도적 특성을 과학적으로 정의하고 평가한다는 것은, 단순히 '좋은 사람'을 찾는 것과는 본질적으로 다른 접근이다. 마치 특정 토양에서 가장 잘 자라는 식물을 선별하는 것처럼, 조직이라는 생태계에서 자연스럽게 번성할 수 있는 인재를 식별하는 정교한 과정이라 할 수 있다.

(2) 두 번째 성찰: 직무(Technical) 역량을 넘어선 잠재력의 평가

직무 역량의 평가는 가장 객관적으로 보이지만, 실은 가장 근시안적인 함정에 빠지기 쉬운 영역이다. 현재의 기술만을 평가한다면, 우리는 과거의 경험을 사는 것이지 미래의 가능성에 투자하는 것이 아니다.

진정한 직무 적합성은 현재 보유한 역량과 더불어 학습 민첩성, 지적 호기심, 그리고 끊임없는 자기 혁신의 의지를 포괄한다. 이는 마치 씨앗을 평가할 때 그 크기나 모양만이 아닌, 그것이 품고 있는 생명력과 성장 잠재력을 함께 고려하는 것과 같은 지혜를 요구한다.

(3) 세 번째 성찰: 조직(Organization)과의 화학적 결합

물과 기름이 아무리 격렬하게 섞여도 결국 분리되듯이, 조직 문화와 개인의 가치관 사이의 근본적 부조화는 시간이 지날수록 더욱 명확해진다. 그러나 적절한 화학적 결합이 이루어질 때, 1+1이 2가 아닌 그 이상의 시너지를 창출하는 것을 우리는 수없이 목격해 왔다.

조직 적합성의 평가는 단순한 문화적 동질성의 확인이 아니다. 오히려 다양성 속에서의 조화, 개성과 일체감의 균형, 그리고 상호 발전 가능성을 섬세하게 가늠하는 예술에 가깝다. 이는 오케스트라의 지휘자가 각 악기의 고유한 음색을 살리면서도 전체적인 하모니를 만들어내는 것과 같은 정교함을 요구한다.

(4) 네 번째 성찰: 동기(Motivation)라는 지속 가능한 에너지원

불꽃은 화려하지만 쉽게 꺼지고, 숯불은 보이지 않지만 오래 지속된다. 인재의 동기 역시 마찬가지다. 표면적인 열정과 깊은 내적 동기를 구분하고, 외재적 보상과 내재적 만족의 균형점을 찾는 것은 장기적 성과와 만족의 열쇠가 된다.

특히 현대의 지식 노동자들에게 있어 동기의 원천은 더욱 복잡하고 다층적이다. 의미 있는 일, 성장의 기회, 자율성과 인정, 그리고 더 큰 목적에의 기여 등이 복합적으로 작용한다. 이러한 동기의 구조를 정확히 이해하고 조직이 제공할 수 있는 가치와의 정렬을 평가하는 것은, 지속 가능한 열정과 몰입의 토대를 마련하는 일이다.

(5) 통합적 시각: 네 가지 차원의 조화로운 앙상블

ATOM의 진정한 가치는 네 가지 차원을 개별적으로 평가하는 데 있지 않다. 오히려 이들 간의 역동적 상호작용과 시너지를 포착하는 데 있다. 마치 사계절이 각자의 특성을 가지면서도 하나의 완전한 순환을 이루듯이, 네 가지 차원은 서로를 보완하고 강화하며 전체적인 적합성의 그림을 완성한다.

예를 들어, 뛰어난 직무 역량도 적절한 태도와 동기가 뒷받침되지 않으면 제대로 발현되지 않는다. 강한 조직 적합성도 지속적인 동기부여 없이는 시간이 지날수록 약화된다. 이러한 상호 의존성과 보완성을 이해하고 평가하는 것이 진정한 인재 선발의 예술이다.

2. 미래를 향한 투자: 변화 속에서의 지속 가능성

세상은 점점 더 빠르게 변화하고 있지만, 역설적으로 변화에 적응할 수 있는 근본적 역량의 중요성은 더욱 커지고 있다. ATOM이 추구하는 것은 현재의 필요를 채우는 것을 넘어, 아직 정의되지 않은 미래의 도전에도 대응할 수 있는 인재를 식별하는 것이다.

이는 단순한 예측이 아닌, 적응력과 회복탄력성, 학습 능력과 창의성, 그리고 불확실성 속에서도 방향을 잃지 않는 내적 나침반을 가진 인재를 찾는 것이다. 30년의 경험이 가르쳐준 가장 중요한 교훈 중 하나는, 진정으로 뛰어난 인재는 조직이 예상하지 못했던 방식으로 가치를 창출한다는 것이다.

3. 선택의 순간에 선 조직들에게

모든 위대한 여정은 첫걸음에서 시작된다. 인재 선발 방식의 혁신 역시 마찬가지다. ATOM은 단순한 도구나 방법론이 아닌, 인재와 조직의 만남을 바라보는 새로운 렌즈다. 이 렌즈를 통해 보이지 않던 것이 보이고, 측정할 수 없던 것이 측정 가능해진다.

수많은 기업과 함께한 여정에서 배운 것은, 각 조직마다 고유한 DNA가 있고, 그에 맞는 인재의 모습도 다르다는 것이다. ATOM은 이러한 고유성을 존중하면서도 보편적으로 적용 가능한 프레임워크를 제공한다. 마치 같은 악보를 보면서도 각 연주자가 자신만의 해석을 더하듯이, ATOM은 각 조직이 자신만의 인재 철학을 구현할 수 있는 토대가 된다.

결국 인재 선발은 조직의 미래를 선택하는 일이다. 그 선택의 순간에 과연 우리는 충분히 준비되어 있을까? 과거의 경험과 직관에만 의존할 것인가, 아니면 검증된 지혜와 과학적 접근을 결합한 새로운 길을 선택할 것인가의 기로에 서 있다.

"사람을 최고의 자산으로 만드는 비법"은 사실 비법이 아니다. 그것은 사람의 진정한 가치를 볼 수 있는 눈을 갖는 것이고, 그 가치가 조직 안에서 꽃피울 수 있는 환경을 만드는 것이다. ATOM은 바로 그 시작점, 즉 올바른 만남을 가능하게 하는 나침반이 되고자 한다.

이제 선택은 각 조직의 몫이다. 하지만 한 가지 확실한 것은, 인재에 대한 투자는 결코 비용이 아닌 미래를 위한 가장 확실한 투자라는 사실이다. 그리고 그 투자의 첫 단추를 올바르게 끼우는 것, 그것이 바로 ATOM이 제안하는 여정의 시작이다.

APPENDIX

사람이 최고의 자산

자본은 고갈되고 기술은 진부해지지만, 성장하는 사람의 잠재력은 무한합니다.
오늘의 직원이 내일의 리더가 되고, 작은 아이디어가 거대한 혁신으로 진화합니다.
사람에 대한 투자는 단순한 비용이 아닌 기하급수적 수익을 만드는 유일한 투자입니다.

오늘날처럼 끝없는 변화가 일어나고, 세계화되고, 기술발전에 대한 지속적 적응이 요구되는 경영환경에서는 인재를 확보하고 유지하는 일이 기업 경쟁력 확보의 관건이 되고 있습니다.

스포츠 팀이 최고의 선수를 영입하기 위해 매우 적극적인 활동을 펼치는 것과 마찬가지로, 기업도 최적의 인재를 확보하고 유지하기 위해 적극적으로 경쟁해야만 하는 시대가 도래한 것입니다.

새로운 경쟁 환경의 주요 특징은 제품이나 원가 측면에서의 경쟁력은 큰 차이가 없는 반면, 경쟁기업보다 지속적으로 더 나은 성과를 내는 조직을 창출하는 것으로부터 경쟁우위가 발생한다는 것입니다.

앞으로 지속성장이 가능하고, 가장 주목받는 기업 또는 경영자는 전 세계를 대상으로 제품과 솔루션을 창출하고 유통시키는 데 필요한 인적자본을 보유한 조직이 될 것입니다.

인사전문가 그룹 시너지는 기업이 성공적인 사업을 펼치는 데 충분한 역량과 태도 그리고 경험을 갖춘 인재들을 확보·개발·유지하는 것을 지원하여 고객의 위대한 성공을 돕기 위해 일하고 있습니다.

우리는 지난 30여 년간 3,160여 기업의 조직문화·조직분석·인사 정량분석·평가제도·인재채용·인재유지·동기관리·보상제도·리더십 개발·커뮤니케이션 등에 대한 크고 작은 과제들을 효과적으로 해결해 왔습니다.

인사전문가 그룹 시너지는 「사람을 최고의 자산으로 만드는 비법을 제시하여 고객의 위대한 성공을 돕는 전문 파트너」로서, 경영자들이 보다 더 경쟁력 있는 인재경영 프로세스를 만들어내는 데 도움을 제공하고, 사람을 최고의 자산으로 만드는 비결을 전수하여 귀사의 경영비전 실현을 돕겠습니다.

우리의 솔루션은 정형화된 것이 아니라 고객의 요구에 유연하게 대응할 수 있는 맞춤형 고부가가치 솔루션을 제공합니다. 이 같은 솔루션은 고객으로부터 절대적인 신뢰를 얻어 현재 90% 이상의 재계약률을 유지하고 있으며, 우리는 이것에 강한 자부심과 책임감을 느끼고 있습니다.

- 운영적인 것에서 전략적인 것으로
- 양적인 것에서 질적인 것으로
- 단기에서 장기로
- 행정 위주에서 실행 위주로
- 기능 중심에서 사업 중심으로
- 내부 중심에서 외부 및 고객 중심으로
- 수동적 역할에서 주도적 역할로
- 활동 중심에서 해결책 중심으로

BY THE NUMBERS

history	consultants	client	solution
30+ Years	78 Consultants	3,160+ Client	48+ Methodology

채용의 경제학

성공과 실패가 기업 성과에 미치는 영향

변화하는 구직자 마인드셋: 패러다임의 전환

21세기 구직자들의 마인드셋은 전통적인 직업 안정성과 경제적 보상 중심의 사고에서 벗어나, 개인의 가치실현과 삶의 질을 우선시하는 방향으로 패러다임적 전환을 경험하고 있습니다. 특히 MZ세대는 조직의 사회적 가치와 개인 가치관의 일치를 중시하며, 평생직장보다는 지속적 학습과 경력 개발이 가능한 환경을 선호합니다. 유연근무제, 재택근무 등 삶의 질을 보장하는 근무조건이 연봉보다 중요한 선택 기준이 되었으며, 수직적 조직문화보다 수평적 소통과 자율성을 추구하는 경향이 뚜렷해지고 있습니다.

포기의 세대: MZ세대가 만든 채용시장의 새로운 풍경

2024년 채용시장은 '포기의 삼중주'로 몸살을 앓고 있습니다. MZ세대의 면접포기율 38.4%, 입사포기율 33.1%, 1년 내 조기퇴사율 38.9%는 단순한 수치가 아닌 세대적 가치관의 변화를 보여주는 지표입니다. 복수지원이 일상화되고 조직보다 개인의 성장을 우선시하는 이들에게 채용은 더 이상 일방적 선발이 아닌 상호 선택의 과정이 되었습니다. 특히 IT업계의 입사포기율 39.2%, 스타트업의 조기퇴사율 45.6%는 좋은 조건을 찾아 주저없이 이동하는 MZ세대의 유동적 커리어관을 극명하게 드러내고 있습니다.

면접 노쇼 현상

면접 대상자 중 평균 34.1%가 불참

Q 1년 이내 면접포기자 여부

Q MZ세대 면접포기 비율

출처: 사람인, 잡코리아, 잡플래닛, 인크루트 리서치센터(2024)

구직난에도

입사 포기 발생 비율 27.3%

Q 1년 이내 입사포기자 여부

Q MZ세대 입사포기 비율

출처: 고용정보원, 워크넷, 사람인HR 채용트렌드 보고서, 인크루트 기업설문(2024), HR insight

기업 1년 이내

조기 퇴사자 발생 비율 29.4%

Q 1년 이내 조기퇴사자 여부

Q MZ세대 조기퇴사 비율

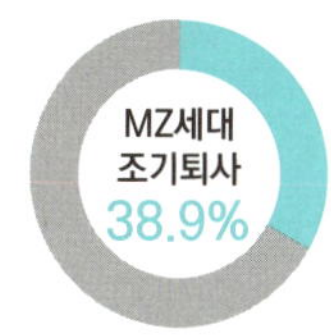

출처: 고용노동부 HR데이터, 잡코리아·사람인 공동 리서치(2024), 인크루트 채용현황 보고서

채용 성공이 창출하는 경제적 가치

체계적 채용이 만드는 경제적 파급효과는 압도적입니다. Devlin Peck(2024) 연구에 따르면 우수 채용 시스템은 조직 생산성을 60% 증가시키며, 직원 유지율이 52% 향상된다고 발표하였습니다. 또한 Gallup Research(2022)에 따르면 매출이 19% 상승되었으며, 특히 고성과자는 저성과자 대비 400% 높은 생산성을 창출한다고 발표하였습니다. 조직문화 측면에서는 Birmingham City Council 사례처럼 직원 자부심이 50%에서 90%로 상승하면 고객유지율도 85~90%로 향상되고 고객 충성도도 7% 향상되는 선순환이 발생한다고 합니다. 이직률 감소 효과도 뚜렷한데, 체계적 채용은 이직률을 43%(LinkedIn Global Talent Trends, 2023) 감소시킨다고 합니다.

52% ▲
직원 유지율 52% 향상
출처: Devlin Peck, 2024

60% ▲
조직 생산성 60% 증가
출처: Devlin Peck, 2024

19% ▲
매출 19% 상승
출처: Gallup Workplace Study, 2022

40% ▲
팀몰입도 40% 개선
출처: Gallup, State of the Workplace, 2022

7% ▲
고객 충성도 7% 향상
출처: Gallup Research, 2022

43% ▼
이직률 43% 감소
출처: Linkedin Global Talent Trends, 2023

채용 비용의 실체: 보이는 것과 보이지 않는 것

채용 실패는 기업에 치명적인 이중 타격을 가합니다. 금전적 손실은 연봉의 30%에서 최대 240%에 달하며, 한국 기업 기준 직급에 따라 연봉의 3배에서 24배까지 발생합니다. 특히 신입사원 27.7%가 1년 내 퇴사하면서 1인당 평균 채용비용 2,272만 원이 매몰되고, 핵심직무 공석 시 일일 최대 2억 원의 기회비용이 발생합니다. 비금전적 손실도 심각한데, 관리자는 근무시간의 17~26%를 저성과자 관리에 소비하고, 37%의 팀 사기 저하를 보고했으며, 29% 기업에서 우수직원 이직이 증가했습니다. 특히 고객관계 손상과 브랜드 가치 하락은 장기적으로 더 큰 손실을 초래합니다.

채용에
실패한 경험 비율

채용 실패를 경험한
고용 담당자
74%

유해 직원의 부정부패가
기업에 입히는 손실
연 매출 감소 5%
매월 발생하는 손실 1,150만 원

채용 실패로 인한 비용

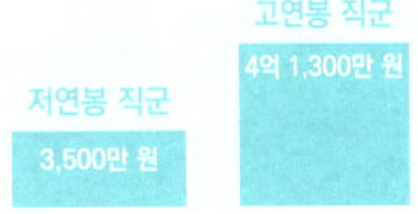

The cost of a Bad Hire, NBRI, 2012

출처: Career Builder(2017), 사람인 HR연구소(2021), NBRI(2012), HBR(2013)

채용 실패에 따른
경제적인 대가 4가지

upto 30%
해당 직원의
첫 해 연봉의 최대 30%

80%
기존 직원의 이탈을
약 80% 촉진

39%
팀 사기를 저하시켜
생산성 39% 감소

2천만 원
채용실패 한 건당 평균 손실액
한국 기업 88% 추정

출처: Forbes 'The True Cost of a Bad Hire', RDI UK + 2 RDI Worldwide(2023)

지속적인 채용 실패!
채용 실패에 따른 영향 비율

출처: NBRI

명확한 측정지표와 데이터 기반 검증

채용 측정지표의 중요성: 전략적 인재 확보의 핵심 도구

채용 측정지표는 단순한 선발도구를 넘어 조직의 장기적 경쟁력을 결정하는 전략적 요소입니다. 체계적인 평가지표는 직무 요구사항과 후보자 역량 간의 객관적 매칭을 가능하게 하며, 예측 타당도 분석을 통해 실제 업무 성과와의 상관관계를 검증할 수 있습니다. 특히 현재 역량과 미래 잠재력을 균형 있게 평가하여 급변하는 비즈니스 환경에 대응할 수 있는 인재를 선제적으로 확보합니다. 또한 명확한 KPI 설정과 지속적 추적을 통해 채용 품질을 정량화하고, 이는 조직의 혁신역량, 문화적 정체성, 변화 대응력 향상으로 직결됩니다. 결국 효과적인 측정지표 활용은 '적합한 인재'를 과학적으로 식별하여 지속 가능한 조직 성장의 기반을 구축하는 핵심입니다.

데이터 기반 채용의 장벽: 구조적 한계와 문화적 저항

데이터 기반 채용의 도입을 가로막는 핵심 장벽은 복합적입니다. 구조적으로는 중소기업의 68%가 HR 전문인력 부족을 호소하며, 체계적 평가 시스템 구축에 연간 HR 예산의 15~20%가 소요되는 자원 제약이 존재합니다. 문화적으로는 채용 담당자의 76%가 직관을 중시하며 '항상 해오던 방식'에 대한 관성이 강합니다. 실무적으로는 기업의 65%가 직무분석을 정기적으로 수행하지 않고, 47%만이 타당도 검증을 거친 평가도구를 사용합니다. 특히 채용 담당자의 82%가 평가자 훈련 부족을 호소하며, 23%만이 채용결정의 질을 체계적으로 추적하는 등 데이터 검증체계가 미흡합니다.

데이터 기반 채용의 필요성: 예측력과 공정성의 획기적 향상

데이터 기반 채용은 전통적 방식의 한계를 극복하는 필수 전략입니다. 과학적 평가체계는 예측 정확도를 40% 이상 개선시키며, 특히 체계적인 직무분석과 역량 모델링 활용한 예측분석은 직무 성과와의 상관관계를 정밀하게 파악합니다. 무엇보다 무의식적 편향(확증편향, 유사성 편향, 후광효과)을 체계적으로 감소시켜 채용의 공정성을 확보합니다. 또한 신규 입사자의 성과, 적응도, 유지율을 장기적으로 추적 분석함으로써 평가체계를 지속적으로 개선할 수 있습니다. 이러한 증거기반 접근은 단순한 공석 충원을 넘어 조직의 전략적 인재 확보와 장기적 경쟁력 강화의 토대가 됩니다.

과학적이고 일관성 있는 인재 선발을 위한 체계적 접근법

ATOM 모델의 탄생 배경과 개발 과정의 전문성

지난 30여 년간 1,780개 기업의 채용 현장에서 수많은 조직이 '적합한 인재를 찾지 못해' 겪는 고통과, '적합하지 않은 조직에 입사해' 좌절하는 인재들을 바라보며, 이러한 미스 매칭의 비극을 해결하고자 시작된 긴 여정의 결실이 바로 ATOM 기반 인재 채용 모델이며, 그동안 축적된 경험과 통찰, 그리고 검증된 학술적 연구의 융합으로 탄생했습니다. 단순히 채용 성공률을 높이는 기법을 전달하는 것이 아니라, 조직과 인재가 서로를 깊이 이해하고 함께 성장할 수 있는 상생의 플랫폼을 만드는 방법을 제시하고자 했으며, 특히 MZ세대의 새로운 가치관과 포스트 코로나 시대의 변화된 업무 환경에서 더욱 절실해진 '진정한 적합성'의 의미를 재정의하고 이를 과학적으로 평가할 수 있는 실무적 도구를 제공합니다.

ATOM 모델의 과학적 혁신성과 미래 전망

ATOM 모델은 Person-Job/Organization Fit, 자기결정이론, Big Five 모델 등 검증된 학술이론을 실무에 적용한 과학적 채용 솔루션입니다. 태도·직무·조직·동기의 4개 차원을 독립적으로 정밀 측정하면서도 상호작용을 종합 평가하는 통합적 체계가 혁신적 핵심 요소입니다. 태도 적합성은 조직별 맞춤형 태도를, 직무 적합성은 현재 역량과 성장 잠재력을, 조직 적합성은 가치관 일치도를, 동기 적합성은 장기적 몰입 가능성을 평가합니다. 복잡한 이론을 실무진이 쉽게 적용하도록 구현하여 높은 예측력과 실용성을 확보했으며, 경험·스펙 위주에서 적합성 중심으로 채용 패러다임을 전환시켰습니다. MZ세대 변화와 디지털 전환에 맞춰 지속적으로 진화하는 상생 플랫폼입니다.

ATOM 기반 평가 영역 및 측정지표

<table>
<tr><th>ATOM 평가 영역</th><th>측정지표</th><th>하위 측정지표</th></tr>
<tr><td rowspan="9">1. Attitude Fit
(태도 적합성)의
평가체계

지원자의 태도적 특성이 조직의 특정 문화와 업무 환경에서 요구되는 태도와 얼마나 부합하는지를 평가하는 차원이다.</td><td rowspan="3">1.1 코칭수용
(Feedback Receptiveness)
지원자가 자기 성장을 위해 피드백을 얼마나 효과적으로 수용하고 활용할 수 있는지를 측정한다.</td><td>1.1.1. 자기인식</td></tr>
<tr><td>1.1.2. 자기개선</td></tr>
<tr><td>1.1.3. 평가수용</td></tr>
<tr><td rowspan="3">1.2 긍정적 사고
(Positive Thinking)
지원자가 과거 경험을 어떻게 해석하고 평가하는지를 통해 미래 조직에서의 태도를 예측한다.</td><td>1.2.1. 조직평가</td></tr>
<tr><td>1.2.2. 상사평가</td></tr>
<tr><td>1.2.3. 감사인정</td></tr>
<tr><td rowspan="3">1.3 적응능력
(Adaptability)
변화하는 환경과 새로운 상황에 대한 유연성을 평가한다.</td><td>1.3.1. 조직 적응성</td></tr>
<tr><td>1.3.2. 변화 수용성</td></tr>
<tr><td>1.3.3. 인내와 지속성</td></tr>
<tr><td rowspan="9">2. Technical Fit
(직무 적합성)의
평가체계

직무 수행에 필요한 전문성과 역량을 종합적으로 평가하는 차원으로, 현재의 역량뿐만 아니라 학습 능력과 성장 잠재력도 함께 고려한다.</td><td rowspan="3">2.1 직무 전문
(Professional Knowledge)
해당 직무를 수행하는 데 필요한 지식과 기술의 깊이를 평가한다.</td><td>2.1.1. 전문지식</td></tr>
<tr><td>2.1.2. 기술적 숙련도</td></tr>
<tr><td>2.1.3. 전공자격</td></tr>
<tr><td rowspan="3">2.2 직무경험
(Practical Experience)
실제 업무 수행 경험의 양과 질을 종합적으로 평가한다.</td><td>2.2.1. 양적 경험</td></tr>
<tr><td>2.2.2. 질적 경험</td></tr>
<tr><td>2.2.3 성과 및 성취</td></tr>
<tr><td rowspan="3">2.3 학습역량
(Learning Ability)
급변하는 환경에서 지속적으로 성장할 수 있는 능력을 평가한다.</td><td>2.3.1. 자기주도 학습</td></tr>
<tr><td>2.3.2. 지식 전이 능력</td></tr>
<tr><td>2.3.3. 디지털 학습 역량</td></tr>
</table>

ATOM 평가 영역	측정지표	하위 측정지표
3. Organizational Fit (조직 적합성)의 평가체계 지원자의 가치관과 조직문화의 일치도를 평가하며, 특히 조직에 대한 깊이 있는 이해와 준비성을 중시한다.	3.1 조직이해 (Organizational Understanding) 지원자가 조직의 전반적인 맥락을 얼마나 잘 파악하고 있는지를 평가한다.	3.1.1. 사업 이해
		3.1.2. 조직문화 적합
		3.1.3. 고객이해
	3.2 의사소통 (Communication Skills) 조직 내에서 효과적으로 소통할 수 있는 능력을 평가한다.	3.2.1. 소통 간결성
		3.2.2. 정보 전달력
		3.2.3. 문서적 의사소통
	3.3 협업능력 (Collaborative Skills) 팀워크와 협력적 업무 수행 능력을 평가한다.	3.3.1. 관계구축 및 유지
		3.3.2. 상호지원 및 개발
		3.3.3. 감정조절
4. Motivational Fit (동기 적합성)의 평가체계 내재적·외재적 동기의 균형과 지원 동기의 구체성을 평가하여 장기적 몰입 가능성을 예측한다.	4.1 지원동기 (Motivation for Application) 해당 조직과 직무에 대한 지원자의 준비성과 진정성을 평가한다.	4.1.1. 리서치 충실도
		4.1.2. 지원 일관성
		4.1.3. 지원동기의 구체성
	4.2 동기부여 적합 (Suitable for Motivation) 지원자의 동기 구조가 조직이 제공할 수 있는 보상 체계와 얼마나 부합하는지를 평가한다.	4.2.1. 외적동기
		4.2.2. 내적동기
		4.2.3. 동기균형
	4.3 성취동기 (Motivation for Achievement) 높은 성과를 추구하고 달성하려는 내재적 동력을 평가한다.	4.3.1. 목표 지향성
		4.3.2. 과제 지속성
		4.3.3. 자기 동기부여

16가지 지원자 페르소나 체계적 분석

페르소나 개발의 이론적 배경

ATOM 페르소나는 조직심리학의 검증된 이론들을 통합한 과학적 모델입니다. 첫째, 다차원 적합성 이론을 기반으로 Kristof-Brown의 Person-Environment Fit을 4개 차원(Attitude-Technical-Organization-Motivation)으로 구체화했으며, Holland의 RIASEC 모델과 Schneider의 ASA 모델을 확장하여 개인-조직 간 상호작용을 체계화했습니다. 둘째, A-O(태도-조직)와 T-M(직무-동기)의 2×2 매트릭스 구조는 Blake-Mouton의 관리격자이론과 Hersey-Blanchard의 상황적 리더십이론에 기반하여, A-O축은 문화적 적합성(소프트핏)으로 장기 적응을, T-M축은 성과창출능력(하드핏)으로 단기 성과를 예측합니다. 마지막으로 Campbell의 성과이론(능력×동기=성과)과 Deci-Ryan의 자기결정이론을 융합하여 Technical과 Motivation을 하나의 축으로 결합, 동기의 양적 수준뿐만 아니라 질적 특성까지 포함하여 평가하도록 통합적 프레임워크를 구축했습니다.

페르소나의 실무적 활용 방법론

페르소나는 채용 프로세스 전반에 걸쳐 체계적 의사결정 도구로 활용됩니다. 첫째, 채용 단계별로 서류전형에서는 예비 페르소나를 추정해 맞춤형 면접 전략을 수립하고, 면접 중에는 실시간 페르소나 조정을 통해 초기 면접 시 가설적 페르소나를 설정 후 핵심 검증 포인트를 집중 탐색합니다. 둘째, 조직 성장단계별 페르소나 포트폴리오를 전략적으로 구성하여, 창업·초기 성장기에는 T-M이 높은 도전자형을 중심으로 혁신을 추구하고, 안정기에는 A-O가 높은 충성가형 비중을 높여 문화적 일관성을 확보합니다. 마지막으로 Harrison-Klein의 팀 다양성 이론에 기반해 의도적 보완성을 설계하는데, 기술 전문가형(낮은A-O/높은T)과 열정적 초보자형(높은A-O/낮은T)을 배치하면 기술멘토링과 팀워크 촉진의 상호보완적 학습이 발생하게 됩니다.

페르소나의 기대효과와 이론적 가치

페르소나는 채용과 인재관리의 과학적 체계화를 실현합니다. 첫째, 채용 의사결정 체계화 측면에서 Kahneman이 지적한 인지적 편향(후광효과, 확증편향, 유사성 편향)을 최소화하는 구조화된 프레임워크를 제공합니다. 4개 차원을 독립평가 후 통합하여 한 영역이 다른 평가에 과도하게 영향을 미치는 것을 방지하고, 16가지 페르소나는 평가자가 다양한 인재유형을 고려하도록 돕습니다. 둘째, Nonaka-Takeuchi의 지식창조이론에 따라 30년간 1,780개 기업의 암묵지를 16가지 페르소나로 형식지화하여, 경험이 적은 담당자도 체계적 평가가 가능하게 했습니다. 셋째, Lepak-Snell의 인적자원 아키텍처 모델을 정교화 하여, 완벽한 인재형(HHHH)은 집중투자 대상으로, 안정 추구형(HLLL)은 표준관리 대상으로 분류해 한정된 자원의 효율적 배분을 가능하게 합니다.

ATOM 기반 16가지 페르소나 분류 매트릭스

완벽한 인재형 (HHHH) Perfect Fit	순응형 팔로워 (HHHL) Compliant Follower	열정적 초보자형 (HLHH) Passionate Beginner	조직 충성가형 (HLHL) Loyal Soldier
변화 가능형 (HHLH) Transformable	잠재력 보유형 (HHLL) Hidden Potential	무관심한 존재형 (HLLH) Disengaged Presence	안정 추구형 (HLLL) Steady Performer
형식적 수행자형 (LHHH) Mechanical Executor	독립적 수행자형 (LHHL) Solo Performer	미완성 다이아몬드형 (LLHH) Rough Diamond	최소 기여자형 (LLHL) Minimal Contributor
야심찬 도전자형 (LHLH) Ambitious Challenger	기술 전문가형 (LHLL) Technical Expert	열정적 부적응자형 (LLLH) Enthusiastic Misfit	단기 활용형 (LLLL) Short-term Asset

범례 설명

- A: Attitude (태도)
- T: Technical (직무)
- O: Organization (조직)
- M: Motivation (동기)
- H: High (높음)
- L: Low (낮음)
- 괄호 안 4자리: ATOM 순서대로 H/L 표기

매트릭스 해석 가이드

행(Row) 기준 - 태도와 조직의 조합

1행: 태도↑ 조직↑ = 문화 적합 우수 그룹

2행: 태도↑ 조직↓ = 태도만 우수 그룹

3행: 태도↓ 조직↑ = 조직 이해만 우수 그룹

4행: 태도↓ 조직↓ = 문화 부적합 그룹

열(Column) 기준 - 직무와 동기의 조합

1열: 직무↑ 동기↑ = 성과 창출 최적 그룹

2열: 직무↑ 동기↓ = 역량은 있으나 동기 부족

3열: 직무↓ 동기↑ = 열정은 있으나 역량 부족

4열: 직무↓ 동기↓ = 전반적 개발 필요

SOLUTION

인재를 「수단」으로 보지 않고
인재가 가져다줄 수 있는 「성과」 중심으로

인적자원 영역은 기업이 건전한 경영을 위해 필요한 인적자원 제도의 정비와 그 확보, 육성을 말합니다. 이에 대한 우리의 시각은 인재를 수단으로 보지 않고, 조직의 성과를 창출하는 원천으로 보고 있습니다.

시너지그룹의 인적자원 솔루션은 알기 쉽게 패키지화된 상품이나 시스템적으로 정리된 솔루션 등의 접근하기 쉬운 방법을 사용하지 않습니다. 고객의 요구에 대해서 유연하게 대응해 가려는 자세를 견지해 왔습니다.

담당 컨설턴트가 고객의 소리를 최대한 이해하면서 목표를 공유해 마치 우리의 일을 하는 것처럼 진지하게 과제를 해결해 나갑니다. 이를 통해 효과성을 높여 고객이 만족하는 진정한 결과를 도출해 낸다는 것을 확신하고 있습니다.

	MACHINE ASSESSMENT	ORGANIZATION	ASSESSMENT	RECRUITMENT	TALENT ACQUISTION	MOTIVATION	REWARD
솔루션	채용평가관리 솔루션 @WORK	조직진단	성과평가	인재상 설계	채용 프로세스 대행	직원 만족도 조사 조직 문화진단	전략적 보상 제도
	인재예측 솔루션 TALENT-A	인사 정량분석	역량평가	채용프로세스 설계	공공기관 공정채용 프로세스 대행	동기부여 관리	인센티브 제도
	직원동기/몰입/만족 진단 WORKVITAL	직무관리	리더십 평가	평가과제 문항 개발	EXECUTIVE SEARCH 헤드헌팅	사내 커뮤니케이션	임원보상 제도
	선발 평가능력 테스트 HIST	인사제도	상황판단능력	채용 성과분석	PROFESSIONAL SEARCH 채용대행	워크바이탈 관리	
	TALENT-A 리더십 평가	인재개발	선발능력평가	전문 면접관 파견	REFERENCE CHECK	워크 라이프 밸런스	
	TALENT-A 상황판단 평가	인재유지	ASSESSMENT IN-SIGHT 인성검사	지원자 페르소나	TEMP to PREM 인재파견	일하는 방식 개혁	
트레이닝		진단결과를 반영한 조직몰입 강화	성과평가 제도 설계 워크숍	면접관 트레이닝 입학사정관 트레이닝	온보딩(신입사원 조기 전략화)	리더십 진단 및 개발 트레이닝	성과코칭 트레이닝
		탤런트 매니지먼트	역량평가 및 강화 트레이닝	채용프로세스 설계 워크숍	비즈니스 마인드셋	동기부여 트레이닝	인센티브제도 설계 워크숍
		인사제도 설계 워크숍	평가능력 강화 트레이닝	평가과제 문항 개발 워크숍		커뮤니케이션 스킬	
자격증 과정	민간자격 전문면접관(Professional Interviewer) 1급, 2급						

학술 연구 및 이론

Bersin, J. (2021). Elevating Equity: The Real Story of Diversity and Inclusion. Josh Bersin Research.

Boon, C., & Biron, M. (2016). Temporal issues in person-organization fit, person-job fit and turnover: The role of leader-member exchange. Human Relations, 69(12), 2177-2200.

Cable, D. M., & Judge, T. A. (1996). Person-organization fit, job choice decisions, and organizational entry. Organizational Behavior and Human Decision Processes, 67(3), 294-311.

Cascio, W. F., & Aguinis, H. (2019). Applied Psychology in Talent Management (8th ed.). SAGE Publications.

Chamorro-Premuzic, T., & Furnham, A. (2017). The Talent Delusion: Why Data, Not Intuition, Is the Key to Unlocking Human Potential. Piatkus.

Deloitte Insights. (2020). 2020 Global Human Capital Trends: The social enterprise at work - Paradox as a path forward. Deloitte Development LLC.

Edwards, J. R. (2008). Person-environment fit in organizations: An assessment of theoretical progress. Academy of Management Annals, 2(1), 167-230.

Gartner. (2021). Top 5 Priorities for HR Leaders in 2021. Gartner, Inc.

Judge, T. A., & Cable, D. M. (1997). Applicant personality, organizational culture, and organization attraction. Personnel Psychology, 50(2), 359-394.

Kahneman, D., Sibony, O., & Sunstein, C. R. (2021). Noise: A Flaw in Human Judgment. Little, Brown Spark.

Kristof-Brown, A. L., Zimmerman, R. D., & Johnson, E. C. (2005). Consequences of individuals' fit at work: A meta-analysis of person-job, person-organization, person-group, and person-supervisor fit. Personnel Psychology, 58(2), 281-342.

Kristof-Brown, A. L., & Guay, R. P. (2011). Person-environment fit. In APA Handbook of Industrial and Organizational Psychology (Vol. 3, pp. 3-50).

Lee, Y., & Antonakis, J. (2014). When preference is not satisfied but the individual is: How power distance moderates person-job fit. Journal of Management, 40(3), 641-675.

Lievens, F., & Sackett, P. R. (2018). The effects of predictor method factors on selection outcomes: A modular approach to personnel selection procedures. Journal of Applied Psychology, 102(1), 43-66.

McKinsey & Company. (2020). Diversity wins: How inclusion matters. McKinsey & Company.

PwC. (2021). 24th Annual Global CEO Survey. PwC.

Schein, E. H. (1996). Career anchors revisited: Implications for career development in the 21st century. Academy of Management Perspectives, 10(4), 80-88.

Schmidt, F. L., & Hunter, J. E. (1998). The validity and utility of selection methods in personnel psychology: Practical and theoretical implications of 85 years of research findings. Psychological Bulletin, 124(2), 262-274.

Schneider, B. (1987). The people make the place. Personnel Psychology, 40(3), 437-453.

Society for Human Resource Management. (2021). The State of Recruiting: Challenges and Opportunities. SHRM.

World Economic Forum. (2020). The Future of Jobs Report 2020. World Economic Forum.

Yu, K. Y. T. (2014). Person-organization fit effects on organizational attraction: A test of an expectations-based model. Organizational Behavior and Human Decision Processes, 124(1), 75-94.

산업 연구 및 실무 지침

Boston Consulting Group. (2021). Decoding Global Talent: How to Navigate the Future of Work. BCG.

Deloitte. (2023). Global Human Capital Trends: The Workforce Ecosystem. Deloitte Consulting LLP.

Gallup. (2021). State of the Global Workplace: 2021 Report. Gallup Press.

Gartner. (2023). Top 5 HR Trends and Priorities for 2023. Gartner Inc.

Harvard Business Review. (2019). The Business Case for Purpose. Harvard Business School Publishing.

LinkedIn. (2023). Global Talent Trends: The Reinvention of Company Culture. LinkedIn Corporation.

McKinsey & Company. (2022). Talent at a Turning Point: How People Analytics Can Help Understand the Drivers of Retention. McKinsey Quarterly.

PwC. (2022). Global Workforce Hopes and Fears Survey 2022. PricewaterhouseCoopers.

Society for Human Resource Management (SHRM). (2022). SHRM Talent Acquisition Benchmarking Report. SHRM.

World Economic Forum. (2023). Future of Jobs Report 2023. World Economic Forum.

도서 및 종합 자료

Buckingham, M., & Goodall, A. (2019). Nine lies about work: A freethinking leader's guide to the real world. Harvard Business Press.

Cappelli, P. (2015). Will college pay off?: A guide to the most important financial decision you'll ever make. PublicAffairs.

Collins, J. (2001). Good to great: Why some companies make the leap... and others don't. HarperBusiness.

Davenport, T. H., & Harris, J. (2017). Competing on analytics: The new science of winning. Harvard Business Press.

Dweck, C. S. (2006). Mindset: The new psychology of success. Random House.

Edmondson, A. C. (2018). The fearless organization: Creating psychological safety in the workplace for learning, innovation, and growth. John Wiley & Sons.

Grant, A. (2021). Think again: The power of knowing what you don't know. Viking.

Kahneman, D. (2011). Thinking, fast and slow. Farrar, Straus and Giroux.

Pink, D. H. (2011). Drive: The surprising truth about what motivates us. Riverhead Books.

Sinek, S. (2011). Start with why: How great leaders inspire everyone to take action. Portfolio.

공식 데이터 출처

1. 생산가능인구 감소 관련
   - 통계청, 「장래인구추계: 2022~2072년」(2022.12.14. 발표)
   - 2022년 생산연령인구(15~64세): 3,674만 명
   - 향후 10년간 332만 명 감소 전망
   - 2072년에 1,658만 명 수준 예상
2. 고용시장 현황
   - 고용노동부·한국고용정보원, 「2020~2030 중장기 인력수급 전망」(2022.2.3. 발표)
   - 2030년까지 15~64세 생산가능인구 320만 2천 명 감소
   - 청년층 비중 14.7%(-5.2%p) 급격 감소
3. 구인배율 및 노동시장 동향
   - 고용노동부, 「2025년 1월 고용행정 통계로 본 노동시장 동향」
   - 워크넷 구인배수: 0.28(2025년 1월 기준)
   - 고용노동부, 「2024년 7월 고용행정 통계로 본 노동시장 동향」
   - 워크넷 구인배수: 0.51(2024년 7월 기준)

4. 장기 전망

- 한반도미래인구연구원, 「2024 인구보고서」(2024.5.6.)
- 생산가능인구: 2023년 3,657만 명 → 2044년 2,717만 명(약 940만 명 감소)

5. 생산성 현황

- 한국무역협회, 「생산가능인구 감소 대응을 위한 기업의 생산성 제고 방안」
- 생산가능인구: 2020년 37,379천 명 정점 → 2050년 24,189천 명(35.3% 감소 전망)
- 2022년 기준 한국 노동생산성: OECD 37개국 중 29위

6. 기타 자료 데이터 소스

- 통계청 KOSIS(국가통계포털): 장래인구추계, 경제활동인구조사
- 한국고용정보원: 중장기 인력수급 전망, 직업별 고용구조조사
- 고용노동부: 고용행정통계, 사업체노동력조사
- 한국개발연구원(KDI): 각종 경제정책자료 및 전망 보고서